智能网联汽车
先进驾驶辅助系统

主　编　王兆海
副主编　赵建峰
参　编　马德粮　邓志君

机械工业出版社

先进驾驶辅助系统是智能网联汽车的重要组成部分，是实现无人驾驶的基础，是智能网联汽车发展的关键技术。先进驾驶辅助系统的成熟程度和配置情况代表智能网联汽车的智能化水平。

本书主要介绍了智能网联汽车的关键技术——先进驾驶辅助系统，系统论述了先进驾驶辅助系统测试与仿真的基础知识，前向碰撞预警系统、自动紧急制动系统、车道偏离预警系统、车道保持辅助系统、自适应巡航控制系统的定义与组成、工作原理与要求、模型、测试和仿真实例，以及盲区监测系统、智能泊车辅助系统、自适应前照明系统、抬头显示系统和驾驶人疲劳监测系统的定义与组成、工作原理与要求以及测试。每个项目开始都给出项目导入、学习目标、知识框架、知识准备，便于教师授课；每个项目都配套有大量的练习题，供学生思考与练习。

本书既有宽广的理论基础知识，又有实用的测试方法和仿真技术，可作为高职院校和本科院校的智能网联汽车技术类专业教材，还可作为汽车培训企业参考书。

为了便于读者自主学习，提高学习效率，本书配备了视频资源，可用手机扫描书内二维码观看。

本书配有电子课件、试卷及答案等，凡使用本书作为授课教材的教师可登录机械工业出版社教育服务网（www.cmpedu.com），以教师身份注册后免费下载。咨询电话：010-88379375。

图书在版编目（CIP）数据

智能网联汽车先进驾驶辅助系统 / 王兆海主编.

北京：机械工业出版社，2025.3. -- ISBN 978-7-111-77867-7

Ⅰ. U463.67

中国国家版本馆CIP数据核字第202563W0X8号

机械工业出版社（北京市百万庄大街22号　邮政编码100037）
策划编辑：葛晓慧　　　　　责任编辑：葛晓慧
责任校对：韩佳欣　张　薇　封面设计：马若濛
责任印制：常天培
北京机工印刷厂有限公司印刷
2025年5月第1版第1次印刷
184mm×260mm・11.5印张・282千字
标准书号：ISBN 978-7-111-77867-7
定价：43.00元

电话服务　　　　　　　　　网络服务
客服电话：010-88361066　　机　工　官　网：www.cmpbook.com
　　　　　010-88379833　　机　工　官　博：weibo.com/cmp1952
　　　　　010-68326294　　金　书　网：www.golden-book.com
封底无防伪标均为盗版　　　机工教育服务网：www.cmpedu.com

PREFACE 前言

目前国内汽车产业正在转型升级，无论是传统燃油汽车还是新能源汽车，都在加快向智能网联汽车方向发展。先进驾驶辅助系统是智能网联汽车的重要组成部分，突破其关键技术，便能促进智能网联汽车快速发展。

本书旨在指导学生了解先进驾驶辅助技术并掌握其应用，特点如下：

（1）核心聚焦，技术深度解构　本书紧密围绕ADAS这一核心主题，从测试与仿真的基础知识入手，系统且全面地介绍了前向碰撞预警、自动紧急制动、车道偏离预警与保持辅助、自适应巡航控制等核心系统的定义、组成、工作原理及测试方法。同时，本书深入探讨了盲区监测、智能泊车辅助、自适应前照灯、抬头显示和驾驶人疲劳监测等前沿技术，全方位、多角度地展现了ADAS的广泛应用与深远影响。

（2）教学相长，学以致用　作为一本专为职业院校学生量身打造的专业教材，本书注重理论与实践的完美结合。每个项目均精心设计了知识框架与明确的学习目标，既便于教师授课，又有助于学生自学。每个项目都配备了丰富多样的练习题及实训工单，帮助学生将所学知识灵活应用于实践中，提升解决实际问题的能力，真正做到学以致用。

本书共7个项目：项目一介绍了先进驾驶辅助系统的定义、组成与类型，环境感知传感器，目标识别技术，先进驾驶辅助系统的仿真方法与仿真软件；项目二介绍了前向碰撞预警系统的定义与组成、工作原理与要求、模型、测试以及仿真实例；项目三介绍了自动紧急制动系统的定义与组成、工作原理与要求、模型、测试以及仿真实例；项目四介绍了车道偏离预警系统的定义与组成、工作原理与要求、模型、测试以及仿真实例；项目五介绍了车道保持辅助系统的定义与组成、工作原理与要求、模型、测试以及仿真实例；项目六介绍了自适应巡航控制系统的定义与组成、工作原理与要求、模型、测试以及仿真实例；项目七介绍了盲区监测系统、智能泊车辅助系统、自适应前照明系统、抬头显示系统和驾驶人疲劳监测系统的定义与组成、工作原理与要求以及测试等内容。

每个项目开始有项目导入、学习目标、知识框架、知识准备，最后有总结与提高、思考与练习、实训任务单，使之更适合作为教材使用，更好地让学生实现学中练、练中学。

通过本书的学习，学生既能掌握智能网联汽车先进驾驶辅助系统涉及的新知识和新技术，又能培养实际仿真测试操作能力，为从事智能网联汽车的相关工作奠定基础。

本课程的教学课时数建议为 48 学时，各项目的参考教学课时见以下的课时分配表。

项目序号	项目名称	课时分配	
		理论学时	实践学时
项目一	先进驾驶辅助系统测试与仿真知识的准备	4	4
项目二	前向碰撞预警系统的测试与仿真	3	3
项目三	自动紧急制动系统的测试与仿真	3	3
项目四	车道偏离预警系统的测试与仿真	3	3
项目五	车道保持辅助系统的测试与仿真	3	3
项目六	自适应巡航控制系统的测试与仿真	4	4
项目七	其他先进驾驶辅助系统的测试	4	4
课时总计		24	24

本书由深圳职业技术大学王兆海担任主编，赵建峰担任副主编，马德粮、邓志君参与编写。具体编写分工如下：王兆海编写了项目二、项目三、项目六、项目七，赵建峰编写了项目一，马德粮编写了项目四，邓志君编写了项目五。本书由崔胜民主审。

本书编写过程中引用了大量文献以及网上的一些资料，谨向其作者表示诚挚的谢意。

由于编者学识有限，书中难免存在不当之处，恳盼读者给予指正。

编　者

二维码索引

名称	页码	名称	页码
1.1 先进驾驶辅助系统的定义与组成	2	2.4 前向碰撞预警系统的检测区域与测试	51
1.2 先进驾驶辅助系统的类型	4	2.5 前向碰撞预警系统的仿真实例	56
1.3 环境感知传感器	8	3.1 自动紧急制动系统的定义与组成	65
1.4 目标识别技术	22	3.2 自动紧急制动系统的工作原理与要求	67
1.5 先进驾驶辅助系统的仿真方法与仿真软件	30	3.3 自动紧急制动系统的模型	70
2.1 前向碰撞预警系统的定义与组成	42	3.4 自动紧急制动系统的测试	74
2.2 前向碰撞预警系统的工作原理与要求	43	3.5 自动紧急制动系统的仿真实例	76
2.3 前向碰撞预警系统的模型	45	4.1 车道偏离预警系统的定义与组成	84

（续）

名称	图形	页码	名称	图形	页码
4.2　车道偏离预警系统的工作原理与要求		86	6.2　自适应巡航控制系统的工作原理与要求		117
4.3　车道偏离预警系统的模型		88	6.3　自适应巡航控制系统的模型		121
4.4　车道偏离预警系统的测试		90	6.4　自适应巡航控制系统的测试		124
4.5　车道偏离预警系统的仿真实例		92	6.5　自适应巡航控制系统的仿真实例		128
5.1　车道保持辅助系统的定义与组成		99	7.1　盲区监测系统		136
5.2　车道保持辅助系统的工作原理与要求		100	7.2　智能泊车辅助系统		144
5.3　车道保持辅助系统的模型		102	7.3　自适应前照明系统		153
5.4　车道保持辅助系统的测试		105	7.4　抬头显示系统		158
5.5　车道保持辅助系统的仿真实例		108	7.5　驾驶人疲劳监测系统		165
6.1　自适应巡航控制系统的定义与组成		115			

CONTENTS 目 录

前言

二维码索引

项目一 先进驾驶辅助系统测试与仿真知识的准备 ·················· 1

【项目导入】 ·················· 1
【学习目标】 ·················· 1
【知识框架】 ·················· 2
【知识准备】 ·················· 2
知识点 1.1　先进驾驶辅助系统的定义与组成 ·················· 2
知识点 1.2　先进驾驶辅助系统的类型 ·················· 4
知识点 1.3　环境感知传感器 ·················· 8
知识点 1.4　目标识别技术 ·················· 22
知识点 1.5　先进驾驶辅助系统的仿真方法与仿真软件 ·················· 30
【项目巩固】 ·················· 36
　　总结与提高 ·················· 36
　　思考与练习 ·················· 36
　　实训任务单 ·················· 38

项目二 前向碰撞预警系统的测试与仿真 ·················· 40

【项目导入】 ·················· 40
【学习目标】 ·················· 41
【知识框架】 ·················· 41
【知识准备】 ·················· 41
知识点 2.1　前向碰撞预警系统的定义与组成 ·················· 41
知识点 2.2　前向碰撞预警系统的工作原理与要求 ·················· 43
知识点 2.3　前向碰撞预警系统的模型 ·················· 45
知识点 2.4　前向碰撞预警系统的检测区域与测试 ·················· 51
知识点 2.5　前向碰撞预警系统的仿真实例 ·················· 56

【项目巩固】 59
　　总结与提高 59
　　思考与练习 59
　　实训任务单 62

项目三　自动紧急制动系统的测试与仿真 64

【项目导入】 64
【学习目标】 64
【知识框架】 65
【知识准备】 65
知识点 3.1　自动紧急制动系统的定义与组成 65
知识点 3.2　自动紧急制动系统的工作原理与要求 67
知识点 3.3　自动紧急制动系统的模型 69
知识点 3.4　自动紧急制动系统的测试 74
知识点 3.5　自动紧急制动系统的仿真实例 76
【项目巩固】 78
　　总结与提高 78
　　思考与练习 78
　　实训任务单 81

项目四　车道偏离预警系统的测试与仿真 83

【项目导入】 83
【学习目标】 83
【知识框架】 84
【知识准备】 84
知识点 4.1　车道偏离预警系统的定义与组成 84
知识点 4.2　车道偏离预警系统的工作原理与要求 86
知识点 4.3　车道偏离预警系统的模型 88
知识点 4.4　车道偏离预警系统的测试 90
知识点 4.5　车道偏离预警系统的仿真实例 92
【项目巩固】 94
　　总结与提高 94
　　思考与练习 94
　　实训任务单 97

项目五　车道保持辅助系统的测试与仿真 98

【项目导入】 98
【学习目标】 98
【知识框架】 99
【知识准备】 99

知识点 5.1　车道保持辅助系统的定义与组成 99
知识点 5.2　车道保持辅助系统的工作原理与要求 100
知识点 5.3　车道保持辅助系统的模型 102
知识点 5.4　车道保持辅助系统的测试 105
知识点 5.5　车道保持辅助系统的仿真实例 107
【项目巩固】 109
　　总结与提高 109
　　思考与练习 109
　　实训任务单 112

项目六　自适应巡航控制系统的测试与仿真 114

【项目导入】 114
【学习目标】 114
【知识框架】 115
【知识准备】 115
知识点 6.1　自适应巡航控制系统的定义与组成 115
知识点 6.2　自适应巡航控制系统的工作原理与要求 117
知识点 6.3　自适应巡航控制系统的模型 121
知识点 6.4　自适应巡航控制系统的测试 124
知识点 6.5　自适应巡航控制系统的仿真实例 128
【项目巩固】 130
　　总结与提高 130
　　思考与练习 130
　　实训任务单 133

项目七　其他先进驾驶辅助系统的测试 135

【项目导入】 135
【学习目标】 135
【知识框架】 136
【知识准备】 136
知识点 7.1　盲区监测系统 136
知识点 7.2　智能泊车辅助系统 144
知识点 7.3　自适应前照明系统 153
知识点 7.4　抬头显示系统 158
知识点 7.5　驾驶人疲劳监测系统 165
【项目巩固】 170
　　总结与提高 170
　　思考与练习 170
　　实训任务单 173

参考文献 174

项目一
先进驾驶辅助系统测试与仿真知识的准备

【项目导入】

先进驾驶辅助系统是智能网联汽车重点发展的技术,其成熟程度和使用量代表智能网联汽车的技术水平。先进驾驶辅助系统在智能网联汽车中的应用越来越高,如某汽车装备了车道偏离预警系统、前向碰撞预警系统、自动紧急制动系统以及自适应巡航控制系统,如图 1-1 所示。

图 1-1　某汽车装备的先进驾驶辅助系统

什么是智能网联汽车先进驾驶辅助系统?有哪些类型?仿真软件有哪些?通过对本项目的学习,可以得到答案。

【学习目标】

知识目标

1)掌握智能网联汽车先进驾驶辅助系统的定义、组成与类型。
2)掌握声波雷达、毫米波雷达、激光雷达和视觉传感器的定义、特点、技术参数、类型及应用。

3）了解道路识别技术、车辆识别技术、行人识别技术、交通标志识别和交通信号灯识别技术。

4）了解先进驾驶辅助系统的仿真方法和仿真软件。

技能目标

1）能够识别智能网联汽车环境感知传感器。

2）能够识别智能网联汽车先进驾驶辅助系统。

素养目标

1）培养学生独立学习、沟通协调和团队合作意识。

2）增强学生爱国、敬业、诚信、友善的社会主义核心价值观。

【知识框架】

```
                    ┌ 先进驾驶辅助系统的定义与组成 ┌ 先进驾驶辅助系统的定义
                    │                              └ 先进驾驶辅助系统的组成
                    │ 先进驾驶辅助系统的类型 ┌ 信息辅助类的先进驾驶辅助系统
                    │                        └ 控制辅助类的先进驾驶辅助系统
                    │                    ┌ 超声波雷达
                    │ 环境感知传感器 ┤ 毫米波雷达
            项目一 ┤                    │ 激光雷达
                    │                    └ 视觉传感器
                    │                    ┌ 道路识别技术
                    │                    │ 车辆识别技术
                    │ 目标识别技术    ┤ 行人识别技术
                    │                    │ 交通标志识别技术
                    │                    └ 交通信号灯识别技术
                    └ 先进驾驶辅助系统的仿真方法与仿真软件 ┌ 先进驾驶辅助系统的仿真方法
                                                            └ 先进驾驶辅助系统的仿真软件
```

【知识准备】

知识点 1.1 ▶ 先进驾驶辅助系统的定义与组成

先进驾驶辅助系统的定义与组成

一、先进驾驶辅助系统的定义

随着汽车智能化水平的提高，汽车开始装备各种先进驾驶辅助系统，如车道偏离预警系统、前向碰撞预警系统、自动紧急制动系统、自适应巡航控制系统、驾驶人疲劳监测系统等，这些先进驾驶辅助系统的安装，提高了汽车行驶安全性，减轻了驾驶人的负担。

《道路车辆　先进驾驶辅助系统（ADAS）术语及定义》（GB/T 39263—2020）中对先进驾驶辅助系统进行了如下定义：先进驾驶辅助系统（Advanced Driver Assistance Systems，ADAS）是利用安装在车辆上的传感、通信、决策及执行等装置，实时监测驾驶人、车辆及其行驶环境，并通过影像、灯光、声音、触觉提示/警告或控制等方式辅助驾驶人执行驾驶任务或主动避免/减轻碰撞危害的各类系统的总称。图1-2所示为具有先进驾驶辅助系统的智能网联汽车。

图1-2　具有先进驾驶辅助系统的智能网联汽车

二、先进驾驶辅助系统的组成

先进驾驶辅助系统一般由环境感知单元、信息处理单元和控制执行单元组成，环境感知单元是先进驾驶辅助系统的"眼睛"，信息处理单元是先进驾驶辅助系统的"大脑"，控制执行单元是先进驾驶辅助系统的"手脚"，如图1-3所示。

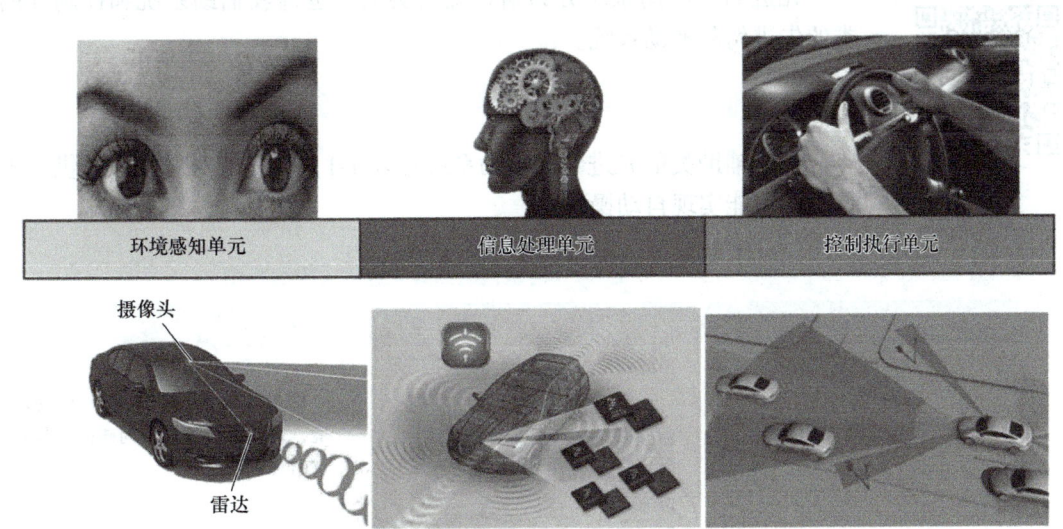

图1-3　先进驾驶辅助系统的组成

1. 环境感知单元

环境感知单元主要通过安装在智能网联汽车上的环境感知传感器或V2X（车连万物）通信技术获取道路、车辆、行人和交通标志等信息，并把这些信息传输给信息处理单元。环境感知传感器主要包括视觉传感器、超声波雷达、毫米波雷达和激光雷达以及它们的融合，V2X 通信技术主要包括 V2V（车辆与车辆）、V2I（车辆与基础设施）和 V2P（车辆与行人）。

基于车载传感器完成环境感知的先进驾驶辅助系统称为自主式先进驾驶辅助系统；基于 V2X 通信完成环境感知的先进驾驶辅助系统称为网联式先进驾驶辅助系统。

2. 信息处理单元

信息处理单元接收环境感知单元的信息，进行道路识别、车辆识别、行人识别和交通标志识别等，用于车道保持辅助系统、自动紧急制动系统、自适应巡航控制系统和交通标志识别系统等先进驾驶辅助系统。信息处理单元主要包括硬件的中央处理器或图形处理器和软件算法，软件算法越来越多地把机器学习、深度学习等人工智能技术用于信息的处理，以提高信息处理的速度和准确度。

3. 控制执行单元

控制执行单元接收信息处理单元的指令，对驾驶人预警或进行车辆控制，保障车辆安全行驶。

先进驾驶辅助系统包括几十种类型，每种类型的环境感知单元、信息处理单元和控制执行单元都不一样。即便是同一种类型，不同厂商的产品也不一样，特别是环境感知单元的环境感知传感器和信息处理单元的算法是有一定差别的。例如，同样是自适应巡航控制系统，有使用毫米波雷达的，有使用视觉传感器的，也有使用少线束激光雷达的。使用的环境感知传感器不一样，其算法、成本及性能就不一样。不同车型具有的先进驾驶辅助系统的类型也不一样。

知识点 1.2　先进驾驶辅助系统的类型

先进驾驶辅助系统的类型

先进驾驶辅助系统分为信息辅助类的先进驾驶辅助系统和控制辅助类的先进驾驶辅助系统。

一、信息辅助类的先进驾驶辅助系统

信息辅助类的先进驾驶辅助系统见表 1-1，它只能对驾驶人提供预警信息，不能实现自动操作。

表 1-1　信息辅助类的先进驾驶辅助系统

系统名称	系统图示	系统功能
前向碰撞预警（FCW）系统		能够实时监测车辆前方行驶环境，并在可能发生前向碰撞危险时发出警告信息
后向碰撞预警（RCW）系统		能够实时监测车辆后方环境，并在可能发生后方碰撞危险时发出警告信息

(续)

系统名称	系统图示	系统功能
车道偏离预警（LDW）系统		能够实时监测车辆在本车道的行驶状态，并在出现或即将出现非驾驶意愿的车道偏离时发出警告信息
变道碰撞预警（LCW）系统	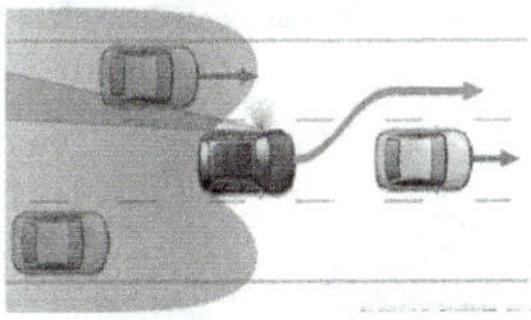	能够在车辆变道过程中，实时监测相邻车道，并在车辆侧方和/或侧后方出现可能与本车发生碰撞危险的其他道路使用者时发出警告信息
盲区监测（BSD）系统		能够实时监测驾驶人视野盲区，并在其盲区内出现其他道路使用者时发出提示或警告信息
侧向盲区监测（SBSD）系统		能够实时监测驾驶人视野的侧方及侧后方盲区，并在其盲区内出现其他道路使用者时发出提示或警告信息
转向盲区监测（STBSD）系统	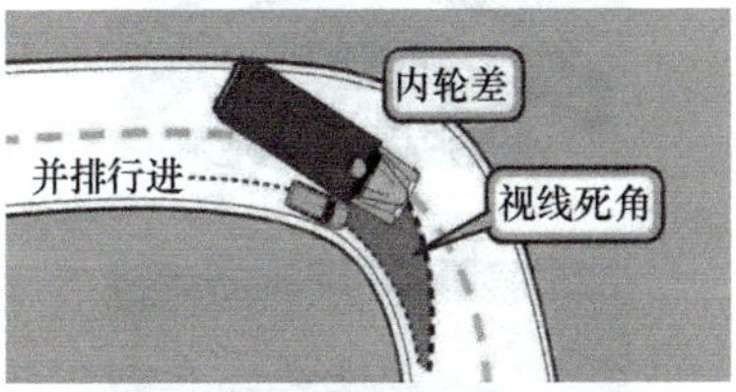	能够在车辆转向过程中，实时监测驾驶人转向盲区，并在其盲区内出现其他道路使用者时发出警告信息
后方交通穿行提示（RCTA）系统	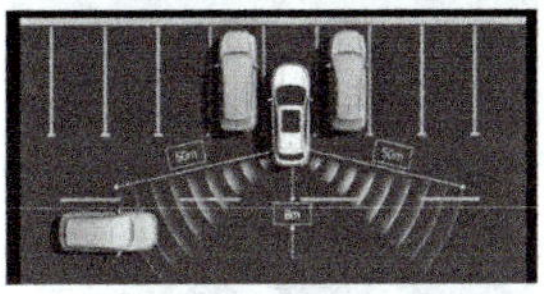	能够在车辆倒车时，实时监测车辆后部横向接近的其他道路使用者，并在可能发生碰撞危险时发出警告信息
车门开启预警（DOW）系统	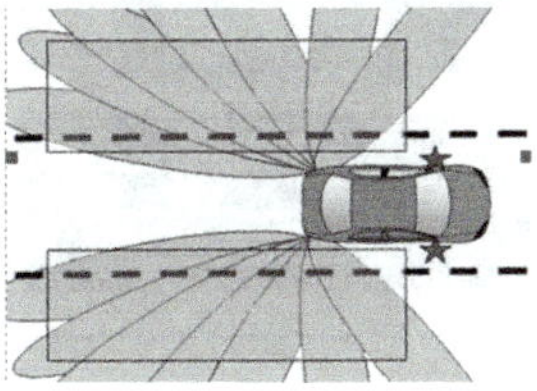	能够在停车状态即将开启车门时，监测车辆侧方及侧后方的其他道路使用者，并在可能因车门开启而发生碰撞危险时发出警告信息
驾驶人疲劳监测（DFM）系统		能够实时监测驾驶人状态并在确认其疲劳时发出提示信息

(续)

系统名称	系统图示	系统功能
驾驶人注意力监测（DAM）系统		能够实时监测驾驶人状态并在确认其注意力分散时发出提示信息。目前的驾驶人疲劳监测系统一般包括驾驶人注意力监测功能
交通标志识别（TSR）系统		能够自动识别车辆行驶路段的交通标志并发出提示信息
智能限速提示（ISLI）系统		能够自动获取车辆当前条件下应遵守的限速信息并实时监测车辆行驶速度，在车辆行驶速度不符合或即将超出限速范围的情况下适时发出提示信息
抬头显示（HUD）系统		能够将信息显示在驾驶人正常驾驶时的视野范围内，使驾驶人不必低头就可以看到相应的信息
夜视（NV）系统		能够通过红外线或热成像摄像机在夜间或其他弱光行驶环境中为驾驶人提供视觉辅助或警告信息
全景影像监测（AVM）系统		能够向驾驶人提供车辆周围360°环境的实时影像信息

二、控制辅助类的先进驾驶辅助系统

控制辅助类的先进驾驶辅助系统见表1-2，它能够对系统进行自动操作，有的系统能够对驾驶人提供预警信息。

表 1-2　控制辅助类的先进驾驶辅助系统

系统名称	系统图示	系统功能
自动紧急制动（AEB）系统		能够实时监测车辆前方行驶环境，并在可能发生碰撞危险时自动启动车辆制动系统使车辆减速，以避免碰撞或减轻碰撞后果
紧急制动辅助（EBA）系统		能够实时监测车辆前方行驶环境，在可能发生碰撞危险时提前采取措施，以减少制动响应时间，并在驾驶人采取制动操作时辅助增加制动压力，以避免碰撞或减轻碰撞后果
紧急转向辅助（ESA）系统		实时监测车辆前方和侧方行驶环境，在可能发生碰撞危险且驾驶人有明显的转向意图时，辅助驾驶人进行转向操作
智能限速控制（ISLC）系统		能够自动获取车辆当前条件下应遵守的限速信息并实时监测车辆行驶速度，辅助驾驶人控制车辆行驶速度，以使其保持在限速范围之内
车道保持辅助（LKA）系统		能够实时监测车辆与车道边线的相对位置，持续或在必要情况下控制车辆横向运动，使车辆保持在原车道内行驶
车道居中控制（LCC）系统		能够实时监测车辆与车道边线的相对位置，持续自动控制车辆横向运动，使车辆始终在车道中央区域行驶
车道偏离抑制（LDP）系统	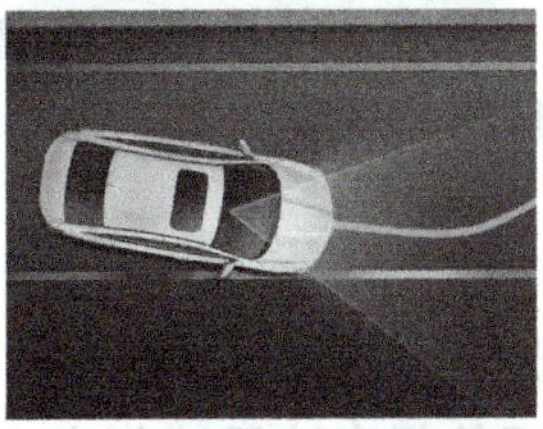	能够实时监测车辆与车道边线的相对位置，在车辆将发生车道偏离时控制车辆横向运动，辅助驾驶人将车辆保持在原车道内行驶
自适应巡航控制（ACC）系统		能够实时监测车辆前方行驶环境，在设定的速度范围内自动调整行驶速度，以适应前方车辆和/或道路条件等引起的驾驶环境变化

(续)

系统名称	系统图示	系统功能
交通拥堵辅助（TJA）系统		能够在车辆低速通过交通拥堵路段时，实时监测车辆前方及相邻车道行驶环境，并自动对车辆进行横向和纵向控制，其中部分功能的使用需经过驾驶人的确认
智能泊车辅助（IPA）系统		能够在车辆泊车时，自动检测泊车空间并为驾驶人提供泊车指示和/或方向控制等辅助功能
自适应前照明（AFS）系统		能够自动进行近光/远光切换或投射范围控制，从而为适应车辆各种使用环境提供不同类型的前照灯光束

比较常见的先进驾驶辅助系统有前向碰撞预警系统、自动紧急制动系统、车道偏离预警系统、车道保持辅助系统、自适应巡航控制系统、盲区监测系统、智能泊车辅助系统、自适应前照明系统、抬头显示系统和驾驶人疲劳监测系统等，它们已经应用在一些量产车型上。

知识点 1.3　环境感知传感器

环境感知传感器

智能网联汽车环境感知传感器主要有超声波雷达、毫米波雷达、激光雷达和视觉传感器等。

一、超声波雷达

1. 超声波雷达的定义

超声波雷达也称为超声波传感器，它是利用超声波的特性研制而成的传感器，是在超声波频率范围（大于20kHz）内将交变的电信号转换成声信号或者将外界声场中的声信号转换为电信号的能量转换器件。超声波雷达有1个发射头和1个接收头，安装在同一面上。在有效的检测距离内，发射头发射特定频率的超声波，遇到检测面后被反射部分超声波；接收头接收回波信号，由芯片记录声波的往返时间，并计算出距离值。

2. 超声波雷达的特点

（1）超声波雷达的优点　超声波雷达具有以下优点：

1）频率相对固定，如汽车上用的超声波雷达频率主要有40kHz、48kHz和58kHz等，频率不同，探测的范围也不同。

2）结构简单、体积小、成本低、信息处理简单可靠、易于小型化与集成化，并且可以进行实时控制。

3）灵敏度较高。

4）抗环境干扰能力强，对天气变化不敏感。

5）可在室内、黑暗条件下使用。

（2）超声波雷达的缺点　超声波雷达具有以下缺点：

1）探测距离短，一般为3~5m，因此应用范围受到限制。但超声波雷达的测量距离有增大的趋势，如特斯拉电动汽车使用的超声波雷达，探测距离已经达到8m。

2）只适合于低速，在速度很高的情况下测量距离具有一定的局限性。

3）超声波有一定的扩散角，只能测量距离，不能测量方位；必须在汽车的前、后保险杠不同方位上安装多个超声波雷达。

4）对于低矮、圆锥、过细的障碍物或者沟坎，超声波雷达不容易探测到。

5）超声波的发射信号和余振的信号都会对回波信号造成覆盖或者干扰，因此在小于某一距离后就会丧失探测功能。这就是普通超声波雷达的探测有盲区的原因之一。若在盲区内，则系统无法探测障碍物。因此，比较好的解决办法是在安装超声波雷达的同时安装摄像头。

3. 超声波雷达的技术参数

超声波雷达的技术参数主要有测量距离、测量精度、探测角度、工作频率和工作温度等。

（1）测量距离　超声波雷达的测量距离取决于其使用的波长和频率，波长越长、频率越小则测量距离越大。测量汽车前、后障碍物的短距超声波雷达测量距离一般为0.15~2.50m；安装在汽车侧面，用于测量侧前方障碍物距离的长距超声波雷达测量距离一般为0.30~5.0m。

（2）测量精度　测量精度是指传感器测量值与真实值的偏差。超声波雷达测量精度主要受被测物体体积、表面形状和表面材料等影响。被测物体体积过小、表面形状凹凸不平、物体材料吸收声波等情况都会降低超声波雷达的测量精度。测量精度越高，感知信息越可靠，测量精度要求在 ±10cm 以内。

（3）探测角度　由于超声波雷达发射出去的超声波具有一定的指向性，波束的截面类似椭圆形，所以探测的范围有一定限度，探测角度分为水平视场角和垂直视场角。

水平视场角在 I 类障碍物的条件下，以超声波雷达探头中心为基准，距离障碍物为70cm 处，满足左右各 55°±5° 角的要求；在 II 类障碍物的条件下，以超声波雷达探头中心为基准，距离障碍物为 150cm 处，满足左右各 55°±5° 角的要求。I 类障碍物是指长度为 1m、直径为 60mm 的塑胶水管，II 类障碍物是指尺寸为 10cm×10cm 的方形平面纸板。

垂直视场角在 I 类障碍物的条件下，以超声波雷达探头中心为基准，距离障碍物为70cm 处，满足上下各 30°±5° 角的要求；在 II 类障碍物的条件下，以超声波雷达探头中心为基准，距离障碍物为 150cm 处，满足上下各 30°±5° 角的要求。

（4）工作频率　工作频率直接影响超声波的扩散和吸收损失、障碍物反射损失以及背景噪声，并直接决定超声波雷达的尺寸。发射频率为（40±2）kHz 的超声波雷达，方向性尖锐，且避开了噪声，提高了信噪比；虽然传播损失相对低频有所增加，但不会给发射和接收带来困难。

（5）工作温度　由于超声波雷达应用广泛，有的应用场景要求温度较高，有的应用场景要求温度较低，因此，超声波雷达必须满足工作温度的要求，其工作温度一般要求为 −30~80℃。

4. 超声波雷达的产品

图 1-4 所示为博世公司第 6 代超声波雷达，它将反应时间缩短了一半，能够对近距离物体实现检测和对突然出现的障碍物（如行人、变化的场景等）进行快速响应。

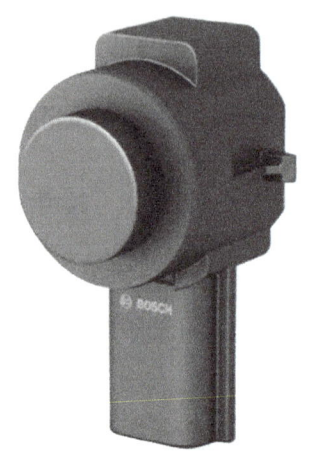

图 1-4　博世公司第 6 代超声波雷达

博世公司的超声波雷达主要技术参数见表 1-3。

表 1-3　博世公司的超声波雷达主要技术参数

项目	参数
最小测量距离	0.15m
最大测量距离	5.5m
目标分辨率	3~15cm
水平视场角	±70°
垂直视场角	±35°
尺寸	44mm×26mm
质量	14g
工作温度	-40~85℃
电流消耗	7mA
防护安全等级	IP64k

5. 超声波雷达的应用

超声波雷达在智能网联汽车的应用主要是泊车，智能泊车辅助系统一般需要 12 个超声波雷达，分别安装在前保险杠和后保险杠上。这些超声波雷达会发送信号，信号碰到车辆周边的障碍物时会反射回来，车上的计算机根据其接收信号所需的时间来确定障碍物的位置，车辆根据接收到的信息，检测到周边车辆的位置、泊车位的大小及与路边的距离，然后将车辆驶入泊车位。基于超声波雷达的智能泊车辅助系统如图 1-5 所示。

a) 垂直泊车　　　　　　　　　　　　b) 平行泊车

图 1-5　基于超声波雷达的智能泊车辅助系统

二、毫米波雷达

1. 毫米波雷达的定义

毫米波雷达是工作在毫米波频段的雷达，它通过发射与接收高频电磁波来探测目标，后端信号处理模块利用回波信号计算出目标的距离、速度和角度等信息。

2. 毫米波雷达的特点

（1）毫米波雷达的优点　毫米波雷达具有以下优点：

1）探测距离远，可达 200m 以上。

2）探测性能好，其探测不受颜色与温度的影响。

3）毫米波的传播速度与光速一样，并且调制简单，配合高速信号处理系统，可以快速地测量出目标的距离、速度和角度等信息。

4）毫米波具有很强的穿透能力，在雨、雪及大雾等恶劣天气依然可以正常工作。

5）毫米波雷达一般工作在高频段，而周围的噪声和干扰处于中低频区，基本上不会影响毫米波雷达的正常运行，因此，毫米波雷达具有抗低频干扰的特性。

（2）毫米波雷达的缺点　毫米波雷达具有以下缺点：

1）毫米波雷达是利用目标对电磁波的反射来发现并测定目标位置的，而充满杂波的外部环境经常给毫米波雷达感知带来虚警问题。

2）覆盖区域呈扇形，有盲点区域。

3）无法识别交通标志和交通信号灯。

4）无法识别道路标线。

3. 毫米波雷达的技术参数

毫米波雷达的技术参数主要有最大探测距离、距离分辨率、距离灵敏度、距离测量精度、最大探测速度、速度分辨率、速度灵敏度、速度测量精度、视场角、角度分辨率、角度灵敏度、角度测量精度、识别率、误检率和漏检率。

（1）最大探测距离　最大探测距离是指毫米波雷达所能检测目标的最大距离。不同的毫米波雷达，最大探测距离是不同的。

（2）距离分辨率　距离分辨率是指在规定条件下，毫米波雷达能区分前、后邻近两个目标的最小距离间隔。

(3) 距离灵敏度　距离灵敏度是指单目标的距离变化时，毫米波雷达可探测的最小绝对变化距离值。

(4) 距离测量精度　距离测量精度是指毫米波雷达测量单目标时，目标距离的测量值与其真实值之差。

(5) 最大探测速度　最大探测速度是指毫米波雷达能够探测目标的最大速度。

(6) 速度分辨率　速度分辨率表示区分两个不同速度目标的能力。

(7) 速度灵敏度　速度灵敏度是指单目标的速度变化时，毫米波雷达可探测的最小绝对变化速度值。

(8) 速度测量精度　速度测量精度是指毫米波雷达测量单目标时，目标速度的测量值与其真实值之差。

(9) 视场角　视场角是指在规定的测试条件下，在满足规定识别率的情况下，毫米波雷达能有效识别目标的探测范围，分为水平视场角和垂直视场角。

(10) 角度分辨率　角度分辨率是指在规定条件下，毫米波雷达能区分左、右邻近两个目标的最小角度间隔。

(11) 角度灵敏度　角度灵敏度是指单目标的角度变化时，毫米波雷达可探测的最小绝对变化角度值。

(12) 角度测量精度　角度测量精度是指毫米波雷达测量单目标时，目标角度的测量值与其真实值之差。

(13) 识别率　识别率是指毫米波雷达正确识别目标信息的程度。

(14) 误检率　误检率是指毫米波雷达将目标识别为一个错误目标的比例。

(15) 漏检率　漏检率是指毫米波雷达未能识别目标的比例。

4. 毫米波雷达的类型

毫米波雷达的类型可按探测距离和毫米波频段划分。

(1) 按探测距离划分　毫米波雷达按探测距离可分为近距离毫米波雷达、中距离毫米波雷达和远距离毫米波雷达。近距离毫米波雷达一般探测距离小于 60m，中距离毫米波雷达一般探测距离极限为 100m 左右，远距离毫米波雷达探测距离一般大于 200m。有的企业只分为近距离毫米波雷达和远距离毫米波雷达，具体探测距离以产品说明书为准。

(2) 按毫米波频段划分　毫米波雷达按毫米波频段可划分为 24GHz、60GHz、77GHz 和 79GHz 毫米波雷达。其常用频段为 24GHz 和 77GHz，其中 24GHz 适合近距离探测，77GHz 适合中、远距离探测。从 24GHz 过渡到 77GHz，距离分辨率和精度将会提高约 20 倍（如 24GHz 毫米波雷达的距离分辨率为 75cm，而 77GHz 毫米波雷达的距离分辨率可提高到 4cm），这使其可以更好地探测多个彼此靠近的目标。

5. 毫米波雷达的产品

市场上毫米波雷达产品很多，森思泰克公司的毫米波雷达系列产品有 24GHz 毫米波雷达和 77GHz 毫米波雷达，如图 1-6 所示。

1) 24GHz 毫米波雷达属于中短距离毫米波雷达。STA24-1 毫米波雷达可用于车辆侧后方的盲区监测系统与变道辅助系统。在车辆行驶过程中，STA24-1 毫米波雷达不仅可以对车辆左、右侧的近距离盲区进行探测，还可以对两侧后方 70m 内试图超越本车的车辆进行探测。当有危险车辆出现时，STA24-1 毫米波雷达会在后视镜上对驾驶人进行声光提示，从而避免因并线而发生的事故。STA24-4 毫米波雷达可用于车辆侧后方的盲区监测预警系统,当有危险车辆出现时,STA24-4 毫米波雷达会在后视镜上对驾驶人进行声光提示,从而避免因并线发生事故。

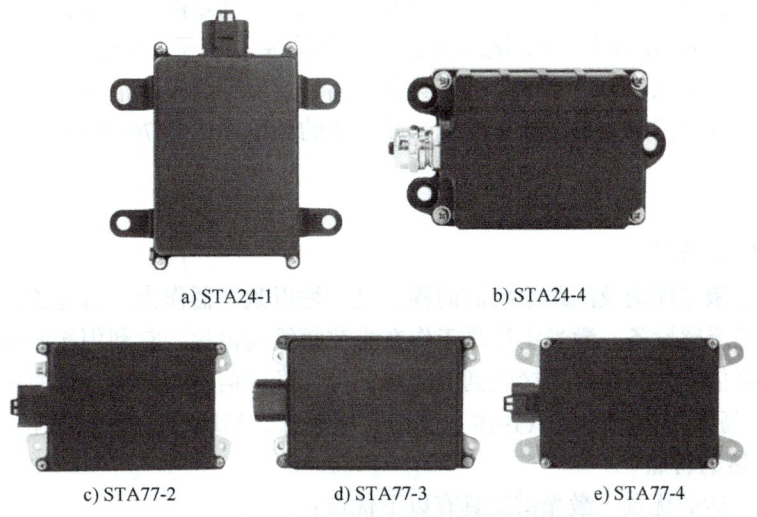

图 1-6 森思泰克公司的毫米波雷达系列产品

2)77GHz 毫米波雷达可以准确测量范围内目标车辆的距离、速度及角度等信息,同时具有三维度的分辨能力。STA77-2 和 STA77-4 前向毫米波雷达利用数字波束形成技术,在提高前方波束照射范围的同时,能够判别前方多个目标车辆,可提供准确、实时的路况信息,保障前方道路安全,适用于车辆的前向碰撞预警系统等。STA77-3 前向毫米波雷可准确测量前方 180m 范围内目标车辆的距离、速度及角度等信息,可提供前方道路安全、准确、实时的路况信息,适用于车辆的自动紧急制动系统或前向碰撞预警系统等。

6. 毫米波雷达的应用

毫米波雷达在智能网联汽车上主要用于测量交通参与者(如前方车辆和行人、后方车辆和行人)的距离、速度和角度,为先进驾驶辅助系统提供环境感知信息。智能网联汽车先进驾驶辅助系统应用的毫米波雷达见表 1-4。

表 1-4 智能网联汽车先进驾驶辅助系统应用的毫米波雷达

毫米波雷达的类型		近距离毫米波雷达	中距离毫米波雷达	远距离毫米波雷达
工作频段		24GHz	77GHz	77GHz
探测距离		小于 60m	100m 左右	大于 200m
功能	自适应巡航控制系统	—	前方	前方
	前向碰撞预警系统	—	前方	前方
	自动紧急制动系统	—	前方	前方
	盲区监测系统	侧方	侧方	—
	智能泊车辅助系统	前方、后方	侧方	—
	变道辅助系统	后方	后方	—
	后向碰撞预警系统	后方	后方	—
	车门开启预警系统	侧方	—	—

为了满足不同距离范围的探测需要，一辆汽车上会安装多个近距离、中距离和远距离毫米波雷达。其中，24GHz 毫米波雷达主要实现近距离目标的探测，77GHz 毫米波雷达主要实现中距离和远距离目标的探测。不同的毫米波雷达在车辆前方、侧方和后方发挥不同的作用。

目前其多以 24GHz 和 77GHz 毫米波雷达产品为主。由于 77GHz 频段的部件体积小、天线尺寸短、容易实现单芯片集成结构，具备更高的速度分辨率、信噪比、输出功率以及有利于减少成本，因此预期未来全球车载毫米波雷达的频段将选择 76~81GHz 频段。

三、激光雷达

1. 激光雷达的定义

激光雷达是激光探测及测距系统的简称，是一种以激光器作为发射光源，采用光电探测技术手段的主动遥感设备。激光雷达是工作在光波频段的雷达，它利用光波频段的电磁波先向目标发射探测信号，然后将其接收到的回波信号与发射信号相比较，从而获得目标的位置（距离、方位和高度）、运动状态（速度、姿态）等信息，实现对目标的探测、跟踪和识别。

2. 激光雷达的特点

（1）激光雷达的优点　激光雷达具有以下优点：

1）激光雷达可以获得较高的角度、距离和速度分辨率。通常激光雷达的角度分辨率不低于 0.1mard（mard 为光轴稳定度单位，1mard 表示 100m 处的 10cm），也就是说可以分辨 3km 距离上相距 0.3m 的两个目标，并可同时跟踪多个目标；距离分辨率可达 0.1m；速度分辨率可达 10m/s 以内。

2）车载激光雷达探测距离可达 300m 以上，探测范围广。

3）激光雷达可直接获取探测目标的距离、角度、反射强度及速度等信息，生成目标多维度图像，信息量丰富。

4）激光主动探测，不依赖于外界光照条件或目标本身的辐射特性，可全天候工作，它只需发射自己的激光束，通过探测发射激光束的回波信号来获取目标信息。

（2）激光雷达的缺点　激光雷达具有以下缺点：

1）与毫米波雷达相比，产品体积大，成本高。

2）不易识别交通标志和交通信号灯。

3. 激光雷达的技术参数

激光雷达的技术参数主要有最大探测距离、距离分辨率、测距精度、测量帧频、数据采样率、视场角、角度分辨率以及波长等。

（1）最大探测距离　最大探测距离是指激光雷达能够探测的最大距离，最大探测距离通常需要标注基于某一个反射率下的测量值，如白色物体反射率约 70%，黑色物体反射率为 7%~20%。

（2）距离分辨率　距离分辨率是指两个目标物体可区分的最小距离。

（3）测距精度　测距精度是指对同一目标进行重复测量时得到的距离值之间的误差范围。

（4）测量帧频　测量帧频与摄像头的帧频概念相同，激光雷达成像刷新帧频会影响激光雷达的响应速度。刷新帧频越高，响应速度越快。

（5）数据采样率　数据采样率是指每秒输出的数据点数，等于帧频乘以单幅图像的点云数目。通常数据采样率会影响成像的分辨率，特别是在远距离时，点云越密集，目标呈现越精细。

（6）视场角　视场角分为垂直视场角和水平视场角，是激光雷达的成像范围。

（7）角度分辨率　角度分辨率是指扫描的角度分辨率，等于视场角除以该方向所采集的点云数目，因此本参数与数据采样率直接相关。

（8）波长　波长是指激光雷达所采用的激光波长，波长会影响激光雷达的环境适应性和对人眼的安全性。

4. 激光雷达的类型

激光雷达的类型可按有无机械旋转部件和线束数量的多少划分。

（1）按有无机械旋转部件划分　激光雷达按有无机械旋转部件可划分为机械激光雷达、固态激光雷达和混合固态激光雷达。

1）机械激光雷达带有控制激光发射角度的旋转部件，体积较大，价格昂贵，测量精度相对较高，一般置于汽车顶部。

2）固态激光雷达依靠电子部件来控制激光发射角度，不需要机械旋转部件，故尺寸较小，可安装于车体内。

为了降低激光雷达的成本，也为了提高可靠性，满足车规的要求，激光雷达的发展方向是从机械激光雷达转向固态激光雷达。

3）混合固态激光雷达没有大体积旋转结构，采用固定激光光源，通过内部旋转玻璃片改变激光光束方向，实现多角度检测，并且采用嵌入式安装。

（2）按线束数量的多少划分　激光雷达按线束数量的多少可划分为单线束激光雷达和多线束激光雷达。

1）单线束激光雷达扫描1次只产生1条扫描线，所获得的数据为2D数据，因此无法区别有关目标物体的3D信息。由于单线束激光雷达具有测量速度快、数据处理量少等特点，被广泛应用于安全防护、地形测绘等领域。

2）多线束激光雷达扫描1次可产生多条扫描线。目前市场上多线束激光雷达产品主要分为4线束、8线束、16线束、32线束、40线束、64线束和128线束等，再细分可分为2.5D激光雷达和3D激光雷达。2.5D激光雷达和3D激光雷达最大的区别在于激光雷达垂直视野的范围，2.5D激光雷达的垂直视野范围一般不超过10°，3D激光雷达的垂直视野范围可达到30°，甚至超过40°，这也导致两者在汽车上的安装位置要求有所不同。

5. 激光雷达的产品

市场上激光雷达的产品较多，例如速腾聚创的激光雷达系列产品，如图1-7所示。

1）RS-LiDAR-16激光雷达是速腾聚创

a) RS-LiDAR-16激光雷达

b) RS-LiDAR-32激光雷达

c) RS-Ruby激光雷达

d) RS-Bpearl激光雷达

图1-7　速腾聚创激光雷达的系列产品

公司量产的16线激光雷达，内置16组激光元器件，同时发射并接收高频率激光束，通过360°旋转，进行实时3D成像，能提供精确的三维空间点云数据及物体反射率，让机器获得可靠的环境信息，能为定位、导航及避障等提供有力保障。

2）RS-LiDAR-32激光雷达是速腾聚创公司量产的32线混合固态激光雷达产品，是专为满足高速自动驾驶需求而设计的小型激光雷达，产品采用了中间密、两边疏的激光头布局设计。

3）RS-Ruby激光雷达是一款面向L4+自动驾驶的128线激光雷达，与RS-LIDAR-32相比，垂直分辨率是其3倍以上，达到0.1°，探测距离提高了2~3倍，充分满足高速自动驾驶的需求。

4）RS-Bpearl激光雷达是专门为扫除盲区设计的新型近距离激光雷达，能够探测数厘米之内的物体，加上360°×90°超广视场角，能有效扫除车身周围盲区。

6. 激光雷达的应用

少线束激光雷达主要用于智能网联汽车先进驾驶辅助系统。奥迪A8L安装的4线束激光雷达如图1-8所示，可为自适应巡航控制系统、车道偏离预警系统、自动紧急制动系统和交通拥堵辅助系统等提供信息。

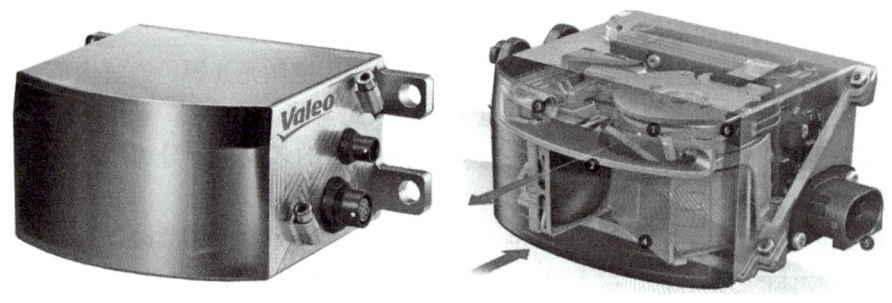

a) 激光雷达外形　　　　　　b) 激光雷达内部

图1-8　奥迪A8L安装的4线束激光雷达

【视野拓宽】

激光雷达技术的领航者

在全球激光雷达领域，中国企业正以强劲的创新力引领潮流。禾赛科技与速腾聚创作为行业头部企业，成就斐然。

禾赛科技凭借其卓越的技术创新，已成为全球激光雷达市场的领军者。其自研的512线超高清超远距激光雷达AT512，探测距离可达400m，为全球自动驾驶提供了强大的技术支持。速腾聚创在MEMS激光雷达市场上占据领先地位，其产品以高性能、低成本著称，广受市场好评。这两家企业不仅在国内市场占据主导地位，更在国际舞台上展现了中国激光雷达企业的实力和影响力。它们的成功不仅推动了我国激光雷达技术的快速发展，更为全球自动驾驶和智能交通领域提供了重要支持。

展望未来，随着激光雷达技术的不断突破和应用领域的持续拓展，一个更加智能、便捷的交通时代正向我们走来。

四、视觉传感器

1. 视觉传感器的定义

视觉传感器是指通过对摄像头拍摄到的图像进行图像处理,对目标进行检测,并输出数据和判断结果的传感器。视觉传感器在智能网联汽车或无人驾驶汽车上的应用是以摄像头(机)的形式出现,并搭载先进的人工智能算法,使其便于目标检测和图像处理。

2. 视觉传感器的特点

(1) 视觉传感器的优点　视觉传感器具有以下优点:

1) 视觉图像的信息量极为丰富,尤其是彩色图像,不仅包含有视野内目标的距离信息,还包括该目标的颜色、纹理、深度和形状等信息。

2) 在视野范围内可同时实现车道线检测、车辆检测、行人检测、交通标志检测以及交通信号灯检测等,信息获取量大。当多辆智能网联汽车同时工作时,不会出现相互干扰的现象。

3) 通过摄像头可以实现同时定位和建图。

4) 视觉信息获取的是实时的场景图像,所提供的信息不依赖于先验知识,具有较强的适应环境能力。

5) 视觉传感器与机器学习、深度学习等人工智能相融合,可以获得更佳的检测效果,将扩大视觉传感器在智能网联汽车和无人驾驶汽车上的应用范围。

(2) 视觉传感器的缺点　视觉传感器具有以下缺点:

1) 摄像头在黑暗环境中感知受限,精度和安全性有所下降。

2) 对于静态物体很难准确识别。

视觉传感器的发展趋势是探测距离越来越远,结合深度学习且识别能力越来越强。视觉传感器的最大探测距离可达到300m甚至更远,像素可达到800万甚至更高,性能与远距离毫米波雷达的差距大幅缩小,同时具备低成本和图像识别能力强等优势。

3. 视觉传感器的技术参数

视觉传感器的技术参数有图像传感器的技术参数、相机的内部参数和相机的外部参数。

(1) 图像传感器的技术参数　图像传感器的技术参数主要有像素、帧率、靶面尺寸、感光度和信噪比等。

1) 像素是图像传感器的感光最小单位,即构成影像的最小单位。一帧影像画面是由许多密集的亮暗、色彩不同的点组成的,这些小点称为像素。像素的多少是由图像传感器上的光电元件数目决定的,一个光电元件就对应一个像素。因此像素越大,意味着光电元件越多,相应的成本就越高。像素用两个数字来表示,如 720×480,720 表示在图像长度方向上所含的像素点数,480 表示在图像宽度方向上所含的像素点数,二者的乘积就是该相机的像素点数。

2) 帧率代表单位时间所记录或播放的图片的数量。连续播放一系列图片就会产生动画效果,根据人的视觉系统特点,当图片的播放速度大于 15 幅/s 的时候,人眼就基本看不出图片的跳跃;在达到 24~30 幅/s 时就已经基本觉察不到闪烁现象。每秒的帧数或说帧率表示图像传感器在处理图片时每秒能够更新的次数。更高的帧率可以使观看者得到流畅、逼真的视觉体验。

3）靶面尺寸就是图像传感器感光部分的大小，一般用 in（英寸，1in=2.54cm）为单位，通常这个数据指的是这个图像传感器的对角线长度，如常见的有 1/3in。靶面越大，意味着通光量越好，而靶面越小，则比较容易获得更大的景深，如 1/2in 可以有比较大的通光量，而 1/4in 可以比较容易获得较大的景深。

4）感光度代表通过图像传感器以及相关的电子电路感应入射光线的强弱。感光度越高，感光面对光的敏感度越强，快门速度就越高，这在拍摄运动车辆、夜间监控的时候显得尤其重要。

5）信噪比指的是信号电压对于噪声电压的比值。一般摄像头给出的信噪比值均是自动增益控制关闭时的值，因为当自动增益控制接通时，会对小信号进行提升，使得噪声电平相应提高。信噪比的典型值为 45~55dB，若为 50dB，则图像有少量噪声，但图像质量良好；若为 60dB，则图像质量优良，不出现噪声，信噪比越大说明对噪声的控制越好。

（2）相机的内部参数　相机的内部参数是与相机自身特性相关的参数，主要有焦距、光学中心、图像尺寸和畸变系数等。

1）焦距是指摄像头的光学中心到图像传感器的距离，如图 1-9 所示。焦距一般用 mm 为单位，例如 18~135mm，代表着焦距可以从 18mm 到 135mm 进行变化，说明该摄像头的焦距是可变的；而 50mm，代表摄像头的焦距只有 50mm，说明该摄像头的焦距是不可变的。

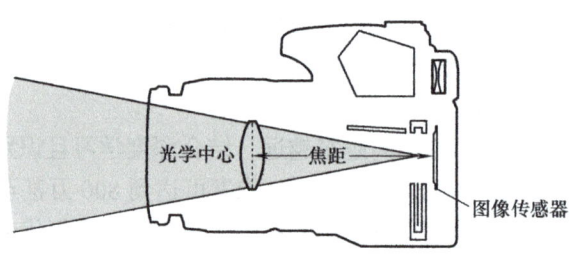

图 1-9　相机的焦距

摄像头的焦距与水平视场角、影像大小密切相关。焦距越小，光学中心就越靠近图像传感器，水平视场角越大，拍摄到的影像越大；焦距越大，光学中心就越远离图像传感器，水平视场角越小，拍摄到的影像越小。

2）相机的镜头是由多个镜片构成的复杂光学系统，光学系统的功能等价于一个薄透镜，但实际上薄透镜是不存在的。光学中心是这一等价透镜的中心，如图 1-10 所示。不同结构的镜头的光学中心位置不一样，大部分在镜头内的某一位置，但也有在镜头前方或镜头后方的。

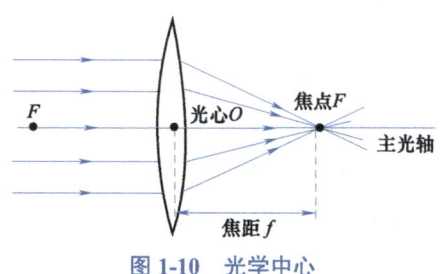

图 1-10　光学中心

3）图像尺寸是指构成图像的长度和宽度，可以用像素为单位，也可以用 cm 为单位。图像尺寸与分辨率有关。分辨率是指单位长度中所表达或截取的像素数目，即表示每英寸图像内的像素点数，单位是像素每英寸。图像分辨率越高，像素的点密度越高，图像越清晰。

4）畸变系数分为径向畸变系数和切向畸变系数。径向畸变发生在相机坐标系转向物理坐标系的过程中，切向畸变产生的原因是透镜不完全平行于图像。径向畸变就是沿着透镜半径方向分布的畸变，其产生的原因是光线在远离透镜中心的地方比靠近中心的地方更加弯曲。这种畸变在普通廉价的镜头中表现更加明显。径向畸变主要包括枕形畸变和桶形畸变两种，如图 1-11 所示。

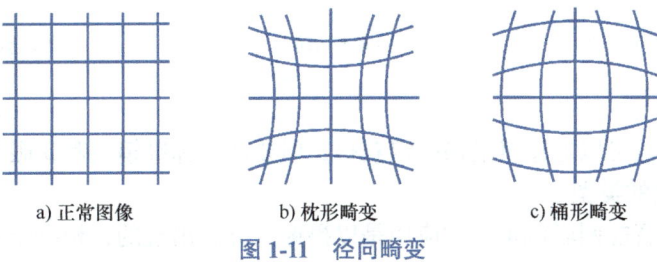

a) 正常图像　　　b) 枕形畸变　　　c) 桶形畸变

图 1-11　径向畸变

切向畸变产生的图像如图 1-12 所示。

图 1-12　切向畸变

（3）相机的外部参数　相机的外部参数是指相机的安装位置，即相机离地高度和相机相对于车辆坐标系的旋转角度。

1）相机离地高度是指从地面到相机焦点的垂直高度，如图 1-13 所示。

图 1-13　相机离地高度

2）相机相对于车辆坐标系的旋转角度有俯仰角、偏航角和横滚角。

俯仰运动是指相机绕车辆坐标系 Y_v 轴的转动，偏航运动是指相机绕车辆坐标系 Z_v 轴的转动，横滚运动是指相机绕车辆坐标系 X_v 轴的转动，如图 1-14 所示。

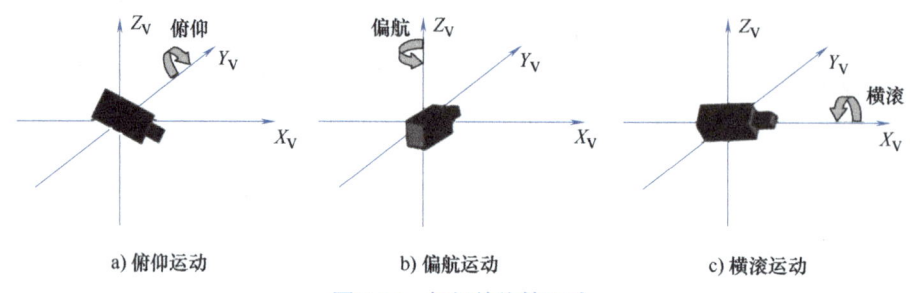

图 1-14 相机的旋转运动

相机的外部参数可以通过棋盘格标定获得，但要注意标准镜头和鱼眼镜头的差别。

4. 视觉传感器的类型

视觉传感器在智能网联汽车上的应用是以摄像头方式出现的，根据镜头和布置方式的不同一般分为单目摄像头、双目摄像头、三目摄像头和环视摄像头。

（1）单目摄像头　单目摄像头如图 1-15 所示，一般安装在前风窗玻璃上部，用于探测车辆前方环境，识别道路、车辆、行人等。它先通过图像匹配进行目标识别（各种车型、行人、物体等），再通过目标在图像中的大小去估算目标距离。单目摄像头的优点是成本低廉，能够识别具体障碍物的种类，识别准确；缺点是其识别原理导致其无法识别没有明显轮廓的障碍物，工作准确率与外部光线条件有关，并且受限于数据库，没有自学习功能。

图 1-15 单目摄像头

（2）双目摄像头　图 1-16 所示是博世公司生产的双目摄像头，两个摄像头之间距离为 12cm，像素数为 1080×960，水平视场角为 45°，垂直视场角为 25°，最大探测距离为 50m，不仅可以用于自动紧急制动系统，也可以用于车道偏离预警系统和交通标志识别系统等。相比于单目摄像头，双目摄像头没有识别率的限制，无须先识别，可直接进行测量；直接利用视差计算距离，精度更高；无须维护样本数据库。

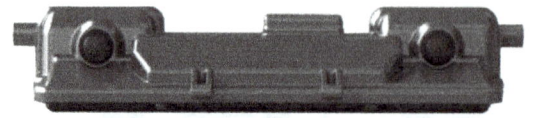

图 1-16 博世公司生产的双目摄像头

（3）三目摄像头　图 1-17 所示为特斯拉电动汽车使用的三目摄像头，其有深度学习功能，可识别障碍物位置、可行空间、车辆形状、行人、交通标志、交通信号灯等，车辆周围的感知能力提升了 6 倍。三目摄像头的感知范围由远及近，分别为前视窄视野摄像头，最远感知为 250m；前视主视野摄像头，最远感知为 150m；前视宽视野摄像头，最远感知为 60m。三目摄像头需要同时标定 3 个摄像头，因而工作量更大；其次软件部分需要关联 3 个摄像头的数据，对算法要求很高。

（4）环视摄像头　环视摄像头一般至少包括 4 个鱼眼摄像头，而且安装位置是朝向地面的，能够实现 360° 环境感知。环视摄像头的感知范围并不大，主要用于车身 5~10m 内的障碍物检测、自主泊车时的库位线识别等。鱼眼摄像头能获取足够大的视野，代价是图像的畸变严重。

5. 视觉传感器的产品

市场上视觉传感器的产品众多，但公开技术参数的非常少。

图 1-18 所示为博世公司的摄像头 MPC2，其主要参数见表 1-5。

图 1-17　特斯拉电动汽车使用的三目摄像头

图 1-18　博世公司的摄像头 MPC2

表 1-5　博世公司的摄像头 MPC2 的主要参数

项目	参数
图像分辨率	1280×960 像素
最大探测距离	>120m
水平视场角	50°
垂直视场角	28°
分辨率	25 像素/°
帧率	30 帧/s
波长	400~750nm
工作温度	−40~+85℃

博世公司的摄像头可用于行人警告系统、前方碰撞预警系统、车道偏离预警系统、车道保持辅助系统和交通标志识别系统等。

视觉传感器具有车道线检测、障碍物检测、交通标志和地面标志识别、交通信号灯识别和可通行空间检测等功能。

（1）车道线检测　车道线是视觉传感器能够感知的最基本的信息，拥有车道线检测功能，即可实现高速公路的车道保持功能。

（2）障碍物检测　障碍物种类很多，如汽车、行人、自行车和动物等，有了障碍物信息，无人驾驶汽车即可完成车道内的跟车行驶。

（3）交通标志和地面标志识别　交通标志和地面标志作为道路特征与高精度地图做匹配后，可辅助定位，也可以基于这些感知结果进行地图的更新。

（4）交通信号灯识别　交通信号灯状态的感知能力对于城区行驶的无人驾驶汽车十分重要。

（5）可通行空间检测　可通行空间表示无人驾驶汽车可以正常行驶的区域。

6. 视觉传感器的应用

视觉传感器在智能网联汽车上的应用见表1-6。

表1-6　视觉传感器在智能网联汽车上的应用

先进驾驶辅助系统名称	使用的摄像头	具体功能介绍
车道偏离预警系统	前视	当前视摄像头检测到车辆即将偏离车道线时发出警报
车道保持辅助系统	前视	当前视摄像头检测到车辆即将偏离车道线时发出指示纠正行驶方向
前向碰撞预警系统	前视	当前视摄像头检测到与前车距离小于安全车距时发出警报
盲区监测系统	侧视	利用侧视摄像头识别到盲区内的其他道路使用者时发出提示或预警信息
行人碰撞预警系统	前视	当前视摄像头检测到车辆前方的行人可能与车辆发生碰撞时发出警报
交通标志识别系统	前视、侧视	利用前视、侧视摄像头识别前方和两侧的交通标志
全景泊车系统	前视、侧视、后视	利用图像拼接技术将摄像头采集的影像组成周边的全景图
驾驶人疲劳监测系统	内置	利用内置摄像头检测驾驶人是否疲劳、闭眼等
交通信号灯识别系统	前视	利用前视摄像头识别前方的交通信号灯

随着人工智能的机器学习、深度学习等在图像处理算法中的应用，视觉传感器的功能会越来越强大，在智能网联汽车上的应用将更加深入。

知识点1.4　目标识别技术

目标识别技术主要包括道路识别技术、车辆识别技术、行人识别技术、交通标志识别技术和交通信号灯识别技术等。

一、道路识别技术

目标识别技术

1. 道路识别的定义

道路识别就是通过视觉传感器识别出车道线，提供车辆在当前车道中的位置，帮助智能网联汽车提高行驶的安全性；或者通过激光雷达把真实的道路转换成无人驾驶汽车认识的道路，供无人驾驶汽车安全行驶。

2. 道路识别的分类

道路识别的分类可依据道路类型划分和根据所用传感器划分。

（1）依据道路类型划分　依据道路类型的不同，道路识别划分为结构化道路识别和非结构化道路识别。

1）结构化道路具有明显的车道标识线或边界，几何特征明显，车道宽度基本上保持不变，如城市道路、高速公路。结构化道路识别一般依据车道线的边界或车道线的灰度与车道明显不同实现识别。结构化道路识别的方法对道路模型有较强的依赖性，且对噪声、阴影及遮挡等环境变化敏感，但是结构化道路识别技术比较成熟。

2）非结构化道路相对比较复杂，一般没有车道线和清晰的道路边界，道路形状不规则，光照、景物及天气多变，如乡村道路、越野道路。多变的道路类型、复杂的环境背景以及阴影与变化的天气等，都是非结构化道路识别所面临的困难。加上道路区域和非道路区域更是难以区分，所以非结构化道路识别是无人驾驶汽车的难点。非结构化道路识别主要依据道路的颜色或纹理进行检测。

（2）根据所用传感器划分　根据所用传感器的不同，道路识别划分为基于视觉传感器的道路识别和基于激光雷达的道路识别。

1）基于视觉传感器的道路识别就是通过视觉传感器采集道路图像，并通过算法处理道路图像，从而识别车道线。

2）基于激光雷达的道路识别是通过激光雷达采集道路信息，并通过点云处理，识别出可行驶道路空间。

智能网联汽车先进驾驶辅助系统的车道线识别主要使用视觉传感器。

3. 道路识别的流程

基于视觉传感器的道路识别流程主要是"图像采集→图像灰度化→图像滤波→图像二值化→车道线提取"，如图 1-19 所示。

图 1-19　基于视觉传感器的道路识别流程

（1）图像采集　图像采集主要是通过摄像头采集目标的彩色图像，如果是模拟信号，需要把模拟信号转换为数字信号，并把数字图像以一定格式表现出来。

（2）图像灰度化　彩色图像分别用红、绿、蓝 3 个亮度值为一组，代表每个像素的颜色。灰度图像是指每个像素只有1个采样颜色的图像，这类图像通常显示为从最暗黑色到最亮的白色的灰度。0代表黑色，255代表白色。图像灰度化是指将彩色图像变成灰度图像，其目的是简化矩阵，提高运算速度。

（3）图像滤波　图像滤波是指尽量保留图像细节特征的条件下对目标图像的噪声进行抑制。其处理的好坏直接影响后续图像处理的有效性和可靠性。

（4）图像二值化　图像二值化是将图像上的像素点的灰度值设置为0或255，也就是将整个图像呈现出明显的黑白效果的过程。通过图像二值化能更好地分析物体的形状和轮廓。

（5）车道线提取　根据选择的道路识别方法提取车道线。

4. 道路识别的方法

道路识别的方法有很多，如基于区域分割的识别方法、基于道路特征的识别方法、基于道路模型的识别方法和基于道路特征与模型相结合的识别方法等。

（1）基于区域分割的识别方法　基于区域分割的识别方法是把道路图像的像素分为道路和非道路两类，分割的依据一般是颜色特征或纹理特征。基于颜色特征的区域分割方法的依据是道路图像中道路部分的像素与非道路部分的像素的颜色存在显著差别。根据采集到的图像性质，颜色特征可以分为灰度特征和彩色特征两类。灰度特征来自灰度图像，可用的信息为亮度的大小。彩色特征除了亮度信息外，还包含色调和饱和度。基于颜色特征的车道检测的本质是彩色图像分割问题，主要涉及颜色空间的选择和采用的分割策略两个方面。

（2）基于道路特征的识别方法　基于道路特征的识别方法主要是结合道路图像的一些特征，如颜色、梯度、纹理等特征，从所获取的图像中识别出道路边界或车道线。此方法适合有明显边界特征的道路。基于道路特征的识别方法与道路的形状没有关系，鲁棒性较好，但是对阴影和水迹较为敏感且计算量较大。

（3）基于道路模型的识别方法　基于道路模型的识别方法主要是基于不同的（2D或3D）道路图像模型，采用不同的检测技术（如Hough变换、模板匹配技术或神经网络技术等）对道路边界或车道线进行识别。基于道路模型的识别方法检测出的道路较为完整，只需较少的参数就可以表示整个道路，所以基于道路模型的方法对阴影、水迹等外界影响有较强的抗干扰性。不过在道路类型比较复杂的情况下很难建立准确的模型，降低了对任意类型道路检测的灵活性。

（4）基于道路特征与模型相结合的识别方法　基于道路特征与模型相结合的识别方法的基本思想是利用基于道路特征的识别方法在对抗阴影、光照变化等方面的鲁棒性，对待处理的图像进行分割，找出其中的道路区域；再根据道路区域与非道路区域的分割结果找出道路边界，并使用道路边界拟合道路模型，从而达到综合利用基于道路特征的识别方法与基于道路模型的识别方法的目的。

二、车辆识别技术

1. 车辆识别的定义

车辆识别就是利用车载传感器对前方的车辆或本车周围的车辆进行识别，用于先进驾驶辅助系统或自动驾驶系统，保障车辆安全行驶。

2. 车辆识别的类型

车辆识别的类型主要有基于视觉传感器的车辆识别、基于毫米波雷达的车辆识别、基于视觉传感器和毫米波雷达相融合的车辆识别和基于激光雷达的车辆识别。

（1）基于视觉传感器的车辆识别　基于视觉传感器的车辆识别是指利用摄像头获取本车周围的环境信息，利用图像处理或人工智能等技术检测和识别获取环境信息中的车辆。识别的车辆可以是运动的，也可以是静止的。该方法的优点是获取的信息量大，可以对视觉范围内的所有车辆进行识别；缺点是数据量较大，实际应用要求算法较高，受天气影响较大。

（2）基于毫米波雷达的车辆识别　基于毫米波雷达的车辆识别是指利用毫米波雷达探测本车周围的车辆，获取车辆的距离和速度信息。该方法的优点是可以精确检测车辆的位置和速度，弥补视觉传感器的不足，在阴天、雨天和雾天，在摄像头敏感度下降时候表现出色，夜间行车则可以侦测到前照灯照射之外的车辆；缺点是视场角小，覆盖范围比视觉传感器小。

（3）基于视觉传感器和毫米波雷达相融合的车辆识别　由于汽车在高速公路行驶时，车速较高，车辆的识别直接影响汽车的行驶安全性，因此，为了提高车辆识别的可靠性和安全性，采用视觉传感器和毫米波雷达相融合的方式识别车辆是发展趋势。视觉传感器和毫米波雷达相融合，取长补短，覆盖从低速到高速、从白天到黑夜、从晴天到雨天的全路状况，时刻监测危险目标，确保探测范围的广度和车辆识别的精度，保障智能网联汽车的安全行驶。

（4）基于激光雷达的车辆识别　激光雷达通过扫描的本车周围环境形成3D模型，运用相关算法比对上一帧和下一帧环境的变化，可以较为容易地探测出周围的车辆，并和其他传感器配合，可以对车辆进行精确定位。由于激光雷达价格昂贵，自动驾驶级别较低的智能网联汽车不需要使用激光雷达，因此，基于激光雷达的车辆识别主要用于无人驾驶汽车。

3. 车辆识别的方法

车辆识别的方法有很多，如基于特征的识别方法、基于机器学习的识别方法和基于模型的识别方法等。

（1）基于特征的识别方法　基于特征的识别方法是在车辆识别中最常使用的方法之一，又称为基于先验知识的识别方法。行驶在前方目标车辆的边缘特征、对称特征、位置特征、尾灯特征以及底部阴影特征等都可以用来将车辆与周围背景区别开来。因此，基于特征的车辆识别方法是以这些车辆的外形特征为基础，从图像中识别前方行驶的车辆。因为周围环境的干扰和光照条件的多样性，仅使用一个特征实现对车辆的识别难以达到良好的稳定性和准确性。所以，如果想获得较好的识别效果，目前都是使用多个特征相结合的方法完成对前方运动车辆的识别。

（2）基于机器学习的识别方法　前方运动车辆的识别其实是对图像中车辆区域与非车辆区域的定位与判断的问题。基于机器学习的识别方法一般需要从正样本集和负样本集中提取目标特征，再训练出识别车辆区域与非车辆区域的决策边界，最后使用分类器判断目标。通常的识别过程是对原始图像进行不同比例的缩放，得到一系列的缩放图像，然后在这些缩放图像中全局搜索所有与训练样本尺度相同的区域，再由分类器判断这些区域是否为目标区域，最后确定目标区域并获取目标区域的信息。机器学习的方法无法预先定位车辆可能存在的区域，因此只能对图像进行全局搜索，这增加了识别过程的计算复杂度。

（3）基于模型的识别方法　基于模型的识别方法是根据前方运动车辆的参数来建立二维或三维模型，然后利用指定的搜索算法来匹配查找前方车辆。这种方法对建立的模型依赖度高，并且车辆外部形状各异，仅建立一种或者少数几种模型的方法难以对车辆实施有效的识别，如果为每种车辆外形都建立精确的模型会大幅增加识别过程中的计算量。

基于深度学习的人工智能技术是车辆识别技术的发展方向。

三、行人识别技术

1. 行人识别的定义

行人识别是采用安装在车辆前方的视觉传感器采集前方场景的图像信息，通过一系列复杂的算法分析处理这些图像信息，实现对行人的识别。如果把行人作为障碍物检测，可以应用毫米波雷达和激光雷达。

2. 行人识别的类型

行人识别的类型主要有可见光行人的检测和红外行人的检测。

（1）可见光行人的检测　可见光行人的检测采用的视觉传感器为普通的光学摄像头，由于普通摄像头基于可见光进行成像，因此非常符合人的正常视觉习惯，而且硬件成本十分低廉。但是受到光照条件的限制，该方法只能在白天应用，在光照条件很差的阴雨天或夜间无法使用。

（2）红外行人的检测　红外行人的检测采用红外热成像摄像头，利用物体发出的热红外线进行成像，不依赖于光照，具有很好的夜视功能，在白天和晚上都适用，尤其是在夜间以及光线较差的阴雨天具有无可替代的优势。

红外行人的检测相比可见光行人的检测，主要优势有红外摄像头靠感知物体发出的红外线（与温度成正比）进行成像，与可见光光照条件无关，对于夜间场景中的发热物体检测有明显的优势；行人属于恒温动物，温度一般会高于周围背景很多，在红外图像中表现为行人相对于背景明亮突出；由于红外成像不依赖于光照条件，对光照的明暗、物体的颜色变化以及纹理和阴影干扰不敏感。

3. 行人识别的方法

行人识别的方法有很多，如基于特征分类的行人识别方法、基于模型的行人识别方法、基于运动特性的行人识别方法、基于形状模型的行人识别方法、基于小波变换和支持向量机的行人识别方法和基于神经网络的行人识别方法等。

（1）基于特征分类的行人识别方法　基于特征分类的行人识别方法着重于提取行人的特征，然后通过特征匹配来识别行人目标，是目前较为主流的行人识别方法。其主要有基于方向梯度直方图特征的行人识别方法、基于小波特征的行人识别方法、基于小边特征的行人识别方法、基于形状轮廓模板特征的行人识别方法和基于部件特征的行人识别方法等。基于方向梯度直方图特征的主要思想是用局部梯度大小和梯度方向的分布来描述对象的局部外观和外形，而不需要知道梯度和边缘的确切位置；小波特征反映图像局部的灰度值变化，是黑色矩形与白色矩形在图像子窗口中对应区域灰度级总和的差值，小波特征计算方便且能充分描述目标特征；小边特征描述的是人体的局部轮廓特征，该特征不需要人工标注，避免了重复计算相似的模板，降低了计算的复杂度。

（2）基于模型的行人识别方法　基于模型的行人识别方法是通过建立背景模型来识别行人。常用的基于背景建模的行人识别方法有混合高斯法、核密度估计法和密码本法。

（3）基于运动特性的行人识别方法　基于运动特性的行人识别方法是利用人体运动的周期性特性来确定图像中的行人。该方法主要识别运动的行人，不适合识别静止的行人。在基于运动特性的行人识别方法中，比较典型的算法有背景差分法、帧间差分法和光流法。

（4）基于形状模型的行人识别方法　基于形状模型的行人识别方法主要依靠行人的形状特征来识别行人，避免了背景变化和摄像机运动带来的影响，适合于识别运动和静止的行人。

（5）基于小波变换和支持向量机的行人识别方法　行人识别主要基于小波模板概念，按照图像中小波相关系数子集定义目标形状的小波模板。系统首先对图像中每个特定大小的窗口以及该窗口进行一定范围的比例缩放得到的窗口进行小波变换，然后利用支持向量机（按监督学习方式对数据进行二元分类的广义线性分类器）检测变换的结果是否可以与小波模板匹配，如果匹配成功则认为检测到一个行人。

（6）基于神经网络的行人识别方法　基于神经网络的行人识别方法主要是对利用视觉信息探测到的可能含有行人的区域进行分类识别。首先利用立体视觉进行目标区域分割，然后合并和分离子目标候选图像满足行人尺寸和形状约束的子图像，最后将所有探测到的可能含有行人目标的框区域输入到神经网络进行行人识别。

四、交通标志识别技术

1. 交通标志识别的定义

交通标志识别就是利用视觉传感器对车辆周围道路的交通标志进行识别，用于交通标志识别系统。

2. 交通标志识别的流程

基于视觉传感器的交通标志识别流程主要是"图像采集→图像预处理→图像分割→图像特征提取→交通标志识别"，如图 1-20 所示。

图 1-20　交通标志识别流程

（1）图像采集　图像采集主要是通过摄像头采集带有交通标志的彩色图像，如果是模拟信号，需要把模拟信号转换为数字信号，并把数字图像以一定格式表现出来。

（2）图像预处理　图像预处理包含的内容较多，要根据具体实际情况进行选择，如图像灰度化、图像压缩以及图像增强与复原等。图像灰度化的目的是把彩色图像变成灰度图像；

图像压缩的目的是减少描述图像的数据量，节省图像传输、处理时间和减少所占用的存储器容量；图像增强和复原的目的是提高图像的质量，如去除噪声、提高图像的清晰度等。

（3）图像分割　图像分割的目的是把图像分成若干个特定的、具有独特性质的区域并提出感兴趣的目标。它是图像处理和图像分析的关键步骤之一。图像分割方法主要有阈值分割法、区域分割法、边缘分割法和特定理论分割法等。

（4）图像特征提取　为了完成图像中目标的识别，要在图像分割的基础上，提取需要特征并将某些特征进行计算、测量和分类，便于计算机根据特征值进行图像分类和识别。常用的特征有边缘特征、图像幅度特征、直观性特征、图像统计特征、图像几何特征和图像变换系数特征等。

（5）交通标志识别　选择合适的识别方法，对特定的交通标志进行识别。

3. 交通标志识别的方法

交通标志识别的方法有很多，如基于颜色信息的交通标志识别、基于形状特征的交通标志识别、基于显著性的交通标志识别和基于特征提取和机器学习的交通标志识别等。

（1）基于颜色信息的交通标志识别　颜色分割就是利用交通标志特有的颜色特征，将交通标志与背景分离。颜色特征具有旋转不变性，即颜色信息不会随着图像的旋转、倾斜而发生变化，与几何、纹理等特征相比，基于颜色特征设计的交通标志识别算法对图像旋转、倾斜的情况具有较好的鲁棒性。所采用的颜色模型主要有 RGB 模型（用红、绿和蓝来描述物体的颜色）、HSI 模型（用色调、饱和度和强度来描述物体的颜色）和 HSV 模型（用色调、饱和度和亮度来描述物体的颜色）等。

（2）基于形状特征的交通标志识别　除颜色特征外，形状特征也是交通标志的显著特征。我国警告标志、指示标志和禁令标志共有 131 种，其中 130 种都有规则的形状：圆形、矩形、正三角形、倒三角形和正八边形。颜色检测和形状检测是交通标志识别中的重要内容。检测方法通常都以颜色分割做粗检测，排除大部分的背景干扰；再提取二值图像各连通域的轮廓，进行形状特征的分析，进而确定交通标志候选区域并完成定位。

（3）基于显著性的交通标志识别　显著性作为从人类生物视觉中引入的概念，用来度量场景中具有最显眼的特征、最容易吸引人优先看到的区域。由于交通标志被设计成具有显眼的颜色和特定的形状，在一定程度上满足了显著性的要求，因此可以采用显著性模型来检测交通标志。

（4）基于特征提取和机器学习的交通标志识别　无论是基于颜色和形状分析的算法，还是基于显著性的算法，由于其包含的信息的局限性，在背景复杂或者出现与目标物十分相似的干扰物时，都不能很好地去除干扰，因此，可通过合适的特征描述符更充分地表示交通标志，再通过机器学习方法区分标志和障碍物。基于特征提取和机器学习的交通标志识别一般使用滑动窗口的方式或者使用之前处理得到的感兴趣块进行验证的方式。前者对全图或者交通标志可能出现的感兴趣区域操作，以多尺度的窗口滑动扫描目标区域，并对得到的每一个窗口均用训练好的分类器判断是否是标志。后者则认为经过之前的处理，如颜色、形状分析等，得到的感兴趣块已经是一整个标志或者干扰物，只需对其整体进行分类即可。

五、交通信号灯识别技术

1. 交通信号灯识别的定义

交通信号灯识别就是利用视觉传感器或 V2X 技术获取交通信号灯的状况，可实现车路协同控制，提高通行效率。如果能从车内预先得知前方的交通信号灯状况，甚至提醒驾驶人目前适合持续加速或者维持速度恒定，甚至预先减速，可以使行车更为顺畅，通行效率大大提高。

交通信号灯信息互联服务系统除了可以预先得知前方路口的交通信号灯状况外，还能够以当下的车速进行计算，判断抵达下个路口时信号灯是红灯或者绿灯。若系统判断抵达下个路口时，信号灯是红灯，也会显示红灯的倒数计时，让驾驶人可以调整当下的车速。如果调整得宜，将可以迎来"一路常绿"。

2. 交通信号灯识别的流程

基于视觉传感器的交通信号灯识别流程主要是"图像采集→图像灰度化→直方图均衡化→图像二值化→交通信号灯识别"，如图 1-21 所示。

a) 图像采集

b) 图像灰度化

c) 直方图均衡化

d) 图像二值化

e) 交通信号灯识别

图 1-21　基于视觉传感器的交通信号灯识别流程

（1）图像采集　利用视觉传感器采集带有交通信号灯的彩色图像。

（2）图像灰度化　把带有交通信号灯的彩色图像转换为灰度图像。

（3）直方图均衡化　直方图反映了灰度图像中不同灰度级出现的统计情况。采用直方图均衡化可以把原始图像的直方图变换为均匀分布（均衡）的形式，这样就增加了像素之间灰度值差别的动态范围，从而达到增强图像整体对比度的效果。

（4）图像二值化　图像二值化是将图像上的像素点的灰度值设置为 0 或 255，也就是使整个图像呈现出明显的黑白效果。

（5）交通信号灯识别　选择合适的方法对交通信号灯进行识别。

3. 交通信号灯的识别方法

交通信号灯的识别方法有很多，如基于颜色特征的识别方法和基于形状特征的识别方法等。

（1）基于颜色特征的识别方法　基于颜色特征的交通信号灯识别方法主要是选取某个色彩空间对交通信号灯的红、黄、绿 3 种颜色进行描述，主要有基于 RGB 颜色空间的识别方法、基于 HSI 颜色空间的识别方法和基于 HSV 颜色空间的识别方法。

1）基于 RGB 颜色空间的识别方法。通常采集到的交通信号灯图像都是 RGB 格式的，如果直接在 RGB 色彩空间中进行交通信号灯的识别，优点是不需要色彩空间的转换，实时性会很好；缺点是 R、G、B 3 个通道之间相互依赖性较高，对光学变化很敏感。

2）基于 HSI 颜色空间的识别方法。HSI 色彩模型比较符合人类对色彩的视觉感知，而且 HSI 模型的 3 个分量之间的相互依赖性比较低，更加适合交通信号灯的识别；缺点是需要从 RGB 颜色空间转换成 HSI 颜色空间。

3）基于 HSV 颜色空间的识别方法。在 HSV 颜色空间中，H 和 S 两个分量是用来描述色彩信息的，V 是表征对非色彩的感知的。虽然在 HSV 颜色空间中进行交通信号灯的识别对光学变化不敏感，但是相关参数的确定比较复杂，必须视具体环境而定。

（2）基于形状特征的识别方法　基于形状特征的识别方法主要利用交通信号灯和它的相关支撑物之间的几何信息，其主要优势是交通信号灯的形状信息一般不会受到光学、天气和气候变化的影响。

也可以将交通信号灯的颜色特征和形状特征结合起来，以减少单独利用某一特征带来的影响。

知识点 1.5　先进驾驶辅助系统的仿真方法与仿真软件

先进驾驶辅助系统的仿真方法与仿真软件

随着汽车智能化程度的不断提高，汽车研发的复杂程度不断增加，对汽车开发成本和开发周期的压力也随着不断增加，许多涉及汽车安全的新技术研发受外界环境影响和试验安全制约，难以有效地开展，传统的研发、测试和验证手段已不能适应。自动驾驶要获得足够的安全验证，需要大规模、可扩展的、能进行数十亿甚至数百亿公里级的模拟测试服务。在实际测试过程中，由于真实道路测试效率较慢，目前很多车企都倾向于选择仿真测试。未来自动驾驶测试主要通过仿真完成。

一、先进驾驶辅助系统的仿真方法

先进驾驶辅助系统具有以下特点：

1）先进驾驶辅助系统的应用场景一般为由人、车、路构成的闭环系统。
2）先进驾驶辅助系统融合多种传感器，而且数量较多。
3）先进驾驶辅助系统通常需与多个车载控制系统协作，是一种分布式控制系统。
4）先进驾驶辅助系统与自身车辆性能以及道路的特性、驾驶人的安全行为直接相关。
5）有时需要对不同车辆进行测试，如自适应巡航控制系统。

先进驾驶辅助系统的特点给测试带来了重大挑战，特别是实际的道路试验比较复杂，且与先进驾驶辅助系统的安全性直接相关；真实的道路试验过程危险系数比较大，而且实际道路交通环境可控性比较低，存在很大不确定性和唯一性，试验过程不可重复；先进驾驶辅助系统功能复杂，实际道路试验工作量巨大，对人力物力以及经验要求比较高，因此，国家建立智能网联汽车试验区，专门用于先进驾驶辅助系统和自动驾驶的测试。

在智能网联汽车发展趋势下，虚拟仿真测试已成为自动驾驶汽车测试评价不可或缺的重要环节。虚拟仿真测试具有效率高、测试重复性强、安全可靠和成本低的特点。

先进驾驶辅助系统仿真测试是指通过传感器仿真、车辆动力学仿真、交通流仿真、数字仿真、驾驶场景构建等技术模拟路测环境，并添加算法，搭建相对真实的驾驶场景，来完成智能网联汽车测试工作的一种形式。

智能网联汽车仿真测试具有以下优点：仿真环境搭建方便；测试场景重复性好；无测试安全性问题；测试效率高；节约成本。

先进驾驶辅助系统仿真方法主要包括模型在环仿真测试、硬件在环仿真测试和车辆在环仿真测试。

1. 模型在环仿真测试

模型在环仿真测试是指采用模拟驾驶场景、车辆动力学模型、传感器模型、决策规划算法进行虚拟环境下的先进驾驶辅助系统测试，其主要应用于系统开发的最初阶段，没有硬件参与系统测试，主要用于验证算法的正确性。

先进驾驶辅助系统的仿真主要应用自动驾驶仿真软件。一个完整的自动驾驶仿真平台需要包括驾驶场景仿真、传感器仿真、V2X仿真、定位仿真、车辆动力学仿真等功能，并能够较为容易地接入自动驾驶感知和决策控制系统，如图1-22所示。只有算法与仿真平台紧密结合，才能形成一个闭环，达到持续迭代和优化的状态。

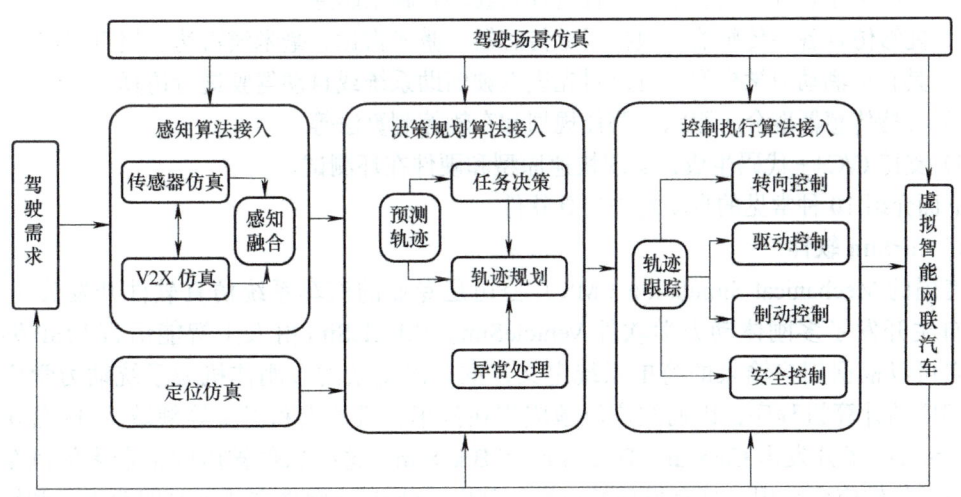

图1-22 智能网联汽车自动驾驶仿真测试系统

2. 硬件在环仿真测试

硬件在环仿真（Hardware-in-the-Loop，HIL）是真的控制器连接假的被控对象，以一种高效低成本的方式对控制器进行全面测试。它是一种用于复杂设备控制器的开发与测试技术，通过接入真实的控制器，采用或者部分采用实时仿真模型来模拟被控对象和系统运行环境，实现整个系统的仿真测试。

ADAS硬件在环仿真测试主要包括环境感知系统在环测试、决策规划系统在环测试和控制执行系统在环测试等，其测试要求包括持续测试、组合测试和扩展性。持续测试是根据测试目的进行自动测试；组合测试是指不同标准在同一驾驶场景中进行评价；扩展性是指简单功能的测试结果具有扩展性，例如对于车道保持的测试结果可扩展应用于高级自动驾驶功能。

3. 车辆在环仿真测试

车辆在环仿真测试是将整车嵌入到仿真测试环境中进行测试，通过模拟驾驶场景测试整车的性能，主要包括封闭场地车辆在环和转毂平台车辆在环，其关键在于将车辆信息传递给模拟环境和将模拟环境中产生的传感器信息传递给车辆控制器。

在智能网联驾驶汽车的研发中，如何在设计阶段进行各种道路交通状况、各种行驶工况、各种天气环境等条件下的传感器开发与匹配、各种静态场景和动态场景的构建与算法训练、控制系统与算法的开发、执行机构的开发、自动制动与转向系统的设计与验证、自动驾驶系统开发等，都离不开仿真技术的应用，因此仿真技术将成为智能网联汽车开发中的一个核心内容。

二、先进驾驶辅助系统的仿真软件

先进驾驶辅助系统的仿真软件主要依赖于自动驾驶的仿真软件。随着智能网联汽车的快速发展，特别是无人驾驶汽车已经成为汽车的发展方向，有关汽车自动驾驶仿真软件也出现爆发式的增长。这些仿真软件有从传统汽车动力学仿真软件演化而来的，也有国内外初创公司推出的仿真新产品。

自动驾驶仿真软件都有各自的特点和优势，搭建一个完整的仿真系统越来越需要多个软件互相之间的配合。典型的自动驾驶仿真软件或平台应包括以下内容：

1）能够构建各种驾驶场景，而且这种驾驶场景越来越逼真。
2）能够仿真各种传感器，包括视觉传感器、激光雷达、毫米波雷达、超声波雷达等。
3）具有车辆动力学模型，可以对先进驾驶辅助系统或自动驾驶进行仿真。
4）支持传感器融合、跟踪、路径规划和车辆控制算法等。
5）支持 C/C++ 代码生成，实现快速原型和硬件在环测试。

下面介绍 10 种常见的自动驾驶仿真软件。

1. CarSim 软件

美国的 Mechanical Simulation（MS）公司是专业的汽车系统仿真软件开发公司。MS 公司自主开发了多刚体动力学软件 VehicleSim。VehicleSim 由人工智能语言 LISP 编写而成，它可以根据用户输入的简单系统定义，推导出复杂的多刚体机械系统动力学模型并生成相应的计算机程序，因而被广泛地应用在汽车、机器人和卫星等领域。MS 公司利用 VehicleSim 技术开发出 CarSim、TruckSim 和 BikeSim，这些软件被国际上众多的汽车主机厂和零部件供应商采用，享有很高的声誉。其中，CarSim 软件主要针对四轮汽车和轻型货车；TruckSim 软件主要针对多轴汽车和双轮胎的货车；BikeSim 软件主要针对两轮摩托车。这里的 Sim 指的就是 Simulation，即仿真。

CarSim 软件自带丰富的车辆模型库，用户只需修改特定的车辆参数即可建立满足用户需求的车辆模型，大大简化了车辆模型建立的复杂程度，提高仿真分析的效率。CarSim 不仅自带了预测模型控制器，可进行智能车辆的相关研究分析，还提供了上百个输入变量和输出变量，可以通过与其他软件（如 MATLAB、ADAMS 等）进行联合仿真，完成车辆操纵稳定性、动力性、制动性等性能的分析，验证所设计控制规律正确性和有效性。其具有使用简单、运算迅速、仿真精确、软件扩展性好等特点，因此被广泛用于车辆控制系统的开发。

2. PreScan 软件

PreScan 是西门子公司旗下的汽车驾驶仿真软件。它是以物理模型为基础，开发汽车先进驾驶辅助系统和智能汽车系统的仿真平台；支持摄像头、毫米波雷达、激光雷达、GPS以及V2V/V2I等多种应用功能的开发。PreScan软件基于MATLAB仿真平台，主要用于先进驾驶辅助系统和无人自动驾驶系统的仿真模拟软件，其包括多种基于摄像头、毫米波雷达、激光雷达、GPS以及V2V/V2I的智能驾驶应用。PreScan可用于从基于模型的控制器设计到利用软件在环和硬件在环系统进行的实时测试等应用。PreScan可在开环、闭环以及离线和在线模式下运行。它是一种开放型软件平台，其灵活的界面可连接至第三方的汽车动力学模型和第三方的硬件在环模拟器/硬件。

3. CarMaker软件

Carmaker是德国IPG公司推出的动力学、先进驾驶辅助系统和自动驾驶仿真软件。CarMaker作为平台软件，可以与很多第三方软件（如ADAMS、AVLCruise等）进行集成，可利用各软件的优势进行联合仿真。同时，CarMaker配套的硬件提供了大量的板卡接口，可以方便地对ECU或者传感器进行硬件在环测试和车辆在环测试。

4. VTD软件

VTD（Virtual Test Drive）是德国VIRES公司开发的一套用于先进驾驶辅助系统、主动安全和自动驾驶的完整模块化仿真工具链。VTD运行于Linux平台，它的功能覆盖了道路环境建模、交通场景建模、天气和环境模拟、物理真实的传感器仿真、场景仿真管理和高精度的实时画面渲染等。其可以支持从软件在环到硬件在环和车辆在环的全周期开发流程，开放式的模块式框架可以方便地与第三方工具和插件联合仿真。

5. 51Sim-One软件

51Sim-One是我国51VR公司自主研发的一款集多传感器仿真、交通流与智能体仿真、感知与决策仿真、自动驾驶行为训练等一体化的自动驾驶仿真与测试平台。该仿真平台基于物理特性的机理建模，具有高精度和实时仿真的特点，用于自动驾驶产品的研发、测试和验证，可为用户快速积累自动驾驶经验，保证产品性能安全性与可靠性，提高产品研发速度并降低开发成本。

6. Vissim软件

Vissim是德国PTV公司提供的一款世界领先的微观交通流仿真软件。Vissim可以方便地构建各种复杂的交通环境，包括高速公路、大型环岛、停车场等，也可以在一个仿真场景中模拟包括机动车、货车、轨道交通和行人的交互行为。它是专业的规划和评价城市和郊区交通设施的有效工具，也可以用来仿真局部紧急情况交通的影响、大量行人的疏散等。Vissim的仿真可以达到很高的精度，包括微观的个体跟驰行为和变道行为，以及群体的合作和冲突。Vissim内置了多种分析手段，既能获得不同情况下的多种具体数据结果，也可以从高质量的三维可视化引擎获得直观的理解。无人驾驶算法可以通过接入Vissim的方式使用模拟的高动态交通环境进行仿真测试。

7. Pro-SiVIC

法国ESI集团的传感器仿真分析解决方案Pro-SiVIC可以帮助交通运输行业的制造商们对车载的多种感知系统的运行性能进行虚拟测试，并且能够准确地再现出如照明条件、天气、其他道路使用者等影响因素。

Pro-SiVIC可以用来建立高逼真度、与实际场景相当的3D场景，并实现场景中的实时交互，进行仿真分析，从而减少对物理样机的需求。客户可以快速并且精确地对各个嵌入系统在典型及极端操作环境下的性能进行仿真分析。它可以提供基于多种技术的传感器模型，例如视觉传感器、毫米波雷达、激光雷达、超声波雷达、GPS、里程表及通信设备等。以汽车行业为例，Pro-SiVIC 提供了多个环境目录，提供具有代表性的不同道路（城市道路、高速以及乡村公路）、交通标识和车道线标记。

8. PanoSim 软件

PanoSim 是我国浙江天行健智能科技有限公司自主研发的一款集复杂车辆动力学模型、汽车三维行驶环境模型、汽车行驶交通模型、车载环境传感模型、无线通信模型、GPS 和数字地图模型、Matlab/Simulink 仿真环境自动生成、图形与动画后处理工具等于一体的模拟仿真软件平台。它基于物理建模和精确与高效兼顾的数值仿真原则，逼真地模拟汽车驾驶的各种环境和工况，基于几何模型与物理建模相结合的理念，建立高精度的摄像机、雷达和无线通信模型，以支持数字仿真环境下汽车动力学与性能、汽车电控系统、智能驾驶辅助与主动安全系统、环境传感与感知、自动驾驶等技术和产品的研发、测试和验证。

PanoSim 不仅包括复杂的车辆动力学模型、底盘（制动、转向和悬架）、轮胎、驾驶人、动力总成（发动机和变速箱）等模型，还支持各种典型驱动形式和悬架形式的大、中、小型轿车的建模以及仿真分析。它提供了三维数字虚拟试验场景建模与编辑功能，支持对道路及道路纹理、车道线、交通标识与设施、天气、夜景等汽车行驶环境的建模与编辑。

9. 百度 Apollo 仿真软件

百度 Apollo 仿真软件作为我国百度公司 Apollo 平台的一个重要组成部分，一方面用来支撑内部 Apollo 系统的开发和迭代，一方面为 Apollo 生态的开发者提供基于云端的决策系统仿真服务。Apollo 仿真软件是一个搭建在百度云和 Azure 上的云服务，可以使用用户指定的 Apollo 版本在云端进行仿真测试。

10. MATLAB 自动驾驶工具箱

MATLAB 是美国 MathWorks 公司出品的商业数学软件，MATLAB 自动驾驶工具箱提供了用于设计、仿真和测试先进驾驶辅助系统以及自动驾驶系统的算法和工具。

自动驾驶工具箱主要包括以下功能：

（1）支持可视化　其支持以下典型可视化任务：能够显示摄像机视频；显示雷达和视觉鸟瞰图；显示车道线标记；显示激光雷达点云；显示道路地图数据；多个坐标系之间的变换；到机器人操作系统（ROS）的实时连接和记录数据的回放；到控制器局域网（CAN）的实时连接和记录数据的回放；到激光雷达的实时连接和记录数据的回放。

（2）构建自动驾驶场景并模拟传感器　使用构建的场景和来自雷达和视觉传感器模型的综合检测，测试自动驾驶算法。其支持以下典型驾驶构建任务：以编程方式构建驾驶场景；通过图形化界面构建驾驶场景；从场景库中构建驾驶场景；模拟雷达、视觉传感器的检测；将场景集成到车辆控制的闭环仿真；结合虚幻（Unreal）游戏引擎的测试。

（3）开发自动驾驶控制系统　其支持以下典型自动驾驶控制开发任务：设计纵向与横向模型预测控制器；设计基于强化学习的控制器；车辆动力学建模；实时硬件快速原型；生成产品级 C/C++ 代码；生成 AUTOSAR 代码；功能安全 ISO26262 认证。

（4）开发自动驾驶感知系统　其支持以下典型自动驾驶感知开发任务：传感器数据标注；训练深度学习网络；设计雷达算法；设计视觉传感器算法；设计激光雷达算法；设计传感器融合与跟踪算法；生成 C/C++ 代码；生成图形处理器代码。

（5）开发自动驾驶规划系统　其支持以下典型自动驾驶规划开发任务：地图的可视化；访问高精度地图；处理占据栅格地图；设计定位和即时定位与地图构建算法；设计运动规划算法；生成 C/C++ 代码。

（6）设计和仿真完整的自动驾驶系统　其支持以下典型集成仿真任务：调用 C/C++ 代码；调用 Python 代码；通过 FMI/FMU 协同仿真；通过 CAN 协同仿真；通过 ROS 协同仿真；通过 Unreal 引擎协同仿真；与第三方工具协同仿真，可以连接 150 余种到第三方建模与仿真的接口。

自动驾驶工具箱提供常见先进驾驶辅助系统的参考应用示例和自动驾驶功能，包括前向碰撞预警系统、自动紧急制动系统、自适应巡航控制系统、车道保持辅助系统和代客泊车等。该工具箱支持 C/C++ 代码生成，实现快速原型和硬件在环测试，同时支持传感器融合、跟踪、路径规划和车辆控制器算法。

值得注意的是，目前有些自动驾驶仿真软件是免费开源的，有些软件的部分功能是免费开源的，有些是需要授权才能使用的。本书主要使用开源的 MATLAB 软件，对先进驾驶辅助系统进行仿真。

【视野拓宽】

华为智驾技术——创新驱动，共筑智能出行未来

华为智驾技术（图 1-23）是华为在智能网联汽车领域的重要布局之一。自 2021 年发布 ADS 1.0 以来，华为通过持续的技术迭代和优化，推出了更为先进的 ADS 2.0 和 ADS 3.0 版本。ADS 3.0 引入了端到端大模型架构，实现了从车位到车位的全场景贯通智能驾驶，极大提升了用户体验和行车安全。

在技术创新的背后，华为智驾技术还承载着深厚的社会责任。智能驾驶技术的普及不仅有助于减少交通事故、提高道路通行效率，还有助于推动节能减排、实现绿色出行。华为通过不断提升智驾技术的安全性和可靠性，为用户提供了更加安心、便捷的出行体验，同时也为构建智慧城市、推动交通行业可持续发展做出了贡献。

此外，华为智驾技术的发展与国家发展战略紧密相连。作为信息通信技术领域的领军企业，华为在智能驾驶领域的布局不仅推动了自身业务的拓展，更为中国智能网联汽车产业的发展注入了强劲动力。通过技术创新和产业合作，华为助力中国企业在全球智能网联汽车市场中占据了有利地位，提升了国家竞争力。

图 1-23　华为智驾技术

【项目巩固】

总结与提高

本项目主要介绍了智能网联汽车先进驾驶辅助系统的定义、组成与类型，超声波雷达、毫米波雷达、激光雷达和视觉传感器的定义、特点、技术参数、类型及应用，道路识别、车辆识别、行人识别、交通标志识别和交通信号灯识别的定义、识别流程、识别方法，先进驾驶辅助系统的仿真方法与仿真软件等。通过知识的学习，学生可以较全面地掌握智能网联汽车先进驾驶辅助系统及仿真的基本知识。通过思考与练习，学生可以进一步巩固学习效果，最终培养分析问题和解决问题的能力，以及识别与仿真分析智能网联汽车先进驾驶辅助系统的技能。

建议学生利用课后时间熟悉 MATLAB 软件，特别是 MATLAB 自动驾驶工具箱，了解自动驾驶工具箱的各种功能，为后续的先进驾驶辅助系统的仿真奠定基础。

思考与练习

一、名词解释

1. 先进驾驶辅助系统

2. 超声波雷达

3. 毫米波雷达

4. 激光雷达

5. 视觉传感器

二、填空题

1. 信息辅助类的先进驾驶辅助系统主要有_____、_____、_____、_____、_____等。
2. 信息控制类的先进驾驶辅助系统主要有_____、_____、_____、_____、_____等。
3. 超声波雷达的技术参数主要有_____、_____、_____、_____和_____。
4. 毫米波雷达按探测距离可划分为_____、_____和_____。

5. 激光雷达按有无机械旋转部件可划分为_____、_____和_____。
6. 视觉传感器的技术参数有_____、_____和_____。
7. 相机的内部参数主要有_____、_____、_____和_____。
8. 视觉传感器在智能网联汽车上的应用是以摄像头方式出现的，根据镜头和布置方式的不同一般分为_____、_____、_____和_____。
9. 目标识别技术主要包括_____、_____、_____、_____和_____等。
10. 先进驾驶辅助系统仿真方法主要包括_____、_____和_____。

三、选择题

1. 车载式先进驾驶辅助系统使用的传感器是（　　）。
   A. 毫米波雷达　　B. 视觉传感器　　C. 超声波雷达　　D. V2V
2. 网联式先进驾驶辅助系统使用的传感器是（　　）。
   A. 毫米波雷达　　B. 视觉传感器　　C. 激光雷达　　D. V2V
3. 不属于毫米波雷达技术参数的是（　　）。
   A. 距离灵敏度　　B. 视场角　　C. 误检率　　D. 测量帧频
4. 不属于激光雷达技术参数的是（　　）。
   A. 最大探测距离　　B. 波长　　C. 漏检率　　D. 数据采样率
5. 不属于图像传感器技术参数的是（　　）。
   A. 像素　　B. 焦距　　C. 帧率　　D. 信噪比
6. 不属于相机内部参数的是（　　）。
   A. 图像尺寸　　B. 靶面尺寸　　C. 畸变系数　　D. 光学中心
7. 属于相机外部参数的是（　　）。
   A. 相机离地高度　　B. 俯仰角　　C. 偏航角　　D. 横滚角
8. 交通标志识别可以使用的传感器是（　　）。
   A. 超声波雷达　　B. 视觉传感器　　C. 毫米波雷达　　D. 激光雷达
9. 交通信号灯识别可以使用的传感器是（　　）。
   A. 超声波雷达　　B. 毫米波雷达　　C. 激光雷达　　D. 视觉传感器
10. 行人识别可以使用的传感器是（　　）。
    A. 超声波雷达　　B. 毫米波雷达　　C. 激光雷达　　D. 视觉传感器

四、判断题

1. 智能网联汽车先进驾驶辅助系统只能应用超声波雷达、毫米波雷达、激光雷达和视觉传感器，其中道路识别只能应用视觉传感器。（　　）
2. 汽车上用的超声波雷达频率主要有40kHz、48kHz和58kHz等，频率不同，探测的范围也不同。（　　）
3. 智能网联汽车先进驾驶辅助系统传感器配置与自动驾驶级别有关，自动驾驶级别越高，配置的先进驾驶辅助系统传感器越多。（　　）
4. 超声波雷达可以应用于多种先进驾驶辅助系统。（　　）
5. 毫米波雷达可以应用于所有先进驾驶辅助系统。（　　）
6. 毫米波雷达常用频段为24GHz和77GHz，其中24GHz适合近距离探测，77GHz适

合中、远距离探测。   （   ）
    7. 智能网联汽车不需要配置激光雷达就能实现无人驾驶。   （   ）
    8. 视觉传感器可以应用于所有先进驾驶辅助系统。   （   ）
    9. 先进驾驶辅助系统的仿真软件主要依赖于自动驾驶的仿真软件。 （   ）
    10. 所有的先进驾驶辅助系统仿真软件都需要具备驾驶场景仿真、传感器仿真、V2X仿真、定位仿真、车辆动力学仿真等功能。   （   ）

五、问答题

1. 激光雷达有哪些特点？

2. 视觉传感器在智能网联汽车上主要有哪些应用？

3. 毫米波雷达在智能网联汽车上主要有哪些应用？

4. 基于视觉传感器的道路识别流程主要是什么？

5. 自动驾驶仿真软件主要有哪些？

实训任务单

子任务1：在互联网上查找5种智能化程度较高的汽车，统计5种汽车具有的先进驾驶辅助系统，分析它们的特点，并完成实训报告。

实训题目	智能网联汽车先进驾驶辅助系统的统计与分析				
学生姓名		班级		学号	
实训结果					
先进驾驶辅助系统	汽车型号				
前向碰撞预警系统					
自动紧急制动系统					
车道偏离预警系统					
车道保持辅助系统					
自适应巡航控制系统					
盲区监测系统					
智能泊车辅助系统					
自适应前照明系统					
抬头显示系统					
驾驶人疲劳监测系统					

（续）

实训结果分析	
实训心得	
指导教师		成绩	

子任务 2：熟悉 MATLAB 自动驾驶工具箱，自行设计并建立不同的驾驶场景，并完成实训报告。

实训题目	智能网联汽车自动紧急制动系统的仿真				
学生姓名		班级		学号	
实训结果					
驾驶场景描述					
驾驶场景图					
实训结果分析					
实训心得					
指导教师			成绩		

项目二
前向碰撞预警系统的测试与仿真

【项目导入】

汽车追尾是常见的交通事故,如图 2-1 所示。2020 年《道路交通事故统计年报》数据显示,追尾事故发生比例占全年事故的 7.17%,其中高速公路路段的追尾事故占比高达 53%。欧洲机构的科学论证结果显示,只要驾驶人在危险发生前 0.5s 内采取措施,至少可以避免 60% 的追尾事故、30% 的迎面碰撞事故以及 50% 的路面相关事故。由此可看出,车辆的制动距离和反应时间关系重大,一般情况下,人制动的反应时间为 0.75~1s,假如车速为 30km/h,反应时间为 1s,反应距离则为 8.33m。搭载前向碰撞预警系统的汽车通过毫米波雷达或视觉传感器检测前方车辆,判断与前车距离、方位及相对速度,当遇到前车紧急制动或者前方事故的时候,系统向驾驶人发出警告信息,可以有效降低追尾事故的发生率。

图 2-1 汽车追尾事故

什么是前向碰撞预警系统?如何进行测试和仿真?通过对本项目的学习可以得到答案。

项目二　前向碰撞预警系统的测试与仿真

【学习目标】

知识目标

1. 掌握前向碰撞预警系统的定义与组成、工作原理与要求。
2. 了解前向碰撞预警系统的马自达模型、本田模型、伯克利模型、全工况模型和标准中推荐的预警模型。
3. 了解前向碰撞预警系统的检测区域以及测试环境、检测区域的测试、预警距离的测试和目标辨识能力的测试。
4. 了解前向碰撞预警系统的仿真方法。

技能目标

1. 能够对前向碰撞预警系统进行辅助测试。
2. 能够利用 MATLAB 对前向碰撞预警系统进行仿真。

素养目标

1. 培养学生的服务意识、责任意识、质量意识和安全意识。
2. 使学生树立干一行、爱一行、专一行的劳动精神。

【知识框架】

项目二
- 前向碰撞预警系统的定义与组成
  - 前向碰撞预警系统的定义
  - 前向碰撞预警系统的组成
- 前向碰撞预警系统的工作原理与要求
  - 前向碰撞预警系统的工作原理
  - 前向碰撞预警系统的要求
- 前向碰撞预警系统的模型
  - 马自达模型
  - 本田模型
  - 伯克利模型
  - 全工况模型
  - 标准中推荐的预警模型
- 前向碰撞预警系统的检测区域与测试
  - 前向碰撞预警系统的检测区域
  - 前向碰撞预警系统的测试
- 前向碰撞预警系统的仿真实例

【知识准备】

知识点 2.1　前向碰撞预警系统的定义与组成

一、前向碰撞预警系统的定义

前向碰撞预警（Forward Collision Warning，FCW）系统能够实时监测车辆前方行驶环境,并在可能发生前向碰撞危险时发出警告信息。前向碰撞预警系统利用车载传感器(如视觉传感器、毫米波雷达等)实时监测前方车辆(或前方其他障碍物),判断本车与前方车辆(或前方其他障碍物)之间的距离、相对速度及方位,当系统判断存在潜在危险时,将对驾驶人进行警告,提醒驾驶人进行制动,以保障行车安全。前向碰撞预警系统本身不会采取任何制动措施去避免碰撞或控制车辆。

前向碰撞预警系统的定义与组成

前向碰撞预警系统的预警方式主要有声音、指示灯闪烁、转向盘振动和安全带收紧等。

车载传感器适用于近距离检测,但不能检测较远距离或非视距内的车辆,同时受恶劣天气影响较大,未来前向碰撞预警可采用车载传感器与V2X通信技术相结合的方式获取信息。利用V2X通信技术可及时在运行车辆之间交换信息和及时获取本车周围环境路况和车辆信息,由碰撞预警算法判断是否存在碰撞危险,并根据危险级别提前预警,从而使驾驶人及时采取避撞措施,以提高道路安全性。V2X通信技术具有通信距离长、不受天气或亮度变化影响的优点。

根据适用的道路曲率半径不同,前向碰撞预警系统可分为3类,见表2-1。

表2-1 前向碰撞预警系统的类型

类型	水平方向曲率半径	说明
Ⅰ型系统	≥500m	具有在曲率半径不小于500m的道路上检测到前车的能力
Ⅱ型系统	≥250m	具有在曲率半径不小于250m的道路上检测到前车的能力
Ⅲ型系统	≥125m	具有在曲率半径不小于125m的道路上检测到前车的能力

二、前向碰撞预警系统的组成

前向碰撞预警系统由信息采集单元、电控单元和人机交互单元组成,如图2-2所示。

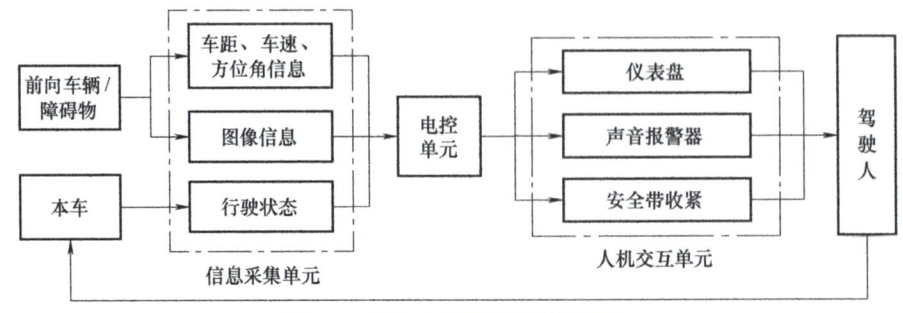

图2-2 前向碰撞预警系统的组成

1. 信息采集单元

信息采集单元主要利用车载传感器采集前方行驶环境信息(毫米波雷达采集前向车辆或障碍物的车距、车速和方位角信息;视觉传感器采集前向车辆或障碍物的图像信息),利用本车(配有前向碰撞预警系统的车辆)的车速传感器和加速度传感器采集本车行驶状态(速度、加速度）等信息。

2. 电控单元

电控单元主要对前向车辆或障碍物的图像信息和车距、车速等信息进行信息融合，确定障碍物的类型和距离，并结合本车行驶状态信息，采用一定的决策算法评估是否存在潜在的碰撞风险。若存在，则向人机交互单元发出预警指令。

3. 人机交互单元

人机交互单元主要接收由电控单元传来的指令，根据预警程度或级别的定义，进行相应预警信息的发布，如在仪表盘或抬头显示区域显示预警信息或闪烁预警图标、发出预警声音和收紧安全带等，提醒驾驶人采取措施进行规避。驾驶人接收预警信息后对本车采取制动行为，若碰撞风险消失，则碰撞预警取消。

知识点 2.2 前向碰撞预警系统的工作原理与要求

一、前向碰撞预警系统的工作原理

前向碰撞预警系统作为一种主动安全的预警措施，在车辆行驶的过程中自动开启，通常情况下无法自行关闭。该系统只对本车行驶车道内的前方障碍进行预警，不受相邻车道行驶车辆的影响。因此，预警信息的准确性决定了系统的实用性。

前向碰撞预警系统的工作原理与要求

前向碰撞预警系统通过分析车载传感器获取的前方道路信息，对前方车辆进行识别和跟踪，如果有车辆被识别出来，则对前方车辆的距离进行测量；同时利用车速估算，根据安全车距预警模型判断追尾的可能性，一旦存在追尾的危险，便根据预警规则及时给予驾驶人主动预警。图 2-3 所示为前向碰撞预警系统的工作原理。

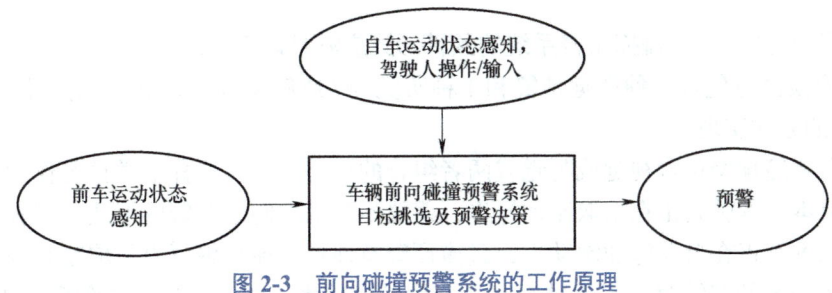

图 2-3 前向碰撞预警系统的工作原理

二、前向碰撞预警系统的要求

前向碰撞预警系统的要求分为预警功能要求和预警因素要求。

1. 预警功能要求

前向碰撞预警系统可以提供两种不同的预警内容：预备碰撞预警和碰撞预警。预备碰撞预警的目的是告知驾驶人前方存在障碍车辆，在这种情况下驾驶人应准备采取必要措施避免碰撞；碰撞预警的目的是告知驾驶人应采取必要措施避免碰撞。

前向碰撞预警系统的预警方式可选择单独或综合使用视觉、听觉和触觉方式。碰撞预警中，在使用视觉预警方式告知驾驶人的同时，必须使用听觉和/或触觉预警方式告知驾驶人。

前向碰撞预警系统的预警由以下因素决定：本车和障碍车辆之间的相对速度、车间距离、本车车速、驾驶人对预警的反应时间和本车与障碍车辆可能存在的制动减速度。

当本车正在接近障碍车辆时，预警距离由特定参数的阈值决定，如距离碰撞时间。距离碰撞时间 t_T 为

$$t_T = -\frac{x_c(t)}{v_r(t)} \tag{2-1}$$

式中，$x_c(t)$ 为车间距离，是指本车车头到目标车辆车尾的距离；$v_r(t)$ 为相对速度。

预备碰撞预警和碰撞预警的预警特征见表 2-2。

表 2-2 预备碰撞预警和碰撞预警的预警特征

预警类型	视觉预警	听觉特征
碰撞预警	颜色：红色 位置：主视前方 亮度：高亮 间歇：建议使用短间隔式间歇	音量：高于车内其他所有听觉预警 音调：容易听到且易于与车内其他不相关的预警区分 间歇：建议使用短间隔式间歇
预备碰撞预警	颜色：黄色或黄褐色 亮度：日间足够亮，夜晚不刺眼 间歇：持续预警或长间隔式间歇	音量：超过背景杂音 音调：不使人厌烦 间歇：建议持续预警，长间隔式间歇，单一声音或语言提醒

2. 预警因素要求

前向碰撞预警系统的预警因素要求包括预警形式、要求减速度的阈值、响应时间和不预警条件。

（1）预警形式　前向碰撞预警系统的预警形式应满足以下要求：

1）碰撞预警应包含1种视觉预警和1种听觉与/或触觉预警，其中触觉预警可以采用安全带预警的方式实现。

2）预备碰撞预警包含视觉或听觉或两者组合的预警，可以选择触觉预警作为补充。

3）如果本车驾驶人正在采取制动操作，建议不要采取制动预警的形式向驾驶人预警。

4）如果本车正在自动施加制动力，碰撞预警及预备碰撞预警可以采取制动预警。

5）制动预警的持续时间不超过1s，所产生的减速度不超过0.5g，该预警过程中产生的车速下降范围不超过2m/s。同时，为保证制动预警的有效性，平均减速度不低于0.1g、持续时间不低于100ms。

6）听觉预警提示音量大小合理，清晰可辨，可以与前向碰撞危险不相关的其他预警（如横向危险预警）区分。

（2）要求减速度的阈值　要求减速度是指能够使本车恰好达到与目标车辆相等的车速，且不发生碰撞所需要的最小减速度。其计算公式为

$$a_{req} = a_1 + \frac{v_r^2(t)}{2 \times [x_c(t) - x_r(t)]} \tag{2-2}$$

式中，a_{req} 为要求减速度；a_1 为目标车辆的加速度；$x_c(t)$ 为车间距离；$x_r(t)$ 为由驾驶人对预警的反应时间而造成的车间距离减少量的总和。

前向碰撞预警系统涉及的要求减速度的阈值应满足以下要求：

1）若要求减速度大于其阈值范围，前向碰撞预警系统发出碰撞预警，在干燥路面及温暖气候条件下，要求减速度阈值不大于 $0.68g$。

2）若前向碰撞预警系统的预警时机可以由驾驶人进行调整，则其中至少有一种设置能够满足上面关于要求减速度的阈值要求。

3）当要求减速度的阈值较小时，前向碰撞预警系统可以发出预备碰撞预警。

4）碰撞预警及预备碰撞预警的要求减速度的阈值可以根据道路条件、环境、驾驶人状态、驾驶人特性及不同的驾驶场景调整。

（3）响应时间　前向碰撞预警系统涉及的响应时间的取值应满足以下要求：

1）在预警范围的计算中，考虑驾驶人对预警的反应时间，该值不小于 0.8s。

2）在要求减速度的计算中，制动系统响应时间由系统设计者选择。

3）若本车驾驶人正在制动，驾驶人对预警的反应时间及制动系统响应时间设置为 0。

（4）不预警条件　前向碰撞预警系统应在以下条件下抑制或延迟预警：

1）如本车减速度大于或等于要求减速度的阈值，前向碰撞预警系统不应发出任何预警。

2）在满足表 2-1 中定义的曲率半径的道路上，前向碰撞预警系统不应对不在本车车道内的前车发出任何预警。

3）若前车切入本车前方且车速高于本车，前向碰撞预警系统不发出任何预警。

4）若本车驾驶人正在制动，前向碰撞预警系统可以抑制或延迟预警。

5）若距离碰撞时间大于 4.0s，前向碰撞预警系统可以抑制或延迟预警。

6）若本车正在换道或进行高动态的操纵行为，或者本车驾驶人正在通过加大加速踏板深度来抑制车辆的驾驶辅助系统主动实施的制动力，或者自适应巡航控制系统正在施加最大的制动预警，前向碰撞预警系统可以抑制或延迟预警。

7）若驾驶工况不满足工作限制条件，前向碰撞预警系统可以抑制或延迟预警。

知识点 2.3　前向碰撞预警系统的模型

前向碰撞预警系统的目的是在汽车有可能发生碰撞的情况下，通过预警信息及时提醒驾驶人减速。其模型的核心是对于行车过程中预警距离（安全车距）的设定与计算。当预警距离设定值过大时，则会导致频繁预警，影响行车的舒适性，对驾驶人造成较大干扰；当设定值过小时，则无法及时预警，车辆存在无法在碰撞前制动停车的危险，危险性较大。

前向碰撞预警系统的模型

建立预警模型主要是为了获得预警过程的阈值。常见的预警模型主要分为两种：一种是基于碰撞时间的前向碰撞预警模型，另一种是基于距离的前向碰撞预警模型。其中，基于碰撞时间的前向碰撞预警模型主要从此刻起，计算两车发生碰撞所花费的时间，并将其与设定的安全时间阈值进行比较，若小于安全时间阈值，则采取预警或制动措施，反之继续行驶。该模型的时间阈值固定，距离阈值根据车速而实时调整，但是由于两车发生碰撞的时间是由车速和车距决定的，而两车的车速很难保证稳定，故该模型应用较少。基于距离的前向碰撞预警模型主要是比较当前两车的实际距离与根据模型计算的预警距离。预警距离通常以车辆当前车速为基础进行确定，一般应大于或等于本车能够在碰撞之前制动停车且不发生碰撞的距离，该模型运用较为成熟。

前向碰撞预警系统的模型主要包括马自达模型、本田模型、伯克利模型、全工况模型和标准中推荐的预警模型。其中，马自达模型、本田模型和伯克利模型属于经典模型，后续的很多模型都是在经典模型的基础上进行改良得到的。

一、马自达模型

日本马自达公司研制开发的防追尾碰撞系统（具有前向碰撞预警系统和主动紧急制动系统的功能）的主要设计思路：在正常跟车行驶情况下，系统不工作；当发现前车减速时，开始向前向碰撞预警系统发送信息；当与前车距离低于本车的制动距离时，系统向制动器发出指令，本车开始减速，最后与前车速度均减到0时，两车之间仍有一定的距离。如果在发出预警后，驾驶人没有采取制动减速措施，该系统便启动紧急制动装置，以避免发生追尾事故。该模型的本质是实时计算最小安全距离，从而对车速进行预警和控制。马自达模型的预警距离为

$$D_{\mathrm{w}}=\frac{1}{2}\left[\frac{v_1^2}{a_1}-\frac{(v_1+v_{\mathrm{rel}})^2}{a_2}\right]+v_1\tau_0+v_{\mathrm{rel}}\tau_1+D_0 \tag{2-3}$$

式中，D_{w} 为预警距离；v_1 为本车车速；v_{rel} 为相对车速；a_1 为本车减速度，一般取6m/s²；a_2 为前车减速度，一般取8m/s²；τ_0 为驾驶人反应时间，一般取0.15s；τ_1 为系统延迟时间，一般取0.6s；D_0 为制动停车距离，一般取5m。

马自达公司用大量试验验证了该模型的可靠性。试验结果表明，该模型已具备3个主要功能：通过环境感知传感器（如毫米波雷达）对行车环境进行监测；判定车辆追尾碰撞的可能性；采用自动制动操作机构对车辆进行控制。

试验证明马自达模型系统在保护乘员安全、防止因驾驶人疏忽大意而造成车辆事故方面有明显效果。其缺点是该安全跟车模型假定前车随时都会以8m/s²减速度突然制动，为试图避免这一极端危险的情况，计算出的预警距离较大，导致系统频繁预警。但在实际行车中前车突然制动的情况不多，频繁预警容易使驾驶人麻痹大意，甚至影响到驾驶人的正常操作。

二、本田模型

本田模型设定了预警距离和制动距离，采用两段式预警的方式。预警距离的设定以试验数据为基础，预警距离和制动距离的表达式分别为

$$D_{\mathrm{w}}=6.2-2.2(v_2-v_1) \tag{2-4}$$

$$D_{\mathrm{b}}=\begin{cases}-v_{\mathrm{rel}}\tau_2+\tau_1\tau_2 a_1-0.5a_1\tau_1^2 & \dfrac{v_2}{a_2}\geqslant\tau_2 \\ v_1\tau_2-0.5a_1(\tau_2-\tau_1)^2-\dfrac{v_2^2}{2a_2} & \dfrac{v_2}{a_2}<\tau_2\end{cases} \tag{2-5}$$

式中，D_b 为制动距离；v_2 为前车车速；a_1 为本车减速度，一般取 7.8m/s²；a_2 为前车减速度，一般取 7.8m/s²；τ_1 为系统延迟时间，一般取 0.5s；τ_2 为制动时间，一般取 1.5s。

本田模型采用两段预警的方式，对驾驶人的正常操作影响较小。该模型不能避免绝大多数的碰撞，只能降低碰撞的严重程度，一旦预警可能会引起驾驶人的极度恐慌，甚至会因恐惧而失去对车辆的控制。该模型准确性较低，不能实时反映行车路面情况，对驾驶人主观因素考虑不够。另外，该模型的建立以试验数据为基础，样本点选取得是否合适对模型影响较大。

三、伯克利模型

伯克利模型设定了预警距离和制动距离。预警距离是沿用马自达模型的安全距离值来设定的，并假定前车和本车最大减速度相等，即 $a_2=a_1=6\text{m/s}^2$，其他参数定义和取值与马自达模型相同。其预警距离为

$$D_w = \frac{1}{2}\left[\frac{v_1^2}{a_1} - \frac{(v_1+v_{rel})^2}{a_1}\right] + v_1\tau_0 + v_{rel}\tau_1 + D_0 \tag{2-6}$$

制动距离预警是在两车相碰撞前的时刻预警。该模型旨在减轻碰撞对驾驶人的损伤严重程度，亦即驾驶人听到预警时两车即将发生碰撞。其制动距离为

$$D_b = -v_{rel}\tau_2 + 0.5 a_1 \tau_2^2 \tag{2-7}$$

伯克利模型综合了马自达模型和本田模型的优点，建立了一个保守的预警距离和一个冒险的制动距离。预警距离预先给驾驶人一个危险提示，设定冒险的制动距离预警可以减少对驾驶人的干扰。而在各种运动状态下均采取同样的预警距离模式，不利于系统做出准确的危险判断。此外，制动距离预警启动时两车即将相撞，实际上该模型的制动距离预警只能减轻碰撞后果而不能避免追尾碰撞。

四、全工况模型

全工况模型在经典模型的基础上进行改进，考虑了所有工况的追尾碰撞可能，适用性较强，有较重要的实际意义。图 2-4 所示为本车与前车的相对位置示意图。图中，X_1 为本车行驶的距离；X_2 为前车行驶的距离；D_0 为制动停车距离；D 为制动前的车距。

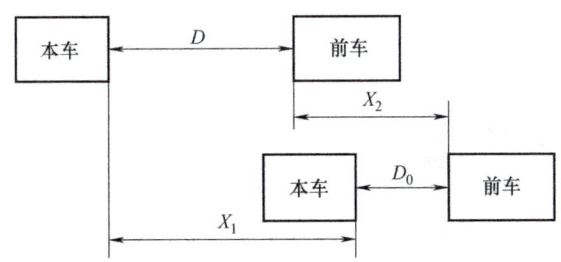

图 2-4　本车与前车的相对位置示意图

预警距离为

$$D_w = X_1 + D_0 - X_2 \tag{2-8}$$

预警距离的计算分为 3 种工况：前车静止工况、前车匀速或加速工况和前车减速工况。

1. 前车静止工况

当前车处于静止工况时,即 $X_2=0$,X_1 为本车由初始速度减速到停止滑行的距离。其预警距离为

$$D_w = v_1\left(t_h + t_a + \frac{t_s}{2}\right) + \frac{v_1^2}{2a_1} + D_0 \tag{2-9}$$

式中,t_h 为驾驶人反应时间;t_a 为制动协调时间;t_s 为制动减速度增长时间。

2. 前车匀速或加速工况

当前车处于匀速或加速工况时,本车速度必须大于前车速度才有可能发生碰撞。因此,两车间的最危险时刻是本车的速度减小至与前车同速时,如图 2-5 所示。如果在两车速度相等的时刻还没有发生碰撞事故,之后就不会发生碰撞事故了。因为最危险时刻以后,前车继续保持匀速或加速行驶,而本车在做减速运动,两车间距将变得越来越大,因此只需保证两车速度相等时不发生碰撞,整个过程就能保证安全。同时,为了保持谨慎预警车距,把前车加速工况的预警距离直接合并到前车匀速工况中,即两种工况共用前车匀速工况的预警距离。

从开始制动到完全停止,本车行驶的距离为

$$X_1 = v_1\left(t_h + t_a + \frac{t_s}{2}\right) + \frac{v_1^2 - v_2^2}{2a_1} \tag{2-10}$$

前车行驶的距离为

$$X_2 = v_2\left(t_h + t_a + \frac{t_s}{2}\right) + \frac{v_2(v_1 - v_2)}{a_1} \tag{2-11}$$

预警距离为

$$D_w = v_{rel}\left(t_h + t_a + \frac{t_s}{2}\right) + \frac{v_1^2 - v_2^2}{2a_1} - v_2\frac{v_{rel}}{a_1} + D_0 \tag{2-12}$$

3. 前车减速工况

前车减速工况可以分为 3 种情况:前车先停止,本车后停止;本车和前车同时停止;本车先停止,前车后停止。

(1)前车先停止,本车后停止 该工况下,两车间的最危险时刻为本车停止的时刻,如图 2-6 所示。

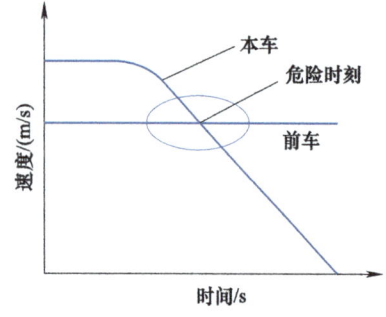

图 2-5 前车匀速运动时的速度 - 时间图

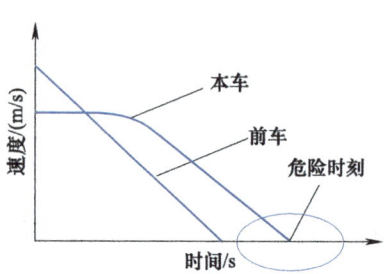

图 2-6 前车先停时的速度 - 时间图

（2）本车和前车同时停止　该工况下，两车间的最危险时刻为两车停止的时刻，如图 2-7 所示。

（3）本车先停止，前车后停止　该工况下，两车间的最危险时刻为本车减速到与前车速度相同的时刻，在能保证绝对安全的条件下，为简化计算，把最危险时刻确定为前车停止的时刻，如图 2-8 所示。

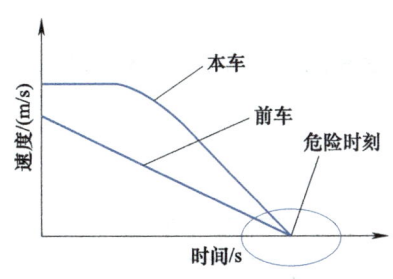

图 2-7　两车同时停止时的速度 - 时间图

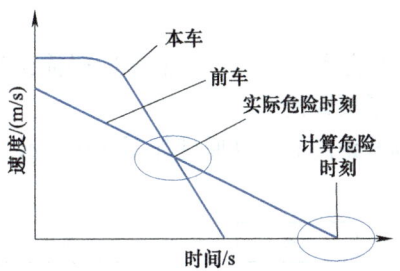

图 2-8　本车先停时的速度 - 时间图

在这 3 种工况下，前车均制动至停止，本车也从某一速度采取制动措施至停止，所以，这 3 种工况在计算方法上均可简化为同一种。

在前车减速工况下，本车行驶的距离为

$$X_1 = v_1\left(t_h + t_a + \frac{t_s}{2}\right) + \frac{v_1^2}{2a_1} \tag{2-13}$$

前车行驶的距离为

$$X_2 = \frac{v_2^2}{2a_2} + \frac{v_2}{2}t_s \tag{2-14}$$

预警距离为

$$D_w = v_1(t_h + t_a) + v_{rel}\frac{t_s}{2} + \frac{v_1^2}{2a_1} - \frac{v_2^2}{2a_2} + D_0 \tag{2-15}$$

为了计算预警距离，需要确定 a_1、a_2、t_h、t_a、t_s、D_0 的值。

1）a_1、a_2 值的确定。a_1、a_2 值的大小对预警距离的计算有很大影响。汽车制动减速度随轮胎类型、车辆的装载情况和路面附着条件的不同而不同。在实际的行车过程中，前车为主动制动，后车为被动制动，后车制动的减速度一般会大于前车制动的减速度。制动减速度主要取决于路面的附着系数。为了简化计算，同一路面上前、后行驶的两车的减速度均按最大制动减速度选取，且取相同的值。干燥沥青/水泥路面，取 6.0m/s²；潮湿沥青/水泥路面，取 5.0m/s²；冰雪路面，取 3.0m/s²。

2）t_h、t_a、t_s 值的确定。t_h 是驾驶人反应时间，驾驶人反应动作时间的准确性对系统模型非常重要。若反应时间选取过长，则预警距离的计算值偏大，会造成过多的虚预警，使驾驶人对预警系统产生厌烦感；若反应时间选取过短，则会导致系统的安全保障能力下降，不能完全避免事故的发生。由于驾驶人个体年龄、性别、情绪和反应能力等生理及心理素质因人而异、因时而异，再加上车速、目标物的大小、状态等多种外在因素的影响，驾驶人反应时间是一个很不确定的值。大量实验资料表明，驾驶人反应时间一般为 0.6~1.0s。t_a 是制动协调时间，与车辆采取的制动结构及制动方式有关。针对液压制动，取0.1s。t_s是制动减速度增长时间，通常取0.2s。

3）D_0的确定。为了保证绝对安全，本车从采取制动至完全停车后，两车之间应保持一定的距离。该值选得越大，系统的虚报率越高；选得越小，系统的安全保障能力越小，D_0一般取2~5m。

五、标准中推荐的预警模型

《智能运输系统　车辆前向碰撞预警系统性能要求和测试规程》（GB/T 33577—2017）中推荐了预警模型。

预警距离的计算原理如图2-9所示。

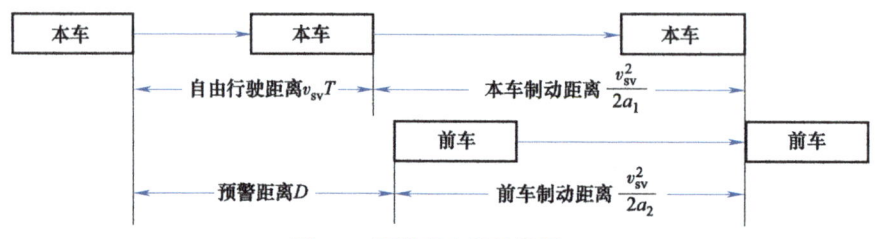

图2-9　预警距离的计算原理

预警模型是基于前车和本车车速计算出预警距离，并与测量到的实际距离对比，如果预警距离超过了实际距离就向驾驶人预警。由图2-9可得预警距离为

$$D = v_{sv}T + \left(\frac{v_{sv}^2}{2a_1} - \frac{v_{Tv}^2}{2a_2}\right) \tag{2-16}$$

式中，D为预警距离；v_{sv}为本车车速；v_{Tv}为前车车速；T为驾驶人对预警的反应时间；a_1为本车减速度；a_2为前车减速度。

当前车与本车车速相等时，预警距离为

$$D_1 = v_{sv}T \tag{2-17}$$

当前车静止时，预警距离为

$$D_2 = v_r T + \frac{v_r^2}{2a_1} \tag{2-18}$$

式中，v_r为相对速度。

当前车减速行驶时，假设前车与本车的减速度相等，即$a_1=a_2=a$，则预警距离为

$$D_3 = v_{sv}\left(T + \frac{v_r}{a}\right) - \frac{v_r^2}{2a} \tag{2-19}$$

假设驾驶人对预警的反应时间为0.8s，本车的减速度为6.67m/s²，则最短预警距离为

$$D_{min} = \frac{v_r^2}{2\times(6.67-a_2)} + 0.8v_r \tag{2-20}$$

知识点 2.4 前向碰撞预警系统的检测区域与测试

一、前向碰撞预警系统的检测区域

前向碰撞预警系统的检测区域包括最小检测区域、检测距离、检测宽度和高度以及水平弯道上的检测范围。

1. 最小检测区域

最小检测区域示意图如图 2-10 所示。图 2-10 中，d_0 为不具备距离测量能力时的最小可检测距离；d_1 为具备距离测量能力时的最小可检测距离；d_2 为对切入车辆（具有 20% 横向偏移量的前车）的最小检测距离；d_{max} 为最大可检测距离；h 为最高可检测离地高度；h_1 为最低可检测离地高度；W_L 为车道宽度；W_V 为本车宽度。

前向碰撞预警系统的检测区域与测试

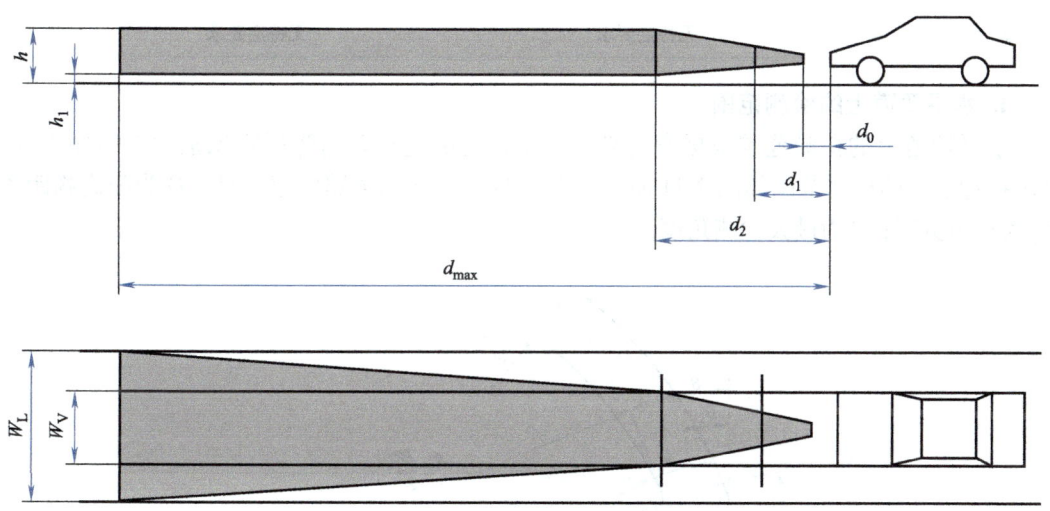

图 2-10 最小检测区域示意图

2. 检测距离

检测距离要求见表 2-3。表 2-3 中，v_{max_rel} 为系统工作时的最大相对车速；v_{min} 为系统工作时的最低车速；T_{max} 为预警后驾驶人的最长制动反应时间，可取 1.5s；T_{min} 为预警后驾驶人的最短制动反应时间，可取 0.4s；a_{min} 为本车满载充分制动时能达到的最小减速度，可取 3.6m/s^2。这些参数为设计参数，由车辆制造商进行设计。

表 2-3 检测距离要求

距离	公式或值	含义
d_{max}	$v_{max\_rel}T_{max}+v_{max\_rel}^2/2a_{min}$	最大可检测距离
d_2	Ⅰ型系统：≤ 10m Ⅱ型系统：≤ 7.5m Ⅲ型系统：≤ 5m	对具有 20% 横向偏移量的前车的最小检测距离

（续）

距离	公式或值	含义
d_1	$v_{min}T_{min}$	系统具备距离测量能力时的最小可检测距离
d_0	$\leq 2m$	系统不具备距离测量能力时的最小可检测距离

3. 检测宽度和高度

检测宽度和高度要求见表2-4。

表 2-4 检测宽度和高度要求

距离	最小检测宽度	最小检测高度
d_{max}	W_L	$h_1=0.2m$，$h=1.1m$
d_2	W_V	$h_1=0.2m$，$h=1.1m$
d_1	无特定要求	无特定要求
d_0	无特定要求	无特定要求

4. 水平弯道上的检测范围

水平弯道上的检测范围根据弯道半径而定，能够进行弯道障碍物识别的前向碰撞预警系统在弯道上的检测范围如图2-11所示。图2-11中，R为道路曲率半径；D为障碍物距离；W_L为车道宽度；θ为最大检测角度。

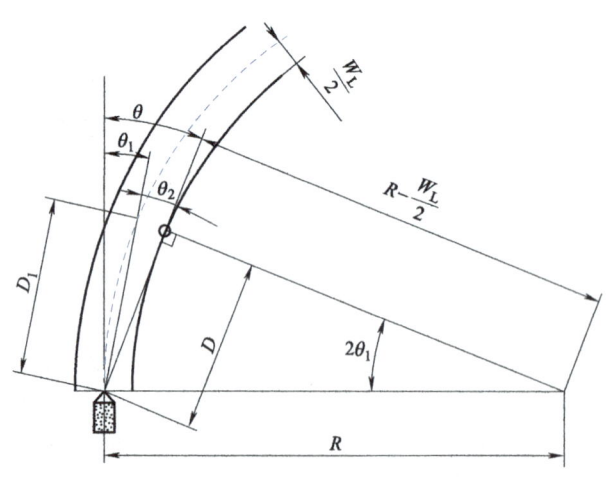

图 2-11 前向碰撞预警系统在弯道上的检测范围

由图2-11可知，距离D为

$$D=(RW_L-W_L^2/4)^{0.5} \tag{2-21}$$

辅助计算量D_1为

$$D_1=(D^2+W_L^2/4)^{0.5} \tag{2-22}$$

辅助计算量θ_1为

$$\theta_1=90D_1/(\pi R) \tag{2-23}$$

辅助计算量 θ_2 为

$$\theta_2=\arctan(W_L/2D) \tag{2-24}$$

最大检测角度 θ 为

$$\theta=\theta_1+\theta_2 \tag{2-25}$$

二、前向碰撞预警系统的测试

前向碰撞预警系统的测试包括测试环境、检测区域的测试、预警距离的测试和目标辨识能力的测试。

1. 测试环境

测试环境应满足以下要求：
1) 测试在干燥、平坦的沥青路面或者水泥混凝土路面上进行。
2) 温度为 $-20\sim40$℃。
3) 水平能见度大于 1km。
4) 测试可在日光条件下进行。

2. 检测区域的测试

检测区域的理想测试方法为动态测试，但静态测试方法可作为一种选择。检测区域的测试如图 2-12 所示，测试按以下要求进行：

1) 系统检测位于 d_0 和 d_1 间任意位置的测试目标，d_0 和 d_1 间不需要进行距离测量。
2) 系统检测位于 d_1 和 d_2 间任意位置的测试目标，d_1 和 d_2 间需要进行距离测量。
3) 系统检测位于 d_2 和 d_{max} 处的两个测试目标，测试过程依次进行。

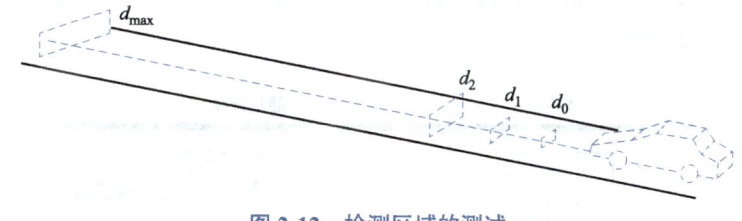

图 2-12　检测区域的测试

3. 预警距离的测试

预警距离的测试包括预警距离范围的测试和预警距离精度的测试。

（1）预警距离范围的测试　目标车辆与本车在同一直线车道上行驶，目标车辆车速控制为 (8 ± 1) m/s，本车车速控制为 (20 ± 2) m/s。发出预警时的车距应大于或等于计算得到的最短预警距离。

（2）预警距离精度的测试　预警距离精度的测试如图 2-13 所示。图 2-13 中，1 代表本车；2 代表目标车辆；t_0 为参考时刻；t_1 为预警时刻。该测试需要在车辆行驶过程中进行，目标车辆需要在检测区域内。当本车以速度 $v=20$m/s 朝目标车辆行驶时，需要测量两个时刻。第 1 个时刻为本车和目标车辆的车间距离为 d 的时刻 t_0；第 2 个为预警时刻 t_1，故预警距离的计算公式为 $D=d-v(t_1-t_0)$。用该计算结果与制造商所设定的预警距离进行比较，在重复性测试中，预警距离精度需在 70% 以上次数的测试中达到规定的要求，即预警距离的误

差应在 ±2m 或 ±15% 范围之内。

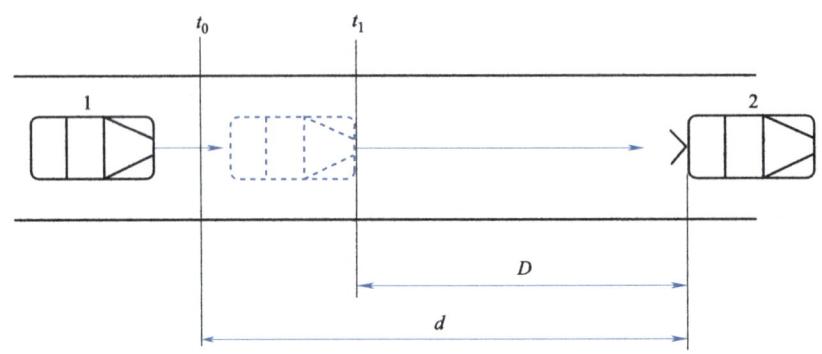

图 2-13 预警距离精度的测试

4. 目标辨识能力的测试

目标辨识能力的测试需要在车辆行驶过程中进行，当本车发出预警时测试结束。该测试应能够测试出系统避免发生误预警的能力。

目标辨识能力的测试包括纵向目标辨识能力的测试和侧向目标辨识能力的测试。

（1）纵向目标辨识能力的测试　纵向目标分为单目标和多目标，单目标分为静止前车、减速行驶前车和低速行驶前车。

1）纵向静止前车辨识能力测试如图 2-14 所示。前车停在车道中心，纵轴方向与道路边缘平行，且前车与本车朝向一致，本车向前车尾部接近。本车以额定速度 20m/s 在车道中心朝前车行驶，系统应能够在距离碰撞时间最小为 2.1s 时发出预警。当本车距离前车 150m 时试验开始，下面任意一种情况发生时，测试结束：系统发出预警；距离碰撞时间降至小于系统预警最小允许值的 90%。

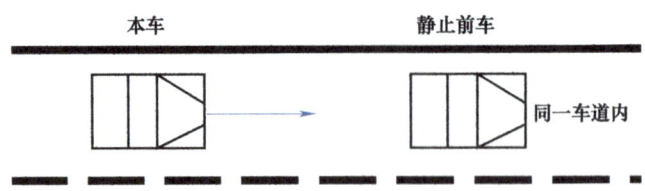

图 2-14 纵向静止前车辨识能力测试

2）纵向减速行驶前车辨识能力测试如图 2-15 所示。车和前车以 20m/s 的恒定速度在平直车道中间行驶，在前车开始制动前，本车与前车间距离保持为 30m。前车以 0.3g 的恒定减速度进行制动，系统应能够在距离碰撞时间最小为 2.4s 时发出预警。当下面任意一种情况发生时，测试结束：系统发出预警；距离碰撞时间降至小于系统预警最小允许值的 90%。

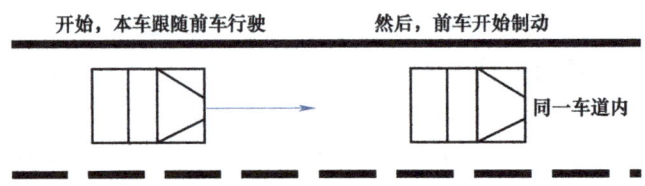

图 2-15 纵向减速行驶前车辨识能力测试

3)纵向低速行驶前车辨识能力测试如图 2-16 所示。前车以 9m/s 的恒定速度沿车道中心行驶,本车以 20m/s 的恒定速度在车道中心朝低速行驶的前车行驶,系统应能够在距离碰撞时间最小为 2s 时发出预警。当本车距离前车 150m 时试验开始,下面任意一种情况发生时,测试结束:系统发出预警;距离碰撞时间降至小于系统预警最小允许值的 90%。

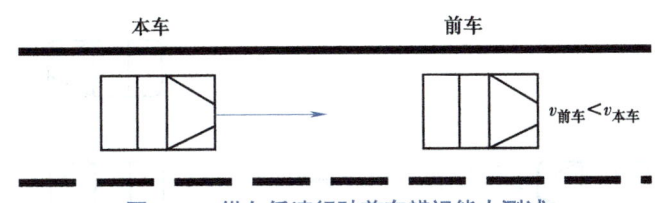

图 2-16　纵向低速行驶前车辨识能力测试

4)纵向多目标工况下的辨识能力测试如图 2-17 所示。图 2-17 中,1 代表本车,2 代表目标车辆,3 代表障碍车辆。目标车辆和障碍车辆在检测区域中以 20m/s 的车速行驶,本车以 20m/s 的车速在正后方尾随行驶。目标车辆和障碍车辆的车头时距(用时间表示的在同一路径上行驶的两车之间的距离,由两车的车间距离除以本车速度得到)应为 (0.6±0.1)s,且距离本车较近的目标车辆不能遮挡距离较远的障碍车辆。本车和距离较近的目标车辆的车头时距应大于 1.5s。本车加速至系统发出碰撞预警,然后本车开始减速使两车车头时距大于 1.5s,再次以相同的车速跟随目标车辆,以该速度保持匀速行驶。几秒后,距离较近的目标车辆开始减速,使本车再次发出碰撞预警。本车开始预警时测试结束。

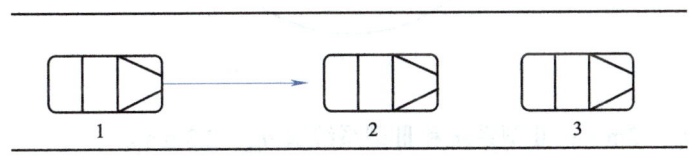

图 2-17　纵向多目标工况下的辨识能力测试

(2)侧向目标辨识能力的测试　侧向目标辨识能力测试分为直道侧向目标辨识能力测试和弯道侧向目标辨识能力测试。

1)直道侧向目标辨识能力测试如图 2-18 所示。图 2-18 中,1 代表本车,2 代表邻车道前车,3 代表目标车辆。本车和目标车辆以 20m/s 的车速行驶,且车间距离不会触发预警。1 辆前车以相同速度在目标车辆相邻车道行驶。前车与目标车辆的纵轴间距为 (3.5±0.25)m,车宽应为 1.4~2m。本车纵轴相对于目标车辆纵轴横向位移应小于 0.5m。几秒后,相邻车道的前车减速至明显低于本车和目标车辆的速度,在本车超过相邻车道前车时系统不应发出预警。然后目标车辆减速至系统能发出预备碰撞预警的速度。当本车开始预警时测试结束。

2)弯道侧向目标辨识能力测试需要在弯道上进行,测试场地需要足够长,且对Ⅰ型系统需包括半径≤500m 的弯道,对Ⅱ型系统需包括半径≤250m 的弯道,对Ⅲ型系统需包括半径≤125m 的弯道。弯道侧向目标辨识能力测试如图 2-19 所示。图 2-19 中,1 代表本车,

2代表邻车道前车，3代表目标车辆。本车和目标车辆以相同车速在同一车道内同向行驶，且车间距离不会触发预警。测试开始时，测试车辆的初始速度为

$$v_0 = \min\left[(a_{\max}R)^{1/2}, v_{\max}\right] \pm 1 \tag{2-26}$$

式中，v_0为弯道目标检测能力测试开始时车辆的速度；$v_{\max}$为系统工作时的最高车速；$a_{\max}$为弯道上允许的最大侧向加速度；R为弯道半径。

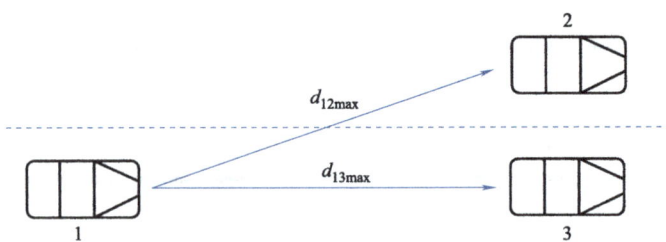

图 2-18　直道侧向目标辨识能力测试

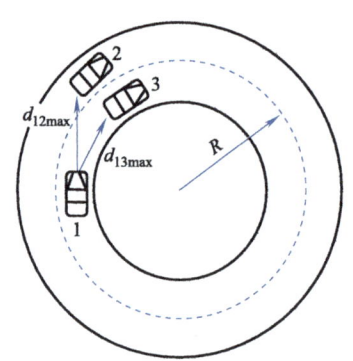

图 2-19　弯道侧向目标辨识能力测试

Ⅰ型系统取$a_{\max}=2m/s^2$；Ⅱ型系统和Ⅲ型系统取$a_{\max}=2.3m/s^2$。

本书介绍的各种先进驾驶辅助系统的测试方法仅供参考，具体的测试方法以相关国家标准或企业标准规定的方法为准。

知识点 2.5　前向碰撞预警系统的仿真实例

前向碰撞预警系统的仿真实例

【例 2-1】利用 MATLAB 对基于毫米波雷达的前向碰撞预警系统进行仿真。驾驶场景为前向碰撞预警场景，包括1辆移动的本车和1辆停在道路200m处的目标车辆；本车在制动前的初始速度为100km/h，减速度为3m/s²；本车在目标车辆后保险杠前1m完全停止。本车采用样毫米波雷达检测前方车辆。毫米波雷达安装在本车的前保险杠上，离地面0.2m，方位角为20°，角度分辨力为4°；其最大测量距离为100m，距离分辨力为2.5m。仿真条件可以任意设置。

在 MATLAB 编辑器窗口输入以下程序：

1	initialDist=200;	% 初始距离
2	initialSpeed=100;	% 初始速度
3	brakeAccel=3;	% 减速度
4	finalDist=1;	% 终了距离
5	[scenario egoCar]=helperCreateSensorDemoScenario('FCW', initialDist, ... 　　initialSpeed, brakeAccel, finalDist);	% 创建驾驶场景
6	radarSensor=radarDetectionGenerator('SensorIndex', 1, 'UpdateInterval', 0.1, ... 　　'SensorLocation',[egoCar.Wheelbase+egoCar.FrontOverhang, 0], ... 　　'Height', 0.2, 'FieldOfView',[20, 5], 'MaxRange', 100, 'AzimuthResolution', 4, ... 　　'RangeResolution', 2.5, 'ActorProfiles', actorProfiles(scenario));	% 创建雷达检测器
7	[bep, figScene]=helperCreateSensorDemoDisplay(scenario, egoCar, radarSensor);	%FCW 场景显示
8	metrics=struct;	% 结构初始化
9	while advance(scenario)	% 场景循环
10	gTruth=targetPoses(egoCar);	% 目标姿态
11	time=scenario.SimulationTime;	% 雷达检测时间戳
12	[dets, ~, isValidTime]=radarSensor(gTruth, time);	% 雷达检测
13	if isValidTime	% 如果时间有效
14	helperUpdateSensorDemoDisplay(bep, egoCar, radarSensor, dets);	% 更新场景显示
15	metrics=helperCollectScenarioMetrics(metrics, gTruth, dets);	% 收集数据
16	end	% 结束
17	helperPublishSnapshot(figScene, time>=9.1);	% 拍摄快照
18	end	% 结束

输出结果如图 2-20 所示，可以看到驾驶场景中汽车的运动和检测情况，本车在目标车辆后保险杠前 1m 完全停止。

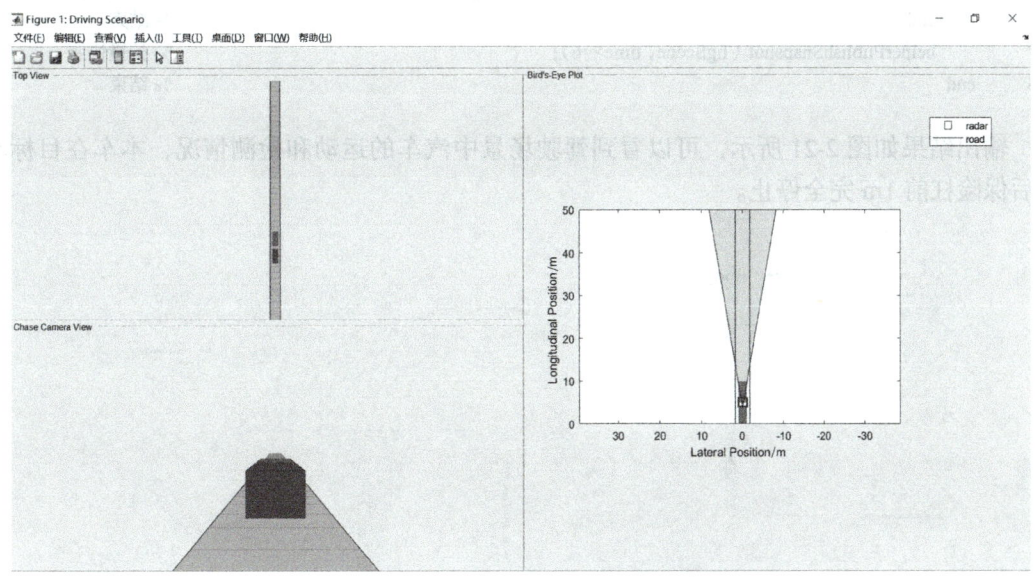

图 2-20　基于毫米波雷达的前向碰撞预警系统仿真

【例 2-2】利用 MATLAB 对基于视觉传感器的前向碰撞预警系统进行仿真。驾驶场景为前向碰撞预警场景，包括 1 辆移动的本车和 1 辆停在道路 100m 处的目标车辆；本车在制动前的初始速度为 80km/h，减速度为 3m/s^2；本车在目标车辆后保险杠前 1m 完全停止。视觉传感器安装在车辆的前风窗玻璃上，离地 1.1m，向道路倾斜 1°，采样时间为 0.1s；摄像头有 480×640 像素的成像阵列和 800 像素的焦距；摄像头可以在单个图像中定位物体，精度为 5 像素，最大探测范围为 150m。仿真条件可以任意设置。

在 MATLAB 编辑器窗口输入以下程序：

```
1   initialDist=100;                                              % 初始距离
2   initialSpeed=80;                                              % 初始速度
3   brakeAccel=3;                                                 % 减速度
4   finalDist=1;                                                  % 终了距离
5   [scenario, egoCar]=helperCreateSensorDemoScenario('FCW', initialDist, ...  % 创建驾驶场景
        initialSpeed, brakeAccel, finalDist);
6   visionSensor=visionDetectionGenerator('SensorIndex', 1, ...   % 创建视觉检测器
        'UpdateInterval', 0.1, 'SensorLocation',[0.75*egoCar.Wheelbase, 0], ...'Height',
        1.1, 'Pitch', 1, 'Intrinsics', cameraIntrinsics(800,[320, 240],[480, 640]), ...
        'BoundingBoxAccuracy', 5, 'MaxRange', 150, ...
        'ActorProfiles', actorProfiles(scenario));
7   [bep, figScene]=helperCreateSensorDemoDisplay(scenario, ...   %FCW 场景显示
        egoCar, visionSensor);
8   metrics=struct;                                               % 结构初始化
9   while advance(scenario)                                       % 场景循环
10      gTruth=targetPoses(egoCar);                               % 目标姿态
11      time=scenario.SimulationTime;                             % 摄像头检测时间戳
12      [dets, ~, isValidTime]=visionSensor(gTruth, time);        % 摄像头检测
13      if isValidTime                                            % 如果时间有效
14          helperUpdateSensorDemoDisplay(bep, egoCar, visionSensor, dets);  % 更新场景显示
15          metrics=helperCollectScenarioMetrics(metrics, gTruth, dets);     % 收集数据
16      end                                                       % 结束
17      helperPublishSnapshot(figScene, time>=6);                 % 拍摄快照
18  end                                                           % 结束
```

输出结果如图 2-21 所示，可以看到驾驶场景中汽车的运动和检测情况，本车在目标车辆后保险杠前 1m 完全停止。

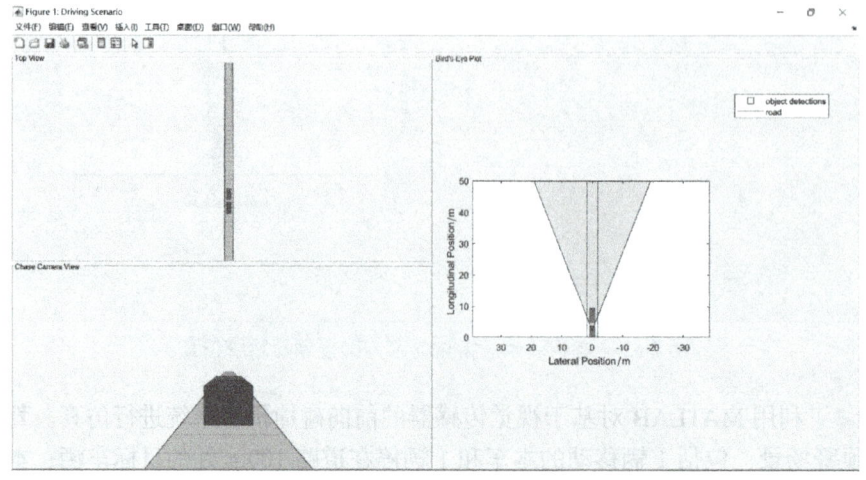

图 2-21　基于视觉传感器的前向碰撞预警系统仿真

【项目巩固】

总结与提高

本项目主要介绍了智能网联汽车前向碰撞预警系统的定义与组成、工作原理与要求，前向碰撞预警系统的马自达模型、本田模型、伯克利模型、全工况模型和标准中推荐的预警模型，前向碰撞预警系统的检测区域以及测试环境、检测区域的测试、预警距离的测试和目标辨识能力的测试，前向碰撞预警系统的仿真实例等。通过本项目的学习，学生可以较全面地掌握智能网联汽车前向碰撞预警系统及仿真的基本知识；通过思考与练习，学生可以进一步巩固学习效果，最终培养分析问题和解决问题的能力，以及识别与仿真分析智能网联汽车前向碰撞预警系统的技能。

建议学生体验前向碰撞预警系统的功能，分析前向碰撞预警系统的组成与工作原理，利用 MATLAB 进行前向碰撞预警系统的仿真。

思考与练习

一、名词解释

1. 前向碰撞预警系统

2. 要求减速度

3. 预警距离

4. 车间距离

5. 车头时距

二、填空题

1. 前向碰撞预警系统的预警方式主要有_____、_____、_____和_____等。
2. 前向碰撞预警系统由_____、_____和_____组成。
3. 预警因素要求包括_____、_____、_____和_____。
4. 前向碰撞预警系统的经典模型主要包括_____、_____和_____。
5. 前向碰撞预警系统的检测区域包括_____、_____、_____以及_____。
6. 前向碰撞预警系统的测试包括_____、_____、_____和_____。
7. 预警距离的测试包括_____和_____。
8. 目标辨识能力的测试包括_____和_____。
9. 侧向目标辨识能力测试分为_____和_____。
10. 通过对开发的前向碰撞预警系统进行仿真分析,可以验证前向碰撞预警系统算法_____,缩短_____,降低_____。

三、选择题

1. 前向碰撞预警系统常用的传感器可以是(　　)。
   A. 毫米波雷达　　　　　　　　B. 视觉传感器
   C. 超声波雷达　　　　　　　　D. V2V
2. 前向碰撞预警Ⅰ型系统具有在曲率半径不小于(　　)的道路上检测到前车的能力。
   A. 250m　　　B. 125m　　　C. 500m　　　D. 400m
3. 前向碰撞预警系统的预警因素要求包括(　　)。
   A. 预警形式　　　　　　　　B. 要求减速度的阈值
   C. 预警距离　　　　　　　　D. 响应时间
4. 在预警范围的计算中,应考虑驾驶人对预警的反应时间,该值不小于(　　)。
   A. 0.6s　　　B. 0.8s　　　C. 1s　　　D. 1.2s
5. 若要求减速度大于其阈值范围,前向碰撞预警系统应发出碰撞预警,在干燥路面及温暖气候条件下,要求减速度阈值不大于(　　)。
   A. 0.5g　　　B. 0.68g　　　C. 0.82g　　　D. 0.7g
6. 若距离碰撞时间大于(　　),前向碰撞预警系统可以抑制或延迟预警。
   A. 3s　　　B. 4s　　　C. 5s　　　D. 6s
7. 前向碰撞预警系统的预警形式主要有(　　)。
   A. 视觉　　　B. 听觉　　　C. 触觉　　　D. 嗅觉
8. 在预警距离范围的测试中,目标车辆与本车在同一直线车道上行驶,目标车辆车速控制为(　　),本车车速控制为(　　)。
   A. (8±1)m/s　　　　　　　　B. (10±1)m/s
   C. (30±2)m/s　　　　　　　　D. (20±2)m/s
9. 在纵向减速行驶前车辨识能力测试中,本车和前车以20m/s的恒定速度在平直车道中间行驶,在前车开始制动前,本车与前车间距离保持在(　　)。

A. 25m B. 30m C. 35m D. 40m

10. 在纵向低速行驶前车辨识能力测试中，前车以 9m/s 的恒定速度沿车道中心行驶，本车以 20m/s 的恒定速度在车道中心朝低速行驶的前车行驶，系统应能够在距离碰撞时间最小为（　　）时发出预警。

A. 1.5s B. 1s C. 2.5s D. 2s

四、判断题

1. 超声波雷达可以用于前向碰撞预警系统。（　　）
2. 若前车切入本车前方且车速高于本车，前向碰撞预警系统不发出任何预警。（　　）
3. 碰撞预警包含 1 种视觉预警和 1 种听觉与 / 或触觉预警，其中触觉预警可以采用安全带预警的方式实现。（　　）
4. 当前向碰撞预警系统处于关闭状态时，将不会进行预警。（　　）
5. 当前向碰撞预警系统处于待机状态时，如果预警条件满足，则系统将发出预警命令。（　　）
6. 当前向碰撞预警系统处于启动状态时，如果预警条件满足，则系统将发出预警命令。（　　）
7. 碰撞预警的目的是告知驾驶人前方存在障碍车辆，驾驶人应准备采取必要措施避免碰撞。（　　）
8. 如果本车驾驶人正在采取制动操作，可以采取制动预警的形式向驾驶人预警。（　　）
9. 如本车减速度大于或等于要求减速度的阈值，前向碰撞预警系统不应发出任何预警。（　　）
10. 利用 MATLAB 可以对前向碰撞预警系统进行仿真分析。（　　）

五、问答题

1. 前向碰撞预警系统的预警由哪些因素决定？

2. 前向碰撞预警系统的预警方式有哪些？

3. 前向碰撞预警系统的工作原理是怎样的？

4. 前向碰撞预警系统的测试环境要满足哪些要求？

5. 前向碰撞预警系统的模型主要有哪些？

实训任务单

子任务 1：利用本校实验室具有前向碰撞预警系统的实验车辆，演示前向碰撞预警系统的工作原理，分析前向碰撞预警系统的组成，并完成实训报告。

实训题目	智能网联汽车前向碰撞预警系统的演示与分析				
学生姓名		班级		学号	
实训结果					
详细绘制实验车辆前向碰撞预警系统的组成图并进行描述					
详细绘制实验车辆前向碰撞预警系统的工作原理图并进行描述					
实训结果分析					
实训心得					
指导教师			成绩		

子任务 2：利用 MATLAB 对前向碰撞预警系统的纵向静止前车辨识能力进行仿真，并完成实训报告。

驾驶场景为前向碰撞预警场景，包括 1 辆移动的本车和 1 辆停在道路 150m 处的目标车辆；本车以额定速度 20m/s 在车道中心朝前车行驶，系统应能够在距离碰撞时间最小为 2.1s 时发出预警。本车采用毫米波雷达检测前方车辆。毫米波雷达安装在本车的前保险杠上，离地面 0.2m，方位角为 20°，角度分辨力为 4°；其最大测量距离为 100m，距离分辨力为 2.5m。

实训题目	智能网联汽车前向碰撞预警系统的仿真				
学生姓名		班级		学号	
实训结果					
仿真程序					
仿真结果					
实训结果分析					
实训心得					
指导教师			成绩		

项目三

自动紧急制动系统的测试与仿真

【项目导入】

2022年7月9日凌晨，在江苏省常州市金坛区朱林镇G4221沪武高速公路上发生了惊心动魄的一幕。由于驾驶人连续驾驶数小时出现疲劳驾驶状态，在未进行任何操控的情况下，车辆以时速86.4km/h速度径直向前方同向货车驶去，深夜高速公路追尾事故一触即发，后果不堪设想。危急时刻所幸车辆启动自动紧急制动系统，快速识别到前方碰撞风险，在距离前车10m时采取紧急预警、主动制动等系列举措，将车速降至28km/h，成功避免了事故发生，如图3-1所示。此次追尾事故的成功避险，是自动紧急制动系统众多应用案例的一个缩影。随着我国汽车保有量不断增加，汽车追尾、失控以及驾驶人疲劳驾驶、操作不当等原因导致的交通事故频发，为人们生命财产安全带来严重损失。面对日益凸显的驾驶安全问题，利用自动紧急制动系统等先进驾驶辅助系统有效防范与化解道路交通事故风险，是汽车实现智能化的关键技术，是确保安全驾驶的有效手段之一。

图3-1 汽车追尾事故的避免

什么是自动紧急制动系统？如何进行测试和仿真？通过对本项目的学习可以得到答案。

【学习目标】

知识目标

1. 掌握自动紧急制动系统的定义与组成、工作原理与要求。
2. 了解自动紧急制动系统的基于时距的安全距离模型、基于车距的安全距离模型和基于制动过程的安全距离模型。
3. 了解自动紧急制动系统的测试条件、预警和启动试验、失效检测试验、驾驶人干预性能试验、相邻车道车辆制动误响应试验以及车道内铁板响应试验。

4. 了解自动紧急制动系统的仿真方法。

技能目标

1. 能够对自动紧急制动系统进行辅助测试。
2. 能够利用 MATLAB 对自动紧急制动系统进行仿真。

素养目标

使学生树立精益求精、崇尚质量、追求卓越的工匠精神。

【知识框架】

项目三
- 自动紧急制动系统的定义与组成
  - 自动紧急制动系统的定义
  - 自动紧急制动系统的组成
- 自动紧急制动系统的工作原理与要求
  - 自动紧急制动系统的工作原理
  - 自动紧急制动系统的要求
- 自动紧急制动系统的模型
  - 基于时距的安全距离模型
  - 基于车距的安全距离模型
  - 基于制动过程的安全距离模型
- 自动紧急制动系统的测试
  - 测试条件
  - 预警和启动试验
  - 失效检测试验
  - 驾驶人干预性能试验
  - 相邻车道车辆制动误响应试验
  - 车道内铁板误响应试验
- 自动紧急制动系统的仿真实例

【知识准备】

知识点 3.1 自动紧急制动系统的定义与组成

一、自动紧急制动系统的定义

自动紧急制动（Autonomous Emergency Braking，AEB）系统是由前向碰撞预警系统演变而来的。自动紧急制动系统是实时监测车辆前方行驶环境，并在可能发生碰撞危险时自动启动车辆制动系统使车辆减速，以避免碰撞或减轻碰撞的系统。它是基于环境感知传感器（如毫米波雷达或视觉传感器）感知前方可能与车辆、行人或其他交通参与者发生的碰撞风险，并通过系统自动触发执行机构来实施制动，以避免碰撞或减轻碰撞程度的先进驾驶辅助系统。

自动紧急制动系统的定义与组成

自动紧急制动系统一般还包含紧急制动、前向碰撞预警和紧急制动辅助功能。

二、自动紧急制动系统的组成

自动紧急制动系统主要由行车环境信息采集单元、电控单元和执行单元等组成，如图 3-2 所示。

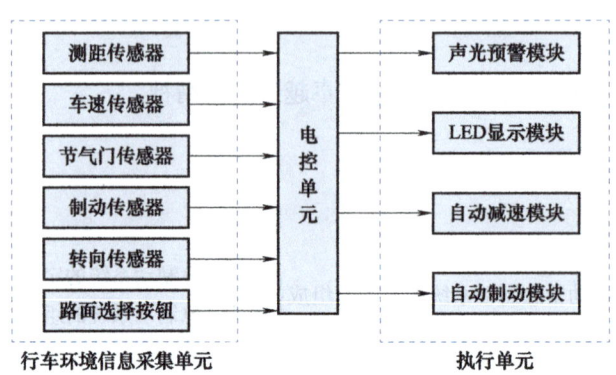

图 3-2　自动紧急制动系统的组成

1. 行车环境信息采集单元

行车环境信息采集单元由测距传感器、车速传感器、节气门传感器、制动传感器、转向传感器和路面选择按钮等组成，用于对行车环境进行实时检测，得到相关行车信息。测距传感器用来检测本车与前方目标的相对距离和相对速度，目前，自动紧急制动系统常见的测距技术主要利用毫米波雷达、视觉传感器以及二者的融合；车速传感器用来检测本车的速度；加速传感器用来检测驾驶人在收到系统提醒预警后是否及时松开加速踏板，对本车实施减速措施；制动传感器用来检测驾驶人是否踩下制动踏板，对本车实施制动措施；转向传感器用来检测车辆目前是否正处于弯道路面上行驶或处于超车状态，系统凭此来判断是否需要进行预警抑制；路面选择按钮可方便驾驶人对路面状况信息进行选择，从而方便系统对预警距离的计算。需要采集的信息因系统不同而不同，所有采集到的信息都将被送往电控单元。

2. 电控单元

电控单元接收行车环境信息采集单元的检测信号后，综合收集到的数据信息，依照一定的算法程序对车辆行驶状况进行分析计算，判断车辆所适用的预警状态模型，同时对执行单元发出控制指令。

3. 执行单元

执行单元可以由多个模块组成，如声光预警模块、LED 显示模块、自动减速模块和自动制动模块等，根据系统不同而不同。它用来接收电控单元发出的指令，并执行相应的动作，达到预期的预警效果，实现相应的车辆制动功能。当系统检测到危险状况时，首先进行声光预警，提醒驾驶人；当系统发出预警之后，如果驾驶人没有松开加速踏板，则系统会发出自动减速控制指令；在减速之后，系统检测到危险仍然存在时，说明目前车辆行驶处于极度危险的状况，需要对车辆实施自动强制制动。

知识点 3.2 自动紧急制动系统的工作原理与要求

一、自动紧急制动系统的工作原理

汽车自动紧急制动系统采用测距传感器测出与前车或障碍物的距离,然后利用电控单元将测出的距离与预警距离、安全距离等进行比较,小于预警距离时就进行预警提示,而且小于安全距离时,即使在驾驶人没来得及踩制动踏板,自动紧急制动系统也会启动,使汽车自动制动,从而为安全出行保驾护航。

自动紧急制动系统的工作原理与要求

图 3-3 所示为自动紧急制动系统的工作过程。自动紧急制动系统从传感器探测到前方车辆(目标车辆)开始,持续监测与前车之间的距离以及前车的车速,同时从总线获取本车的车速信息,通过运算,结合驾驶人的反应能力,判断当前形势并做出合适的应对。

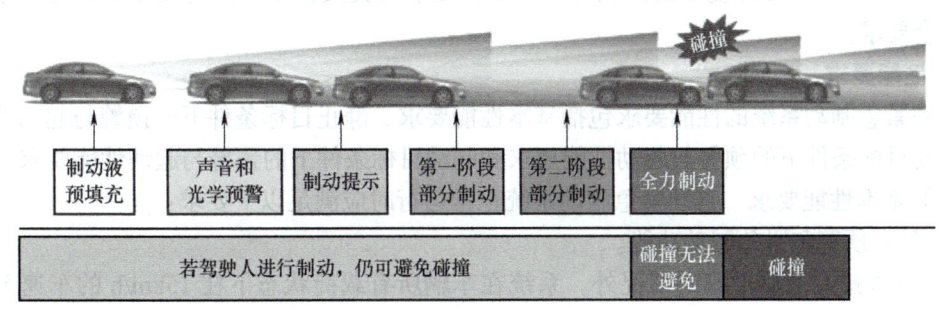

图 3-3 自动紧急制动系统的工作过程

二、自动紧急制动系统的要求

自动紧急制动系统的要求主要包括技术要求、性能要求、系统失效后的警告信号要求、驾驶人干预性能要求、相邻车道车辆制动误响应性能要求和车道内铁板误响应性能要求。

1. 技术要求

技术要求包括基本要求和预警及警告信号要求。

(1)基本要求 自动紧急制动系统有以下基本要求:

1)安装有自动紧急制动系统的车辆应安装符合《乘用车制动系统技术要求及试验方法》(GB 21670—2008)要求的防抱死制动系统。

2)自动紧急制动系统的电磁兼容性应符合《道路车辆电磁兼容性要求和试验方法》(GB 34660—2017)的要求。

3)自动紧急制动系统的功能安全性应符合《乘用车自动紧急制动系统(AEBS)性能要求及试验方法》(GB/T 39901—2021)中附录 A 的要求。

(2)预警及警告信号要求 预警及警告信号有以下技术要求:

1）自动紧急制动系统应能向驾驶人提供以下合适的预警及警告信号：在自动紧急制动系统检测到可能与在前方同一车道以较低车速行驶、减速行驶或静止的车辆发生碰撞时，发出碰撞预警信号；在自动紧急制动系统发生可能失效时，发出失效警告信号；自动紧急制动系统自检或发生电子电器故障时不出现明显的延迟；对安装有自动紧急制动系统手动功能关闭装置的车辆，在自动紧急制动系统手动功能关闭时发出功能关闭警告。

2）碰撞预警信号应采用声学、触觉和光学信号中的至少两种。

3）车辆制造商应在试验时对预警、警告信号指示方式及向驾驶人警告的顺序进行说明，并在试验报告中予以记录。

4）如果采用光学信号作为碰撞预警信号之一，可采用闪烁的碰撞预警信号；碰撞预警信号应采用常亮的黄色预警信号，可用文字或图形表示。

5）当点火开关（起动开关）处于"ON"（运行）状态，或处于"ON"（运行）和"起动"之间制造商指定用作检查的位置时，每个光学警告信号都应亮。该要求不用于在共用空间显示的警告信号。共用空间是指可以不同步地显示两种或多种信息功能（如标志）的区域。

6）光学警告信号即使在白天也清晰可见，便于驾驶人在正常的驾驶位置查看信号状态是否符合要求。

2. 性能要求

自动紧急制动系统的性能要求包括基本性能要求、静止目标条件下的预警与起动性能要求、移动目标条件下的预警与起动性能要求和制动目标条件下的预警与起动性能要求。

（1）基本性能要求　自动紧急制动系统正常运行时应满足以下要求：

1）具有预警和紧急制动功能。

2）除驾驶人主动干预的情况外，系统在车辆所有载荷状态下在 15km/h 的车速至最高工作车速之间正常运行。

3）如果遇到前方车辆突然插入等情况，碰撞不能被及时预测导致无法在紧急制动 1s 前发出碰撞预警信号，则碰撞预警信号不晚于紧急制动阶段（在自动紧急制动系统控制下，被试车辆以至少 $4m/s^2$ 减速度开始减速的阶段）发出。

（2）静止目标条件下的预警与起动性能要求　自动紧急制动系统有以下静止目标条件下的预警与起动性能要求：

1）按照静止目标（在被试车辆行驶前方同一车道中央，保持不动的目标）条件下的预警与起动性能进行试验，被试车辆最迟在紧急制动阶段开始前 1s 以声学、触觉和光学中至少两种模式预警。预警阶段的速度下降不超过 15km/h 或被试车辆速度的 30%，取较高者。

2）被试车辆与静止目标不发生碰撞。

3）紧急制动阶段不在预计碰撞时间 3s 前开始。

4）5 次试验至少 3 次满足上述规定。

（3）移动目标条件下的预警与起动性能要求　自动紧急制动系统有以下移动目标条件下的预警与起动性能要求：

1）按移动目标（在被试车辆行驶前方同一车道中央，以恒定速度同向移动的目标）条件下的预警与起动性能进行试验，被试车辆最迟在紧急制动阶段开始前 1s 以声学、触觉和光学中至少两种模式预警。预警阶段的速度下降不超过 15km/h 或被试车辆速度的 30%，取较高者。

2）被试车辆与移动目标不发生碰撞。

3）紧急制动阶段不在预计碰撞时间 3s 前开始。

4）5 次试验至少 3 次满足上述规定。

（4）制动目标条件下的预警与起动性能要求　自动紧急制动系统具有以下制动目标条件下的预警与起动性能要求：

1）按制动目标（在被试车辆行驶路线中央正前方，原以恒定车速与被试车辆同向行驶而后开始减速的目标）条件下的预警与起动性能进行试验，被试车辆最迟在紧急制动阶段开始前 1s 以声学、触觉和光学中至少两种模式预警。预警阶段的速度下降不超过 15km/h 或被试车辆速度的 30%，取较高者。

2）被试车辆与制动目标不发生碰撞。

3）紧急制动阶段不在预计碰撞时间 3s 前开始。

4）5 次试验至少 3 次满足上述规定。

3. 系统失效后的警告信号要求

按失效检测进行试验，符合《汽车操纵件、指示器及信号装置的标志》（GB 4094—2016）规定的常亮的光学警告信号最迟在车辆以大于 15km/h 的车速行驶 10s 时启动，并且只要模拟的失效仍然存在，车辆在静止状态下关闭点火开关又重新打开后，失效警告信号立即重新亮起。

4. 驾驶人干预性能要求

自动紧急制动系统有以下驾驶人干预性能要求：

1）允许驾驶人中断预警。

2）保证驾驶人能够中断紧急制动。

3）上述两种情形均可通过表明驾驶人意识到紧急状态的主动动作（例如，踩下加速踏板、打开转向灯及车辆制造商规定的其他方式）中断。

4）安装自动紧急制动系统功能关闭控制装置应满足的要求：自动紧急制动系统功能关闭以后在车辆再次起动时自动恢复；自动紧急制动系统功能关闭以后采用常亮的光学预警信号向驾驶人预警，可采用规定的黄色预警信号。

5. 相邻车道车辆制动误响应性能要求

按相邻车道车辆制动误响应进行试验，自动紧急制动系统不发出碰撞预警，也不启动紧急制动功能。

6. 车道内铁板误响应性能

按车道内铁板误响应进行试验，自动紧急制动系统不发出碰撞预警，也不启动紧急制动功能。

知识点 3.3　自动紧急制动系统的模型

在汽车行驶过程中，信息采集单元将采集到的车间距离实时地发送给自动紧急制动系统的电控单元，电控单元将该距离与计算得到的安全距离进行比较。当发现汽车处于危险状态时，会主动进行制动，以避免碰撞事故的发生。由于汽车工作的工况较为复杂，因此要求建立的安全距离模型能满足大多数工况的需求。安全距离模型应符合以下要求：

1）具有良好的实用性。
2）以信息采集单元获取到的信息为基础。
3）考虑道路利用情况。
4）符合驾驶人的操作特点。

自动紧急制动系统的模型

安全距离模型一般可以分为基于时距的安全距离模型、基于车距的安全距离模型和基于制动过程的安全距离模型。

一、基于时距的安全距离模型

基于时距的安全距离模型通常指碰撞时间模型，即 TTC 模型，是指两车以当前状况行驶距离碰撞的时间。其碰撞时间为

$$TTC = -\frac{d_r}{v_r} \tag{3-1}$$

式中，d_r 为两车的相对距离；v_r 为两车的相对速度。

由行车环境信息采集单元实时采集两车的相对距离和相对速度信息，即可以计算出 TTC 的值。根据 TTC 的值可以定量的表征此时的行驶工况，以及留给驾驶人及制动系统的操作时间。将该值与设定的某一阈值进行比较，当 TTC 值小于设定的阈值时，则表明此时车辆有碰撞的危险。该模型由于需要的信息较少且易得，得到了较为广泛的应用。但该模型也有缺陷，当两车的速度相等时，TTC 的值会趋近于无穷大，此时为弥补该缺陷，提出了相对加速度二阶 TTC 模型，其计算公式为

$$TTC = \begin{cases} -\dfrac{d_r}{v_r} & v_r < 0, a_r = 0 \\[2mm] -\dfrac{-v_r - \sqrt{v_r^2 - 2a_r d_r}}{a_r} & v_r < 0, a_r \neq 0 \\[2mm] \dfrac{-v_r + \sqrt{v_r^2 - 2a_r d_r}}{a_r} & v_r \geqslant 0, a_r < 0 \end{cases} \tag{3-2}$$

式中，a_r 为两车的相对加速度。

综上可知，安全时间模型简单，需要输入的参数少，方便调整碰撞时间阈值，能适应不同车型避撞算法的开发。

二、基于车距的安全距离模型

基于车距的安全距离模型主要有固定安全距离模型、基于车间时距的安全距离模型和驾驶人预瞄安全距离模型。

1. 固定安全距离模型

将实际采集到的车间距离与固定的距离进行比较，当实际距离低于该固定值时，就采取制动措施。其安全距离为

$$S_0 = C \tag{3-3}$$

式中，C 值为规定的安全阈值。

固定安全距离模型简单方便，能够在一定程度上避免事故的发生，但是也有自身的局限性。由于前车的行驶状况和车辆的行驶环境是在不断变化的，因此安全距离也应随之变化，而固定安全距离模型并不能随着环境的改变而发生变化，因此实用性较差。

2. 基于车间时距的安全距离模型

对于跟随行驶的两辆车来说，车间距离与车速在一定程度上成正比。车间时距指的是在同车道上行驶的两辆车连续通过某一断面的时间间隔，其大小可以用两车间距与跟随车辆车速的比值来表示。当两车速度接近时，车间距离与车速将呈线性关系。基于车间时距的安全距离为

$$S_w = v_1 t_h + d_0 \tag{3-4}$$

式中，v_1 为跟随车速；t_h 为车间时距；d_0 为两车停止时的距离。

可以看出，此安全距离模型较简单，只考虑了两车速度差较小的情况；当两车的速度相差较大时，不能确保行车的安全性，从而导致该模型计算得到的安全距离偏小。

3. 驾驶人预瞄安全距离模型

在行车过程中，驾驶人会实时地对汽车的状态进行预测，因此，安全距离的模型应该考虑驾驶人的主观感受，以上两种算法并没有考虑这个因素，而驾驶人预瞄安全距离模型充分考虑了这个因素。首先预测一段时间 t 后两车的车距，将这个距离与驾驶人预测的安全距离进行比较，如果小于这个距离，则进行制动。其安全距离为

$$S_s = v_{rel} t + \frac{a_2 t^2}{2} + d_{lim} \tag{3-5}$$

式中，v_{rel} 为两车相对速度；t 为时间；a_2 为前车的加速度；d_{lim} 为驾驶人主观判断的临界车距。

该模型充分考虑了驾驶人的驾驶特性，其决策方式与驾驶人的驾驶经验相符，但是前车的加速度等相关参数不易获取。

三、基于制动过程的安全距离模型

基于制动过程的安全距离模型依赖于汽车的制动过程。

1. 汽车的制动过程分析

（1）汽车制动过程　汽车行驶过程中，如果驾驶人需要采取制动措施，则需要在大脑中接收到制动信息后把右脚移动至制动踏板，踩下制动踏板直至汽车停止。汽车的制动过程如图 3-4 所示。

汽车的制动过程时间分为驾驶人反应时间、制动协调时间、制动力增长时间和持续制动时间。

1）驾驶人反应时间：t_1 当驾驶人发现前方存在危险时，需要经过时间 t_1' 大脑才意识到应该采取制动措施，并指挥右脚踩制动踏板，经过时间 t_1'' 驾驶人右脚接触制动踏板，这两段时间的总和称为驾驶人的反应时间。这段时间与驾驶人的年龄、精神状态、情绪等因素有关，一般这段时间为 0.3~1.0s。

2）制动协调时间 t_2：驾驶人踩制动踏板时，制动器从开始动作到制动器起作用的时间。

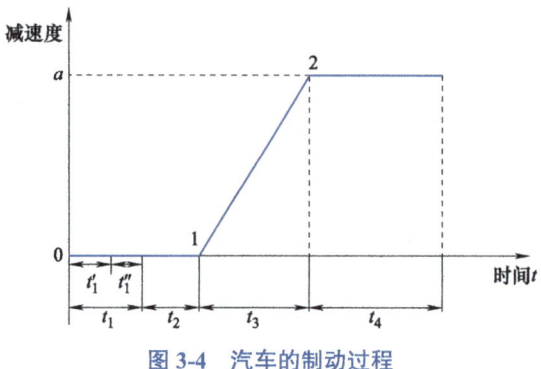

图 3-4 汽车的制动过程

3）制动力增长时间 t_3：制动力开始作用，汽车开始减速，制动力从 0 到最大值所需的时间。

4）持续制动时间 t_4：制动器以最大制动力工作至汽车停止所用的时间。

（2）汽车制动行驶距离　根据图 3-4 的制动过程，可以计算汽车制动行驶距离。本车在制动过程行驶的距离可以分为驾驶人反应阶段和制动协调阶段、制动力增长阶段和持续制动阶段。

1）驾驶人反应阶段和制动协调阶段：汽车均没有产生制动力，同时时间较短，可以认为汽车匀速行驶，则汽车驶过的距离

$$S_1 = V_1(t_1 + t_2) \tag{3-6}$$

式中，V_1 为本车的初始速度。

2）制动力增长阶段：在汽车安装 ABS 的情况下，其制动系统油路压力、制动力和制动减速度都呈线性增长，汽车最后达到稳定状态时减速度达到最大值 a'，此阶段的初速度为 V_1，则汽车驶过的距离为

$$S_2 = V_1 t_3 - \frac{a'}{6} t_3^2 \tag{3-7}$$

3）持续制动阶段：此阶段汽车以最大制动力保持匀减速行驶，直至汽车停止。此阶段汽车驶过的距离为

$$S_3 = \frac{V_1^2}{2a'} - \frac{V_1 t_3}{2} + \frac{a'}{8} t_3^2 \tag{3-8}$$

驾驶人制动过程汽车驶过的距离为

$$S = V_1 \left(t_1 + t_2 + \frac{t_3}{2} \right) + \frac{V_1^2}{2a'} - \frac{a'}{24} t_3^2 \tag{3-9}$$

汽车在初始制动时制动力迅速增加，制动时间 t_3 很短，因此式（3-9）的最后一个平方项可以忽略，对安全距离没有影响，因此最终汽车制动距离为

$$S = V_1 \left(t_1 + t_2 + \frac{t_3}{2} \right) + \frac{V_1^2}{2a'} \tag{3-10}$$

2. 安全车距模型

图 3-5 所示为汽车行驶过程示意图。

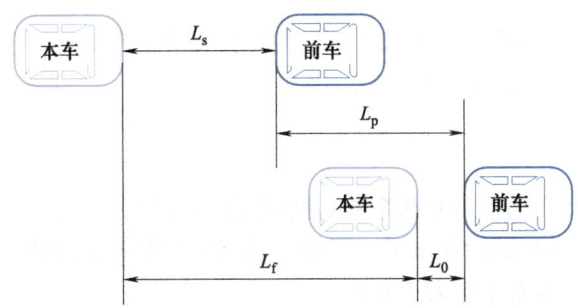

图 3-5 汽车行驶过程示意图

1）当前车静止时，驾驶人接收到前方危险信息需要进行制动，驾驶人踩下制动踏板，使车辆减速或停车，可以计算安全行驶距离。

前车静止时，本车与前车之间的安全距离为

$$L_s = V_1\left(t_1+t_2+\frac{t_3}{2}\right)+\frac{V_1^2}{2a'}+L_0 \tag{3-11}$$

$$L_s' = V_1\left(t_2+\frac{t_3}{2}\right)+\frac{V_1^2}{2a'}+L_0 \tag{3-12}$$

式中，L_s 为包含驾驶人反应时间和采取制动时间驶过的安全距离；L_s' 为不考虑驾驶人反应时间的安全距离；L_0 为防止汽车之间碰撞预留的安全距离，一般为 1.5m。

2）当前车匀速行驶时，若本车的行驶速度小于前车的速度，则两车不会碰撞；若本车的行驶速度大于前车的速度，两车可能发生碰撞，这种情况下两车间隔一定距离时，驾驶人应该考虑采取防撞措施。

前车匀速行驶时，本车与前车之间的安全距离为

$$L_s = \Delta V\left(t_1+t_2+\frac{t_3}{2}\right)+\frac{\Delta V^2}{2a}+L_0 \tag{3-13}$$

$$L_s' = \Delta V\left(t_2+\frac{t_3}{2}\right)+\frac{\Delta V^2}{2a}+L_0 \tag{3-14}$$

式中，ΔV 为两车的相对速度；a 为本车的加速度。

3）当前车减速运动时，需要考虑的运动状况较复杂，前车的速度与减速度大小都是直接影响本车运行的因素，所以前车减速运动时，本车与前车之间的安全距离为

$$L_s = \Delta V\left(t_1+t_2+\frac{t_3}{2}\right)+\frac{\Delta V^2}{2\Delta a}+L_0 \tag{3-15}$$

$$L_s' = \Delta V\left(t_2+\frac{t_3}{2}\right)+\frac{\Delta V^2}{2\Delta a}+L_0 \tag{3-16}$$

式中，Δa 为两车的相对加速度。

知识点 3.4 自动紧急制动系统的测试

《乘用车自动紧急制动系统（AEBS）性能要求及试验方法》（GB/T 39901—2021）规定了乘用车自动紧急制动系统的测试方法。

一、测试条件

自动紧急制动系统的测试

自动紧急制动系统的测试要满足以下条件：

1）试验在水平、干燥、具有良好附着能力的混凝土或沥青路面上进行，附着系数大于 0.8。
2）测试环境温度为 0~45℃。
3）水平可视范围能够在整个试验中观察目标，能见度为 500m 以上。
4）试验时风速不大于 5m/s。

二、预警和启动试验

预警和启动试验包括静止目标条件下的预警和启动试验、移动目标条件下的预警和启动试验以及制动目标条件下的预警和启动试验。

1. 静止目标条件下的预警和启动试验

静止目标条件下的预警和启动试验应按以下要求进行：

1）被试车辆在试验功能部分之前至少 2s 沿直线向静止目标行驶，被试车辆与目标两者中心线的偏差不超过 0.5m。
2）试验功能性部分在被试车辆以（30±2）km/h 的速度行驶且距离目标至少 60m 时开始。
3）除为防止车辆方向偏移对转向进行轻微调整外，从试验功能性部分开始直至被试车辆停止，驾驶人不对被试车辆进行任何调整。

2. 移动目标条件下的预警和启动试验

移动目标条件下的预警和启动试验应按以下要求进行：

1）被试车辆和移动目标在试验功能性部分之前至少 2s 沿直线同向行驶，被试车辆与目标中心线的偏差不超过 0.5m。
2）试验功能性部分在被试车辆以（50±2）km/h 的速度行驶、移动目标以（20±2）km/h 的速度行驶且二者相距至少 120m 时开始。
3）除为防止车辆方向偏移对转向进行轻微调整外，从试验功能性部分开始直至被试车辆车速与目标车速相等为止，驾驶人不对被试车辆进行任何调整。

3. 制动目标条件下的预警和启动试验

制动目标条件下的预警和启动试验应按以下要求进行：

1）被试车辆和制动目标在试验功能性部分之前至少 2s 沿直线同向行驶，被试车辆与目标中心线的偏差不超过 0.5m。
2）试验功能性部分在被试车辆以（50±2）km/h 的速度行驶；制动目标以（50±2）km/h 的速度、（-4±0.25）m/s^2 的加速度行驶且二者相距至少 40m 时开始。

3）除为防止车辆方向偏移对转向进行轻微调整外，从试验功能性部分开始直至被试车辆车速与目标车速相等为止，驾驶人不对被试车辆进行任何调整。

预警和启动制动的合格应满足以下条件：

1）碰撞预警，最迟在紧急制动阶段开始前1.0s激活触觉、声学和光学信号中的至少两种预警。

2）速度降低，不发生碰撞。

三、失效检测试验

失效检测试验应按以下要求进行：

1）按规定模拟自动紧急制动系统失效，模拟自动紧急制动系统失效时，不切断驾驶人预警信号的电路连接或自动紧急制动系统手动关闭控制装置。

2）只要模拟的失效仍然存在，车辆在静止状态下关闭点火开关又重新打开后，检查失效警告信号是否立即重新亮起。

四、驾驶人干预性能试验

驾驶人干预性能试验应按以下要求进行：

1）按规定方法进行试验，在预警阶段，驾驶人采取踏下加速踏板、打开转向灯和制造商规定的其他方式等主动动作，检查系统的响应能否被驾驶人的主动动作中断。

2）按规定方法进行试验，在紧急制动阶段，驾驶人采取踏下加速踏板、打开转向灯和制造商规定的其他方式等主动动作，检查系统的响应能否被驾驶人的主动动作中断。

3）对安装有自动紧急制动系统功能关闭控制装置的车辆，将点火开关置于"点火"（运行）位置并关闭自动紧急制动系统，预警信号应亮。将点火开关置于"熄火"（关闭）位置；然后再次将点火开关置于"点火"（运行）位置，确认此前曾亮的预警信号并未亮。如果点火系统通过钥匙启动，则应在全程未拔出钥匙的条件下进行上述操作。

五、相邻车道车辆制动误响应试验

相邻车道车辆制动误响应试验应按以下要求进行：

1）两辆静止的车辆按如下状态放置：与被试车辆行驶方向相同；两车内侧相距3.5m；两车的尾部对齐，并与被试车辆头部相距50m。

2）被试车辆朝着两辆静止的车辆行驶并以（50±2）km/h的恒定速度从两辆静止的车辆的中间通过。除为防止车辆方向偏移对转向进行轻微调整外，试验中不对被试车辆进行任何调整。

六、车道内铁板误响应试验

车道内铁板误响应试验应按以下要求进行：

1）道路中铁板按如下规定和状态放置：圆形，直径为600mm，厚度为10mm；位于被试车辆行驶方向前方；与被试车辆相距50m。

2）被试车辆朝着铁板行驶并以（50±2）km/h的恒定速度从铁板中间通过。除为防止车辆方向偏移对转向进行轻微调整外，试验中不对被试车辆进行任何调整。

知识点 3.5 自动紧急制动系统的仿真实例

【例 3-1】利用 MATLAB 的 AEB 系统测试平台仿真模型进行仿真。

1. AEB 系统测试平台仿真模型

MATLAB 提供了基于毫米波雷达和视觉传感器相融合的自动紧急制动系统的测试平台。

自动紧急制动系统的仿真实例

在 MATLAB 编辑器中输入以下程序调出自动紧急制动系统的测试平台（图 3-6）：

addpath（genpath（fullfile（matlabroot，'examples'，'driving'）））；
open_system（'AEBTestBenchExample'）；

AEB 系统测试平台仿真模型由基于传感器融合的 AEB 模块、车辆和环境模块、MIO 轨迹模块、仪表板显示和模型按钮组成。

基于传感器融合的 AEB 模块包含传感器融合算法和 AEB 控制器。

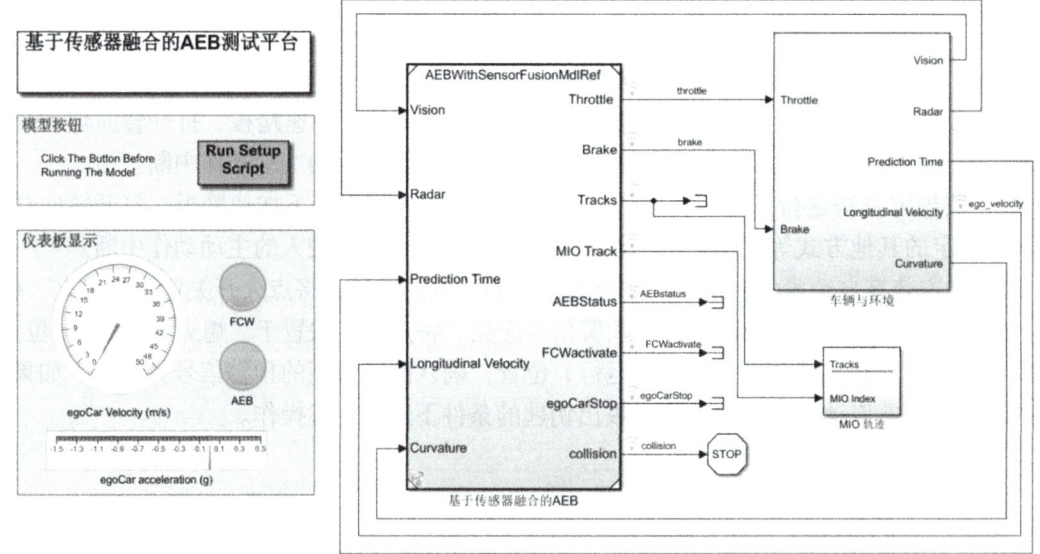

图 3-6 AEB 系统测试平台仿真模型

车辆和环境模块包括驾驶场景阅读器、毫米波雷达和视觉检测器，它们模拟汽车的运动和环境。

MIO 轨迹模块能确定最重要的目标的轨迹并在鸟瞰图显示。

仪表板显示本车的速度、加速度以及自动紧急制动（AEB）和前向碰撞预警（FCW）控制器的状态。

模型按钮打开后，会显示初始化模型使用的数据脚本。该脚本加载 Simulink 模型所需的某些常量，例如模型参数、驾驶场景、本车初始条件、AEB 控制参数、跟踪与传感器融合参数、本车建模参数、速度控制器参数、总线创建等。

2. 自动紧急制动系统仿真结果

自动驾驶工具箱根据 AEB 系统的欧洲新车安全测试协议提供了预先构建的驾驶场景，

可以使用驾驶场景设计器查看预先构建的场景。

在 MATLAB 编辑器中输入以下程序，可以得到 AEB 的驾驶场景，如图 3-7 所示，有 3 辆车和 1 名行人。

drivingScenarioDesigner（'AEB_PedestrianChild_Nearside_50width_overrun.mat'）

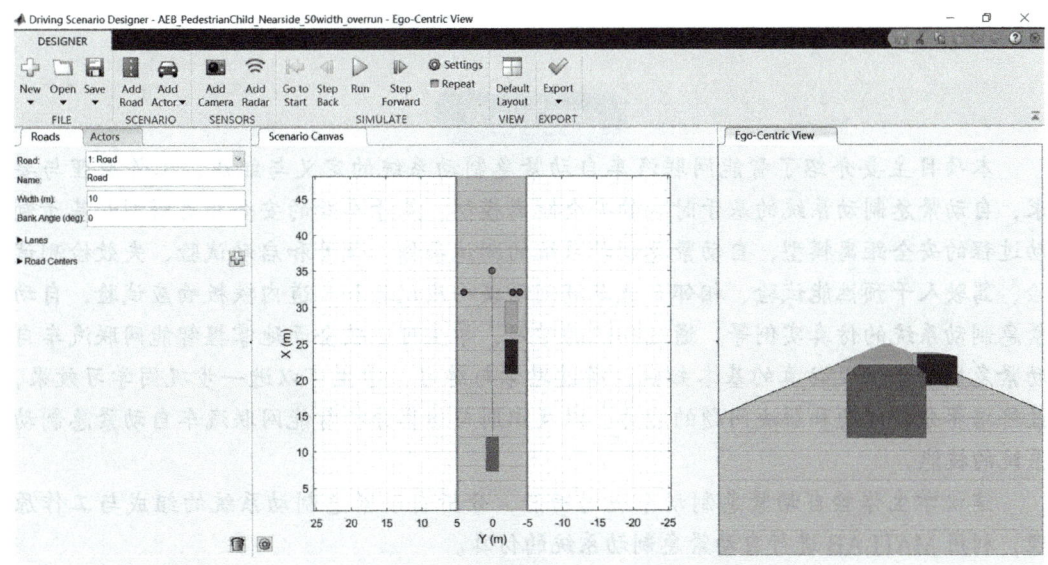

图 3-7　AEB 系统的测试驾驶场景

选取模拟时间为 3.8s。在 MATLAB 编辑器中输入以下程序。

sim（'AEBTestBenchExample', 'StopTime', '3.8'）;

在鸟瞰图中运行和查看结果，检测结果如图 3-8 所示。可以看出，自动紧急制动系统检测到行人是最重要的目标，AEB 系统应该制动以避免碰撞。可在工作区查看检测数据。

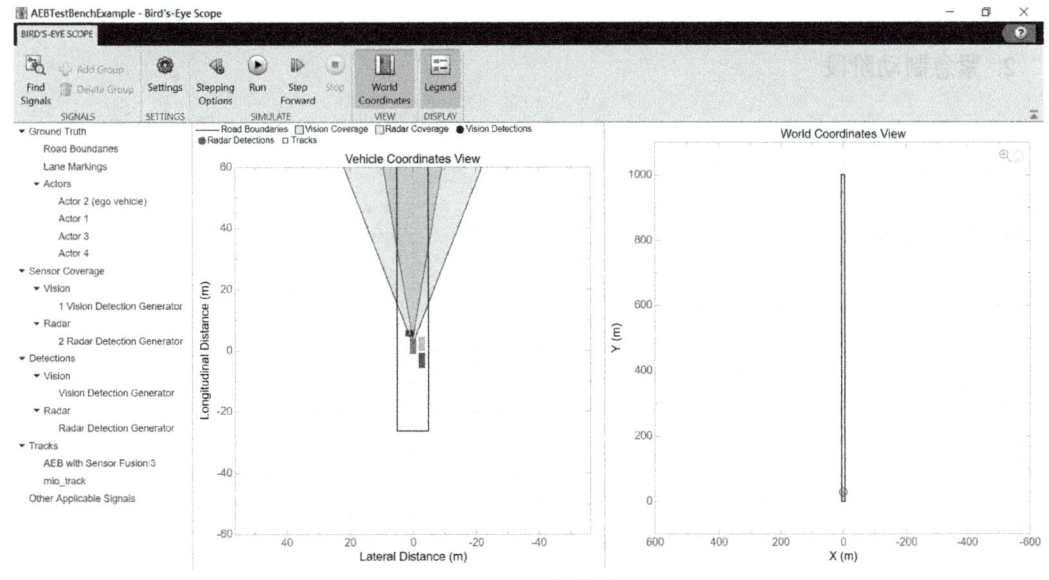

图 3-8　AEB 系统的模拟结果

模拟结果显示：在最初的 2s 内，本车加速到设定速度；在 2.3s 时，传感器融合算法开始检测行人；检测后，FCW 立即被激活；在 2.4s 时，应用第一阶段的部分制动，本车开始减速；部分制动的第二阶段在 2.5s 时再次施加；当本车最终停止时，本车和行人之间的间距约为 2.4m。AEB 系统在这种情况下完全避免了碰撞。

【项目巩固】

总结与提高

本项目主要介绍了智能网联汽车自动紧急制动系统的定义与组成、工作原理与要求，自动紧急制动系统的基于时距的安全距离模型、基于车距的安全距离模型和基于制动过程的安全距离模型，自动紧急制动系统的测试条件、预警和启动试验、失效检测试验、驾驶人干预性能试验、相邻车道车辆制动误响应试验和车道内铁板响应试验，自动紧急制动系统的仿真实例等。通过知识的学习，学生可以较全面地掌握智能网联汽车自动紧急制动系统及仿真的基本知识；通过思考与练习，学生可以进一步巩固学习效果，最终培养分析问题和解决问题的能力，以及识别与仿真分析智能网联汽车自动紧急制动系统的技能。

建议学生体验自动紧急制动系统的功能，分析自动紧急制动系统的组成与工作原理，利用 MATLAB 进行自动紧急制动系统的仿真。

思考与练习

一、名词解释

1. 自动紧急制动系统

2. 紧急制动阶段

3. 静止目标

4. 移动目标

5. 制动目标

二、填空题

1. 自动紧急制动系统主要由_____、_____和_____等组成。
2. 自动紧急制动系统的性能要求包括_____、_____、_____和_____。
3. 基于车距的安全距离模型主要有_____、_____和_____。
4. 汽车的制动过程时间分为_____、_____、_____和_____。
5. 基于时距的安全距离模型通常指_____，即_____，是指两车以当前状况行驶距离_____。
6. 按相邻车道车辆制动误响应进行试验，自动紧急制动系统不应发出_____，也不应启动_____。
7. 按车道内铁板误响应进行试验，自动紧急制动系统不应发出_____，也不应启动_____。
8. 自动紧急制动系统正常运行时应具有_____和_____功能。
9. 自动紧急制动系统碰撞预警信号应采用_____、_____和_____信号中的至少两种。
10. 自动紧急制动系统从_____探测到前方车辆（目标车辆）开始，持续监测与前车之间的_____以及前车的_____，同时从总线获取本车的_____信息，通过运算，结合驾驶人的反应能力，判断当前形势并做出合适的应对。

三、选择题

1. 自动紧急制动系统常用的传感器可以是（　　）。
   A. 毫米波雷达　　　　　　　　B. 视觉传感器
   C. 超声波雷达　　　　　　　　D. V2V
2. 自动紧急制动系统在车辆所有载荷状态下，应在（　　）的车速至最高工作车速之间正常运行。
   A. 10km/h　　　　　　　　　B. 15km/h
   C. 20km/h　　　　　　　　　D. 25km/h
3. 自动紧急制动系统的紧急制动阶段不应在预计碰撞时间（　　）前开始。
   A. 2s　　　　　B. 3s　　　　　C. 4s　　　　　D. 5s
4. 自动紧急制动系统的预警模式主要有（　　）。
   A. 声学　　　　B. 光学　　　　C. 触觉　　　　D. 嗅觉
5. 自动紧急制动系统一般包含（　　）。
   A. 紧急制动　　　　　　　　　B. 前向碰撞预警
   C. 紧急制动辅助　　　　　　　D. 巡航控制
6. 自动紧急制动系统的行车环境信息采集单元包含的传感器主要有（　　）。
   A. 测距传感器　　　　　　　　B. 车速传感器

C. GPS
D. 制动传感器

7. 自动紧急制动系统的执行单元主要包括（　　）。
A. 声光预警模块
B. 自动减速模块
C. 自动制动模块
D. 自动转向模块

8. 按照静止目标条件下的预警与启动性能进行试验，被试车辆最迟应在紧急制动阶段开始前（　　）以声学、触觉和光学中至少两种模式预警。
A. 0.5s　　　　B. 1s　　　　C. 1.5s　　　　D. 2s

9. 按失效检测进行试验，符合规定的常亮的光学警告信号最迟应在车辆以大于15km/h的车速行驶（　　）时启动，并且只要模拟的失效仍然存在，车辆在静止状态下关闭点火开关又重新打开后，失效警告信号应立即重新亮起。
A. 5s　　　　B. 10s　　　　C. 15s　　　　D. 20s

10. 自动紧急制动系统试验时风速不大于（　　）。
A. 3m/s
B. 4m/s
C. 5m/s
D. 6m/s

四、判断题

1. 超声波雷达可以用于自动紧急制动系统。（　　）
2. 在自动紧急制动系统检测到本车可能与在前方同一车道以较低车速行驶、减速行驶或静止的车辆发生碰撞时，应发出碰撞预警信号。（　　）
3. 如果遇到前方车辆突然插入等情况，碰撞不能被及时预测导致无法在紧急制动1s前发出碰撞预警信号，则碰撞预警信号可以晚于紧急制动阶段发出。（　　）
4. 自动紧急制动系统应保证驾驶人能够中断紧急制动。（　　）
5. 自动紧急制动系统不允许驾驶人中断预警。（　　）
6. 自动紧急制动系统功能关闭以后，在车辆再次起动时需要手动恢复。（　　）
7. 自动紧急制动系统功能关闭以后，应采用常亮的光学预警信号向驾驶人预警，可采用规定的黄色预警信号。（　　）
8. 安全距离模型可以不用自动紧急制动系统信息采集单元获取到的信息。（　　）
9. 自动紧急制动系统进行试验时，要求每次试验都要满足相关规定。（　　）
10. 利用MATLAB可以对自动紧急制动系统进行仿真分析。（　　）

五、问答题

1. 自动紧急制动系统的工作原理是怎样的？

2. 自动紧急制动系统的安全模型有哪些要求？

3. 自动紧急制动系统的安全车距模型主要有哪些?

4. 自动紧急制动系统的测试条件有哪些?

5. 自动紧急制动系统的预警和启动试验有哪些?

实训任务单

子任务 1：利用本校实验室具有自动紧急制动系统的实验车辆，演示自动紧急制动系统的工作原理，分析自动紧急制动系统的组成，并完成实训报告。

实训题目	智能网联汽车自动紧急制动系统的演示与分析				
学生姓名		班级		学号	
实训结果					
详细绘制实验车辆制动紧急制动系统的组成图并进行描述					
详细绘制实验车辆自动紧急制动系统的工作原理图并进行描述					
实训结果分析					
实训心得					
指导教师			成绩		

子任务 2：设置不同的驾驶场景，利用 MATLAB 的 AEB 系统测试平台仿真模型进行仿真，并完成实训报告。

实训题目		智能网联汽车自动紧急制动系统的仿真			
学生姓名		班级		学号	
实训结果					
驾驶场景描述					
仿真结果					
实训结果分析					
实训心得					
指导教师			成绩		

项目四
车道偏离预警系统的测试与仿真

【项目导入】

图 4-1 所示为汽车偏离车道引发的交通事故。根据数据统计,约有 50% 的交通事故是由于车辆在行驶过程中偏移正常行驶的车道引起的,所有的致命交通事故中 44% 是与车道偏离有关的,同时车道偏离也被认定为车辆侧翻事故的主要原因。在高速公路上,由于车道偏离引起的交通事故在总交通事故数量中占了很大比重,所以为了确保行驶安全,保持车道的稳定就变得和控制车速一样重要。车道偏离预警系统的出现为避免此类事故的发生做出了贡献。这种系统最大的作用就是在车辆偏离原车道时,能够迅速、主动地判断该情形是否属于驾驶人无意识行为,从而在 0.5s 内做出反应,通过各种手段对驾驶人进行明显警示,提醒驾驶人尽快纠正错误的驾驶行为,从而起到防患于未然的作用。

图 4-1 汽车偏离车道引发的交通事故

什么是车道偏离预警系统?如何进行测试和仿真?通过对本项目的学习可以得到答案。

【学习目标】

知识目标

1. 掌握车道偏离预警系统的定义与组成、工作原理与要求。

2. 了解车道偏离预警系统的 CCP 模型、TLC 模型和 FOD 模型。

3. 了解车道偏离预警系统的测试条件、预警产生的测试、可重复性的测试和虚警的测试。

4. 了解车道偏离预警系统的仿真方法。

技能目标

1. 能够对车道偏离预警系统进行辅助测试。
2. 能够利用 CarSim 和 Simulink 对车道偏离预警系统进行仿真。

素养目标

1. 培养学生积极主动、有效沟通、团队精神、时间观念和责任心等职业素养。
2. 使学生树立立足平凡岗位、履职尽责、勤勉奉献的爱岗敬业精神。

【知识框架】

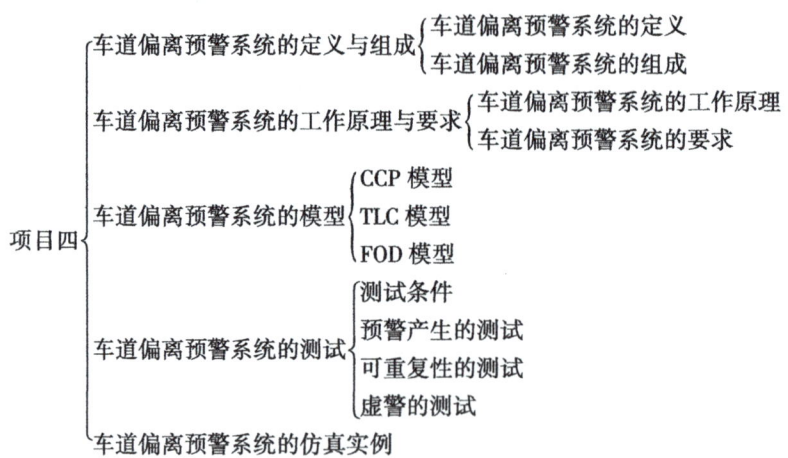

【知识准备】

知识点 4.1 车道偏离预警系统的定义与组成

一、车道偏离预警系统的定义

车道偏离预警系统的定义与组成

车道偏离预警（Lane Departure Warning，LDW）系统实时监测车辆在本车道的行驶状态，并在出现或即将出现非驾驶意愿的车道偏离时发出警告信息。车道偏离预警系统根据前方道路环境和本车位置关系，判断车辆偏离车道的行为并对驾驶人进行及时提醒，从而防止由于驾驶人疏忽造成的车道偏离事故的发生。它通过传感器（如视觉传感器）获取前方道路信息，结合车辆自身的行驶状态和预警时间等相关参数，判断汽车是否有偏离当前所处车道的趋势。在车辆即将发生偏离，并且驾驶人没有打转向灯的情况下，通过视觉、听觉或触觉的方式向驾驶人发出警告。

车道偏离预警系统可以在行车的全程自动或手动开启，以监控汽车行驶的轨迹。

车道偏离预警信号有仪表盘警示图标、语言提示、座椅或者转向盘振动等。

车道偏离预警系统的类型见表 4-1，系统应至少在其中 1 种弯道曲率条件下预警。

表 4-1 车道偏离预警系统的类型

参数	类型	
	Ⅰ类	Ⅱ类
曲率半径 /m	≥ 500	≥ 250
行驶速度 /（m/s）	≥ 20	≥ 17

二、车道偏离预警系统的组成

车道偏离预警系统主要由信息采集单元、电控单元和人机交互单元等组成，如图 4-2 所示。在该系统中，所有的信息均以数字信号的形式进行传递，通过汽车总线技术实现。

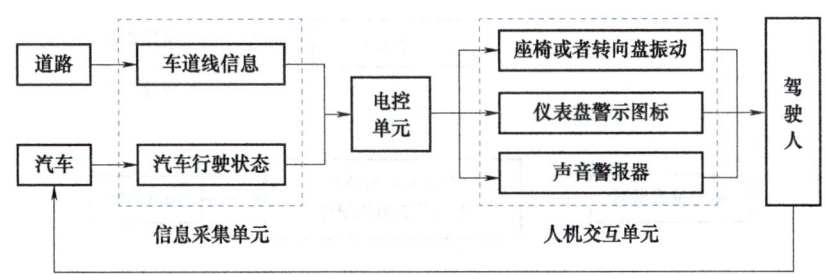

图 4-2 车道偏离预警系统的组成

1. 信息采集单元

信息采集单元主要用于实现车道线信息和汽车自身行驶状态信息的采集。针对不同的道路条件和传感器类型，可采用不同的车道线检测方式，采用视觉传感器定位的方式应用较为广泛。汽车自身行驶状态采集的信息主要包括车速、加速度和转向角等数据。在完成所有信息数据的采集后，信息采集单元需对数据进行模数转换，并传输给电控单元。

2. 电控单元

电控单元是整个系统的核心部分，需要对所有的数据进行集中处理。在处理车道线信息时，由于传感器存在测量误差，因此需要对其进行误差修正，最后综合判断汽车是否存在非正常偏离车道的现象。如果发生非正常偏离，就发出预警信息。

3. 人机交互单元

人机交互单元通过仪表显示界面、语音提示、座椅或转向盘振动等一种或多种方式向驾驶人提示系统当前的状态，当车辆偏离车道时，提醒驾驶人及时修正行驶方向，并可以根据偏离量的大小实现不同程度的预警效果。

知识点 4.2 车道偏离预警系统的工作原理与要求

一、车道偏离预警系统的工作原理

当车道偏离预警系统正常工作时，信息采集单元将采集车道线位置、车速、转向角等信息，电控单元将所有的数据转换到统一的坐标系下进行分析处理，从而获得汽车在当前车道中的位置参数，并判定汽车是否发生非正常的车道偏离。当检测到在未开启转向灯的情况下，汽车距离当前车道线过近并有可能偏入临近车道时，人机交互单元就通过座椅或转向盘振动、仪表盘警示图标以及声音警告等方式发出警告，提醒驾驶人注意纠正这种无意识的车道偏离，及时回到当前行驶车道上，从而尽可能地减少车道偏离事故的发生。为了能够给驾驶人提供更多的反应时间和操控时间，车道偏离预警系统需要在偏离车道线之前发出提示。如果驾驶人打开转向灯，正常进行变道行驶，则车道偏离预警系统不会做出任何提示。

车道偏离预警系统的工作原理与要求

车道偏离预警系统的功能如图 4-3 所示，其中抑制请求、车速测量、驾驶人优先选择和其他附加功能是可选的。

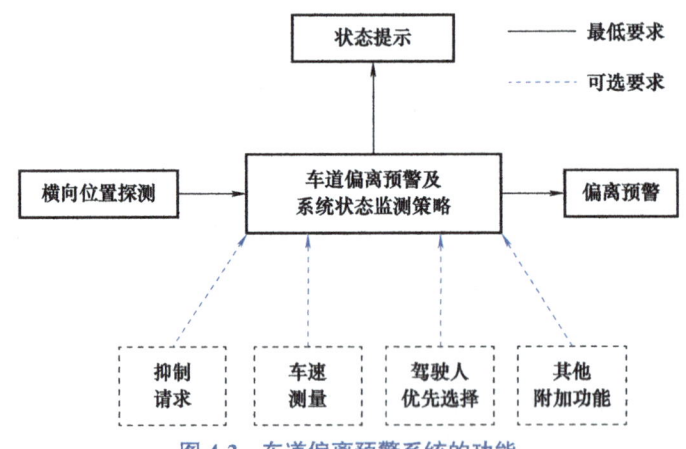

图 4-3 车道偏离预警系统的功能

抑制请求是指当探测到驾驶人有意要偏离车道时，能根据驾驶人的请求或系统功能禁止系统发出预警的能力；偏离预警是指在没有抑制请求的前提下，因满足车道偏离预警条件而向驾驶人发出的预警；状态提示是对系统当前所处状态的提示，如开或关、故障以及失效等。

基于视觉传感器的车道偏离预警系统工作原理如图 4-4 所示。该系统使用车载视觉传感器对行驶车道进行拍摄，并将获得的图像信息输入电控单元，辨识并处理图像信息；根据识别到的车道线，判断汽车在这一时刻是否已经偏离正常的车道，若存在车道偏离现象，则发出预警信息，提醒驾驶人纠正偏离车道的汽车。

二、车道偏离预警系统的要求

车道偏离预警系统的要求包括基本要求、操作要求、人机交互要求和可选功能要求。

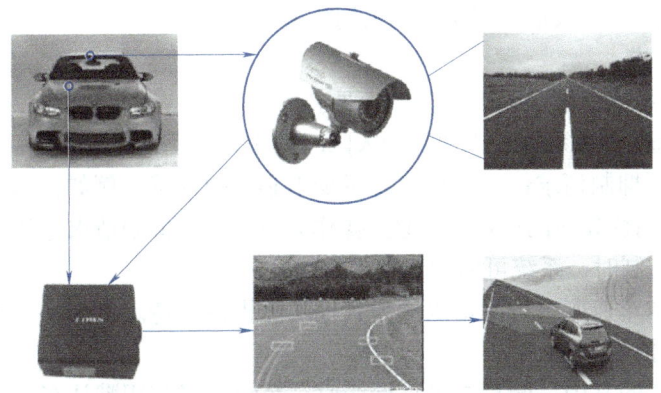

图 4-4 基于视觉传感器的车道偏离预警系统工作原理

1. 基本要求

车道偏离预警系统至少应具有下列功能：

1）监测系统状态，包括系统故障、系统失效以及系统的开 / 关状态（如果有开关）。

2）向驾驶人提示系统当前的状态。

3）探测车辆相对车道边界的横向位置。

4）判断是否满足预警条件。

5）发出预警。

2. 操作要求

车道偏离预警系统应满足以下操作要求：

1）当满足预警条件时，系统自动发出预警提醒驾驶人。

2）乘用车最迟预警线位于车道边界外侧 0.3m 处；商用车最迟预警线位于车道边界外侧 1m 处。

3）最早预警线在车道内的位置如图 4-5 所示。图 4-5 中，D 为车道边界内的最大距离；v 为偏离速度。

4）当车辆处于预警临界线附近时，系统持续预警。

5）尽可能减少虚警的发生。

6）Ⅰ类系统应在车速大于或等于 20m/s 时正常运行，Ⅱ类系统应在车速大于或等于 17m/s 时正常运行，系统也可以在更低车速下运行。

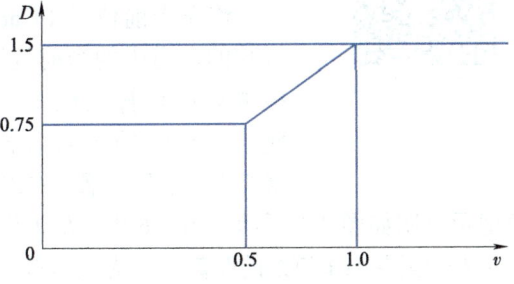

图 4-5 最早预警线在车道内的位置

3. 人机交互要求

车道偏离预警系统应满足以下人机交互要求：

1）系统提供 1 种易被感知的触觉预警和（或）听觉预警。

2）如果车辆同时配备了其他预警系统，如前向碰撞预警系统，则车道偏离预警系统单独或组合使用触觉、听觉或视觉方式为驾驶人提供清晰可辨的预警。

3）向驾驶人提示系统的状态，向驾驶人提示的系统状态信息让驾驶人比较容易理解；如果系统在启动阶段或运行过程中出现故障，或在工作过程中检测到系统失效，及时通知驾驶人；若用符号进行驾驶人信息提示，则采用标准符号。

4. 可选功能要求

车道偏离预警系统应满足以下可选功能要求：

1）系统可配备开/关装置，以便驾驶人随时操作。

2）系统可检测抑制请求信号以尽可能减少不必要的预警。例如，当驾驶人正在进行转向、制动或其他更高优先级的操作（如避撞操作）时，系统抑制请求生效。

3）当预警被抑制时，系统可通知驾驶人。

4）系统可对本车速度进行测量以便为其他功能提供支持。例如，当本车速度低于规定的最低车速时抑制预警。

5）当仅在车道的其中一侧存在可见标线时，系统可以利用默认车道宽度在车道的另一侧建立虚拟标线进行预警，或者直接提示驾驶人系统失效。

6）预警临界线的位置可在预警临界线设置区域内调整。

7）在弯道行驶过程中，考虑到弯道切入操作行为，系统会将预警临界线位置外移，但绝不可越过最迟预警线。

8）若仅采用触觉预警和（或）听觉预警方式，则预警可被设计为具有车辆偏离方式提示的功能，如可采用声源位置和运动方向等手段，否则，就需要利用视觉信息以辅助预警。

9）系统可抑制附加的预警，以避免因预警信息过多而烦扰驾驶人。

知识点 4.3　车道偏离预警系统的模型

车道偏离预警系统的模型主要有 CCP 模型、TLC 模型和 FOD 模型。

一、CCP 模型

汽车当前位置（Car's Current Position，CCP）模型根据汽车在所行驶的车道中的当前位置信息来判断偏离车道的程度，即通过车道线检测算法计算出汽车外侧与车道线的距离信息来判断是否预警。CCP 模型示意图如图 4-6 所示。图 4-6 中，L_l 为汽车左外侧至左侧车道线的距离；L_r 为汽车右外侧至右侧车道线的距离；L_t 为汽车中轴线至车道中轴线之间的距离；d 为车道宽度；b 为汽车宽度。

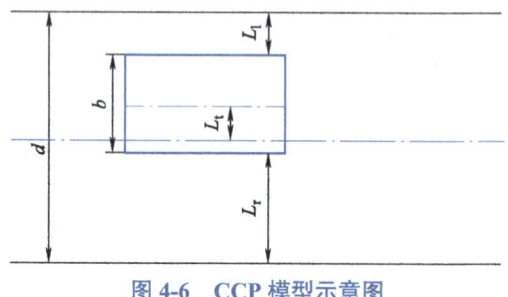

图 4-6　CCP 模型示意图

假设汽车中轴线平行于车道中轴线，则汽车左、右外侧至左、右车道线的距离分别为

$$\begin{cases} L_l = \dfrac{d}{2} - \left(\dfrac{b}{2} + L_t\right) \\ L_r = \dfrac{d}{2} - \left(\dfrac{b}{2} - L_t\right) \end{cases} \quad (4\text{-}1)$$

当 $L_l>0$ 且 $L_r>0$ 时，表明汽车保持在行驶车道内，系统不需要预警；当 $L_l<0$ 或 $L_r<0$ 时，表明汽车偏离车道，系统发出预警提示。

CCP 模型根据汽车所在车道中的相对位置来判断是否发生偏离。由于该模型是根据汽车当前的实时位置进行判断的，如果触发警告阈值距离设置过大，则会干扰驾驶人的正常驾驶；如果触发警告阈值距离设置过小，则发出警告时给驾驶人预留的纠正驾驶行为的时间过短。另外，CCP 模型在汽车中轴线和车道中轴线不平行时，预警效果不理想，并且该模型要对视觉传感器进行标定以及运用图像重建等技术，增加了系统复杂性和系统运算量。

二、TLC 模型

汽车跨道时间（Time to Lane Crossing，TLC）模型根据汽车当前状态，假设未来偏离过程中车速和航向角不变，预测未来汽车轨迹，计算出汽车跨越两侧车道线所需时间，将该时间与设置的阈值进行对比判断出汽车的偏离状态。利用车载传感器可获取当前汽车与车道中轴线的距离 L_t，当前位置汽车行驶航向角为 θ_e。假设汽车行驶速度 v 大小和方向保持不变，为计算出跨越时间 t，需要获取由当前位置驶出偏移方向同侧的车道边界的行驶距离 L；汽车未来行驶过程中航向角不变，车长为 c，车宽为 b，车道宽为 d，TLC 模型示意图如图 4-7 所示。

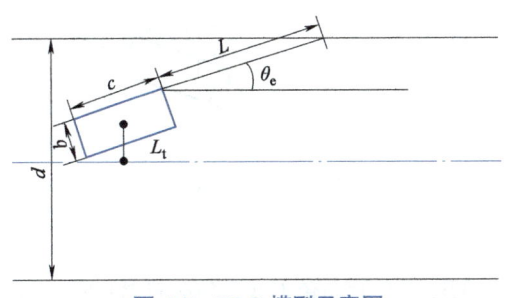

图 4-7 TLC 模型示意图

汽车高速行驶过程中，θ_e 较小，在计算汽车一侧至车道线距离时可近似认为汽车与车道线平行，则可计算出 L、t 分别为

$$L=\frac{\dfrac{d}{2}-L_t-\dfrac{b}{2}}{\sin\theta_e} \qquad (4\text{-}2)$$

$$t=\frac{L}{v} \qquad (4\text{-}3)$$

设 TLC 模型中确定的阈值为 T，当 $t \leqslant T$ 时，表示汽车驶出安全区域，车道偏离预警系统应向驾驶人发出预警。

TLC 模型能够保证给驾驶人预留足够的反应时间来纠正驾驶行为，但是由于该方法一般假设汽车的速度在较短的时间内保持不变，且没有考虑汽车航向角的变化，因此，TLC 模型的误报率相对较高。

三、FOD 模型

预瞄偏移量差异（Future Offset Difference，FOD）模型在实际车道线处向外扩展一条虚拟车道线，如图 4-8 所示。该虚拟车道线是根据驾驶人在自然转向时的偏离习惯设计的，目的是降低误报率。若驾驶人从未有过这种偏离习惯，则可将虚拟车道线与实际车道线重合。

FOD 模型示意图如图 4-9 所示，t 为汽车行驶预瞄时间，可以根据驾驶人的驾驶习惯设定不同预瞄时间；L'_t 为汽车行驶预瞄时间 t 后至车道中轴线的距离。

图 4-8　虚拟车道线与实际车道线

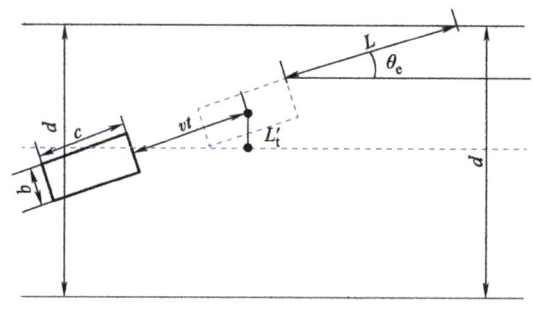

图 4-9　FOD 模型示意图

假设汽车航向角不变，行驶预瞄时间 t 后，汽车与偏移方向同侧的车道线间横向距离 L_d 为

$$L_d = \frac{d}{2} - L'_t - \frac{b}{2}$$
$$L'_t = vt\sin\theta_e + L_t$$
（4-4）

假设预瞄位置偏移量阈值为 D，当 $L_d \leq D$ 时，表示汽车驶出安全区域，车道偏离预警系统应向驾驶人发出预警。

FOD 模型的中心思想是根据汽车未来几秒的运动状态判断是否发出车道偏离预警，其优点是误报率比较低，能给驾驶人留出足够时间采取适当措施避免交通事故的发生。

除了上述 3 种模型，还有其他模型，如瞬时侧向位移模型、横向速度模型、边缘分布函数模型、预瞄轨迹偏离模型和路边振动带模型等。

知识点 4.4　车道偏离预警系统的测试

车道偏离预警系统的测试主要包括测试条件、预警产生的测试、可重复性的测试和虚警的测试。

车道偏离预警系统的测试

一、测试条件

测试条件包括测试环境条件和测试车道条件。

1. 测试环境条件

车道偏离预警系统的测试应满足以下测试环境条件：

1）测试场地为干燥平坦的沥青或混凝土路面。

2）测试温度范围为 –20~40℃。
3）测试路面上的可见车道线状态良好。
4）水平能见度大于 1km。

2. 测试车道条件

测试车道的曲率半径与表 4-1 中相应类型曲率半径最小值的允许误差为 ±10%。测试车道应有足够的长度以满足最小运行速度的需要，这样车辆才能以 $0 \leq v \leq 0.8$m/s 的偏离速度离开车道。

二、预警产生的测试

测试开始时车辆应基本处于车道中央。

当车辆进入测试车道跟踪行驶并达到稳定状态后，车辆可向弯道内侧和外侧逐渐偏离。车辆的弯道行驶速度根据系统分类选取，即Ⅰ型系统取 20~22m/s，Ⅱ型系统取 17~19m/s。车辆应在右转弯和左转弯两种情况下，在两种偏离速度范围（0~0.4m/s 和 0.4~0.8m/s）内，分别向左侧和右侧各偏离 1 次。可组合得到 8 种偏离情况，预警产生的测试见表 4-2，预警产生的测试方法如图 4-10 所示。

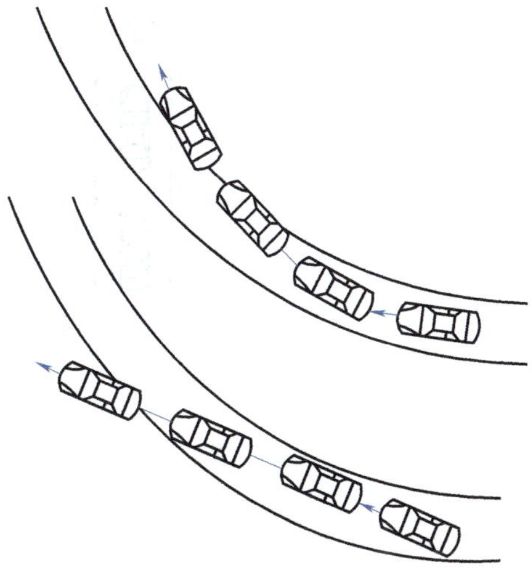

图 4-10 预警产生的测试方法

表 4-2 预警产生的测试

偏离速度/(m/s)	右转弯		左转弯	
	向左偏离	向右偏离	向左偏离	向右偏离
0~0.4	测试 1 次	测试 1 次	测试 1 次	测试 1 次
0.4~0.8	测试 1 次	测试 1 次	测试 1 次	测试 1 次

三、可重复性的测试

可重复性的测试应在一段直线路段进行，车辆的行驶速度根据系统分类选取，即Ⅰ型系统取 20~22m/s，Ⅱ型系统取 17~19m/s。车辆可沿着车道中央行驶，或者靠近与车辆即将偏离越过车道线相对的另一侧车道线行驶。例如，如果将要向车道右侧偏离，则车辆可以沿左侧的车道线行驶，反之亦然。可重复性的测试方法如图 4-11 所示。当车辆按照指定速度沿测试车道跟踪行驶并达到稳定状态后，车辆可向车道左侧或右侧逐渐偏离。当偏离速度为 $0.1<(v_1 \pm 0.05) \leq 0.3$m/s 时，进行两组共 8 次测试（第 1 组的 4 次向左偏离，第 2 组的 4 次向右偏离）；当偏离速度为 $0.6<(v_2 \pm 0.05) \leq 0.8$m/s 时，进行另外的两组共 8 次测试（第 3 组的 4 次向左偏离，第 4 组的 4 次向右偏离），即共需进行 16 次测试。v_1、v_2 由设备制造商预先选择。测试人员应根据表 4-3 中的偏离速度以组（每组 4 次测试）为单位顺次进行测试。

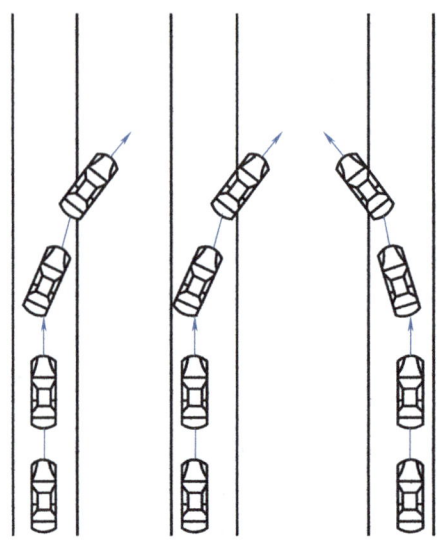

图 4-11 可重复性的测试方法

表 4-3 可重复性的测试

偏离速度 / (m/s)	偏离方向	
	左	右
$0.1<(v_1\pm 0.05)\leq 0.3$	第1组测试4次	第2组测试4次
$0.6<(v_2\pm 0.05)\leq 0.8$	第3组测试4次	第4组测试4次

四、虚警的测试

虚警是指没有信号来临的时候传递出有信号来临的错误信息。测试车道为直道，总长为 1000m（一段长 1000m 的直道或两段各长 500m 的直道），当车辆在非预警区域内行驶时，系统应不发出预警，并记录系统预警情况。

知识点 4.5 车道偏离预警系统的仿真实例

车道偏离预警系统的仿真实例

【例 4-1】利用 CarSim 和 Simulink 联合对车道偏离预警系统进行仿真。

进行车道偏离预警系统的仿真首先在 Simulink 中搭建车道偏离预警模型，这里采用的是 FOD 模型，同时在 CarSim 中建立道路模型和汽车模型。道路模型按照国标规定，设定车道宽度为 3.75m，道路曲率半径设为 1000m，完成设定的道路如图 4-12 所示。

汽车模型中的参数参照某已有车型，并设定车速为 30m/s，预瞄时间 t 设为 0.5s，预瞄位置处偏差阈值 D 设为 1m，并在 CarSim 中设定汽车参考行驶轨迹为双移线来验证模型。

汽车初始状态如图 4-13 所示。双移线工况中左偏的预警如图 4-14 所示，更改方向后右偏的预警如图 4-15 所示。系统能够较好地对左、右车道偏离进行预警。

项目四　车道偏离预警系统的测试与仿真

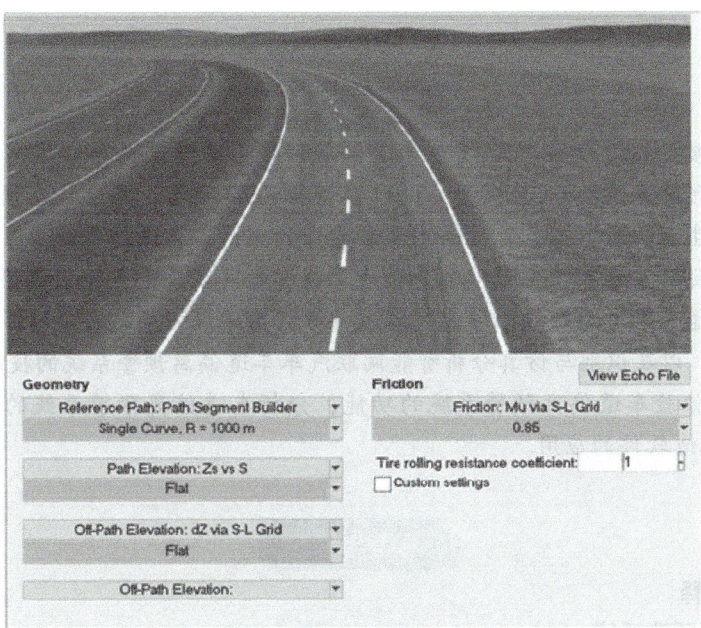

图 4-12　道路设定

图 4-13　汽车初始状态

图 4-14　汽车左偏预警

图 4-15　汽车右偏预警

【项目巩固】

总结与提高

本项目主要介绍了智能网联汽车车道偏离预警系统的定义与组成、工作原理与要求，车道偏离预警系统的 CCP 模型、TLC 模型和 FOD 模型，车道偏离预警系统的测试条件、预警产生的测试、可重复性的测试和虚警的测试，车道偏离预警系统的仿真实例等。通过本项目的学习，学生可以较全面地掌握智能网联汽车车道偏离预警系统及仿真的基本知识；通过思考与练习，学生可以进一步巩固学习效果，最终培养分析问题和解决问题的能力，以及识别与仿真分析智能网联汽车车道偏离预警系统的技能。

建议学生体验车道偏离预警系统的功能，分析车道偏离预警系统的组成与工作原理，了解 CarSim 软件的应用。

思考与练习

一、名词解释

1. 车道偏离预警系统

2. 抑制请求

3. 偏离预警

4. 状态提示

5. 虚警

二、填空题

1. 车道偏离预警信号有_____、_____、_____和_____等。
2. 车道偏离预警系统主要由_____、_____和_____等组成。
3. 车道偏离预警系统应提供 1 种易被感知的_____和（或）_____。

4. 如果车辆同时配备了其他预警系统，如前向碰撞预警系统，则车道偏离预警系统应单独或组合使用_____、_____或_____方式为驾驶人提供清晰可辨的预警。

5. 车道偏离预警系统可配备_____装置，以便驾驶人随时操作。

6. 车道偏离预警系统的模型主要有_____、_____和_____。

7. 车道偏离预警系统的测试主要包括_____、_____、_____、_____和_____。

8. 车道偏离预警Ⅰ类系统应在车速大于或等于_____时正常运行，Ⅱ类系统应在车速大于或等于_____时正常运行，系统也可以在更低车速下运行。

9. 当车辆处于预警临界线附近时，车道偏离预警系统应_____。

10. 车道偏离预警系统应尽可能减少_____的发生。

三、选择题

1. 车道偏离预警系统常用的传感器可以是（　　）。
   A. 毫米波雷达　　　　　　　　　　B. 视觉传感器
   C. 超声波雷达　　　　　　　　　　D. V2V

2. 车道偏离预警Ⅰ类系统应至少在（　　）弯道曲率半径条件下预警。
   A. 大于或等于300m　　　　　　　　B. 大于或等于400m
   C. 大于或等于500m　　　　　　　　D. 大于或等于600m

3. 车道偏离预警Ⅱ类系统应至少在（　　）弯道曲率半径条件下预警。
   A. 大于或等于150m　　　　　　　　B. 大于或等于200m
   C. 大于或等于250m　　　　　　　　D. 大于或等于300m

4. 乘用车最迟预警线位于车道边界外侧（　　）处；商用车最迟预警线位于车道边界外侧（　　）处。
   A. 0.3m　　　B. 0.5m　　　C. 1m　　　D. 1.5m

5. 车道偏离预警系统测试车道的曲率半径与规定的相应类型曲率半径最小值的允许误差为（　　）。
   A. ±5%　　　B. ±8%　　　C. ±10%　　　D. ±15%

6. 车道偏离预警系统测试车道应有足够长度以满足最小运行速度的需要，这样车辆才能以（　　）的偏离速度离开车道。
   A. $0<v\leq0.5\text{m/s}$　　　　　　　B. $0<v\leq0.8\text{m/s}$
   C. $0<v\leq1\text{m/s}$　　　　　　　D. $0<v\leq1.2\text{m/s}$

7. 预警产生的测试，车辆的弯道行驶速度根据系统分类选取，即Ⅰ型系统取（　　），Ⅱ型系统取（　　）。
   A. 18~20m/s　　　B. 20~22m/s　　　C. 17~19m/s　　　D. 19~21m/s

8. 可重复性的测试应在一段直线路段进行，车辆的行驶速度根据系统分类选取，即Ⅰ型系统取（　　），Ⅱ型系统取（　　）。
   A. 18~20m/s　　　B. 20~22m/s　　　C. 17~19m/s　　　D. 19~21m/s

9. 车辆应在右转弯和左转弯两种情况下，在两种偏离速度范围（　　）内，分别向左侧和右侧各偏离1次。
   A. 0~0.3m/s 和 0.3~0.6m/s　　　　　B. 0~0.4m/s 和 0.4~0.8m/s

C. 0~0.5m/s 和 0.5~0.9m/s D. 0~0.6m/s 和 0.6~1.0m/s
10. 车道偏离预警系统的测试温度范围为（　　）。
A. −10~30℃　　　B. −20~40℃　　　C. −30~40℃　　　D. −30~50℃

四、判断题

1. 超声波雷达和毫米波雷达可以用于车道偏离预警系统。（　　）
2. 当车道偏离预警系统满足预警条件时，系统应自动发出预警提醒驾驶人。（　　）
3. 当驾驶人正在进行转向、制动或其他更高优先级的操作如避撞操作时，车道偏离预警系统应能继续工作。（　　）
4. 车道偏离预警系统信息采集单元采集的汽车行驶状态信息主要包括车速、加速度和转向角等数据。（　　）
5. 车道偏离预警系统的抑制请求、车速测量、驾驶人优先选择以及其他附加功能是可选项。（　　）
6. 车道偏离预警系统的纵向位置探测、状态提示和偏离预警是必选项。（　　）
7. 车道偏离预警Ⅰ类系统应在车速大于或等于20m/s时正常运行，Ⅱ类系统应在车速大于或等于17m/s时正常运行，系统在更低车速下不能运行。（　　）
8. 车道偏离预警系统应提供1种易被感知的触觉预警和（或）听觉预警。（　　）
9. CCP模型属于距离模型，TLC模型属于时间模型。（　　）
10. 利用CarSim和Simulink联合可以对车道偏离预警系统进行仿真分析。（　　）

五、问答题

1. 车道偏离预警系统的工作原理是怎样的？

2. 车道偏离预警系统的模型有哪些？

3. 车道偏离预警系统的测试包括哪些？

4. 车道偏离预警系统的基本要求有哪些？

5. 车道偏离预警系统有哪些人机交互要求？

实训任务单

利用本校实验室具有车道偏离预警系统的实验车辆，演示车道偏离预警系统的工作原理，分析车道偏离预警系统的组成，并完成实训报告。

实训题目	智能网联汽车车道偏离预警系统的演示与分析				
学生姓名		班级		学号	
实训结果					
详细绘制实验车辆车道偏离预警系统的组成图并进行描述					
详细绘制实验车辆车道偏离预警系统的工作原理图并进行描述					
实训结果分析					
实训心得					
指导教师			成绩		

项目五

车道保持辅助系统的测试与仿真

【项目导入】

在当今的用车环境中,有太多外在事物可能分散驾驶人的注意力而使汽车偏离车道,例如日渐复杂的多媒体信息系统、卫星导航系统与智能型手机等,这些都可能导致驾驶人的注意力分散,当稍微分一点心时,汽车就有可能偏离车道;长途高速驾车过程中一个非常令人头疼的问题是需要不断地修正汽车的方向,长时间开车最易驾驶疲劳,当驾驶人思维漫游时,会发生无意识地驶出既定车道的情况,一旦汽车跑偏没有及时修正,很容易发生危险。有没有一个好的解决方案,不仅能够减轻驾驶人高速长途驾驶不断修正车辆方向的工作量,同时大幅提升行车安全水平?车道保持辅助系统可以主动帮助驾驶人将其汽车保持在车道内,避免或者降低事故的发生率,使驾驶更轻松(图 5-1)。

什么是车道保持辅助系统?如何进行测试和仿真?通过对本项目的学习可以得到答案。

图 5-1　车道保持辅助系统使驾驶更轻松

【学习目标】

知识目标

1. 掌握车道保持辅助系统的定义与组成、工作原理与要求。
2. 了解车道保持辅助系统的汽车运动学模型、汽车动力学模型和汽车侧向控制误差模型。
3. 了解车道保持辅助系统的要求、直道车道偏离抑制测试、弯道车道偏离抑制测试和车道居中控制测试。

4. 了解车道保持辅助系统的仿真方法。

技能目标

1. 能够对车道保持辅助系统进行辅助测试。
2. 能够利用 MATLAB 对车道保持辅助系统进行仿真。

素养目标

1. 培养学生观察力、想象力、逻辑推理能力、抽象和概括能力。
2. 使学生树立革故鼎新、一往无前、善于变革的开拓创新精神。

【知识框架】

项目五
- 车道保持辅助系统的定义与组成
  - 车道保持辅助系统的定义
  - 车道保持辅助系统的组成
- 车道保持辅助系统的工作原理与要求
  - 车道保持辅助系统的工作原理
  - 车道保持辅助系统的要求
- 车道保持辅助系统的模型
  - 汽车运动学模型
  - 汽车动力模型
  - 汽车侧向控制误差模型
- 车道保持辅助系统的测试
  - 测试要求
  - 直道车道偏离抑制测试
  - 弯道车道偏离抑制测试
  - 车道居中控制测试
- 车道保持辅助系统的仿真实例

【知识准备】

知识点 5.1 车道保持辅助系统的定义与组成

一、车道保持辅助系统的定义

车道保持辅助（Lane Keeping Assist，LKA）系统是由车道偏离预警系统演变而来的。车道保持辅助系统能够利用车载传感器（如视觉传感器）实时监测车辆与车道边线（确定车道边界的可见道路交通标线）的相对位置，持续或在必要情况下控制车辆横向运动，使车辆保持在原车道内行驶，从而减轻驾驶人的负担，减少交通事故的发生。

车道保持辅助系统的定义与组成

二、车道保持辅助系统的组成

车道保持辅助系统主要由信息采集单元、电控单元和执行单元等组成，如图 5-2 所示。

在车道保持辅助系统工作期间，如果出现车道偏离现象，驾驶人将会接收到车道偏离的预警信息，并选择对转向系统和制动系统中的一项或者多项动作进行控制，也可交由车道保持辅助系统完全控制。车道保持辅助系统中所有的信息均以数字信号的形式进行传递，通过汽车总线技术实现。

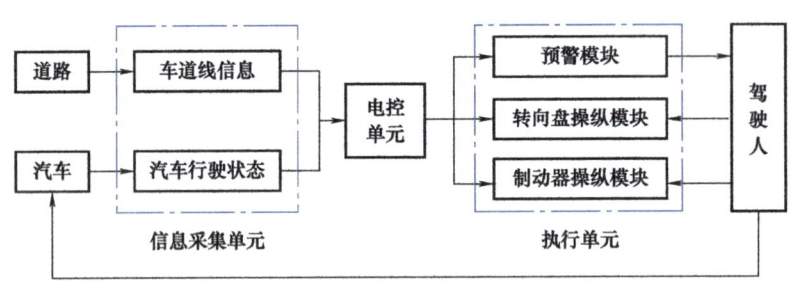

图 5-2 车道保持辅助系统的组成

1. 信息采集单元

信息采集单元在车道保持辅助系统中的功能与车道偏离预警系统中的功能相似，主要通过传感器采集车道信息和汽车自身行驶信息，并发送给电控单元。

2. 电控单元

电控单元主要通过特定的模型对信息进行处理，并判断是否做出车道偏离修正的相应操作。该单元的性能直接影响车道偏离修正的及时性，因此在选择中央处理器和设计控制模型时要着重考虑运算能力和运算速度。

3. 执行单元

执行单元主要有预警模块、转向盘操纵模块和制动器操纵模块。其中，预警模块与车道偏离预警系统类似，通过转向盘或座椅振动、仪表盘显示和声音警报中的一种或多种形式实现。转向盘操纵模块和制动器操纵模块是车道保持辅助系统中特有的，其主要作用是实现横向运动和纵向运动的协同控制，并保证汽车在车道保持辅助系统工作期间具有一定的行驶稳定性。

知识点 5.2 车道保持辅助系统的工作原理与要求

一、车道保持辅助系统的工作原理

车道保持辅助系统的工作原理与要求

车道保持辅助系统可以在行车的全程或速度达到某一阈值后开启，并可以手动关闭，实时保持汽车的行驶轨迹。当车道保持辅助系统正常工作时，信息采集单元通过车载传感器采集车道线、车速、转向盘转角以及汽车速度等信息，电控单元对这些信息进行处理，比较车道线和汽车的行驶方向，判断汽车是否偏离行驶车道。当汽车行驶可能偏离车道线时，发出预警信息；当汽车距离偏离侧车道线小于一定阈值或已经有车轮偏离出车道线时，电控单元计算出辅助操控力和减速度，根据偏离的程度控制转向盘和制动器的操纵模块，施加操控力和制动力使汽车稳定地回到正确的行驶线路；若驾驶人打开转向灯正常进行变道行驶，则车道保持辅助系统不会做出任何提示。

车道保持辅助系统的工作过程如图 5-3 所示。在车道保持辅助系统起作用时，将不同时刻的汽车行驶照片重叠后可以看出，图 5-3 中后面起第 2 个车影已经偏离正确的行驶线路，于是系统发出预警信息，第 3 个和第 4 个车影是系统主动进行车道偏离纠正的过程，在第 5 个车影时，汽车已经重新回到正确的行驶线路上，车道保持辅助系统完成了一个完整的工作周期。

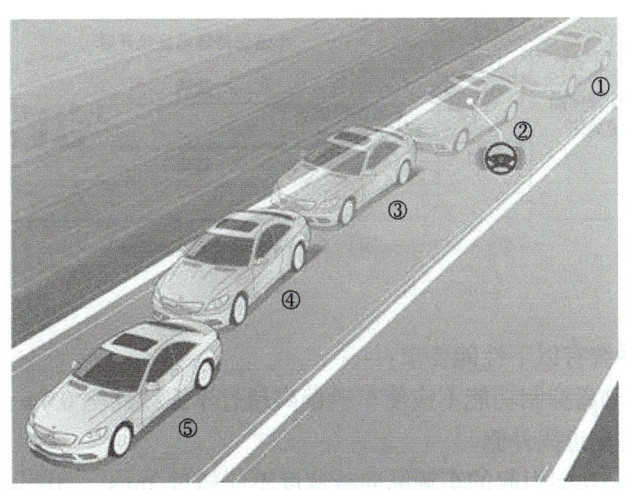

图 5-3　车道保持辅助系统的工作过程

二、车道保持辅助系统的要求

车道保持辅助系统的要求包括基本要求和性能要求。

1. 基本要求

车道保持辅助系统有以下一般要求：

1）在可视车道线环境下，应能识别车辆与车道线的相对位置，辅助驾驶人将车辆保持在原车道内行驶。

2）至少具备车道偏离抑制（实时监测车辆与车道边线的相对位置，在其将要超出车道边线时介入车辆横向运动控制，以辅助驾驶人将车辆保持在原车道内行驶）功能或车道居中控制（在车辆行驶过程中，持续自动控制横向运动，使车辆始终在车道中央区域内行驶）功能。

3）具备开机自检功能，能检查车道保持辅助系统相关的主要电气部件和传感元件是否正常工作。

4）能设置开/关功能，以便驾驶人根据意图进行操作，且能避免驾驶人误操作。

5）监测自身状态并向驾驶人提示系统当前状态，包括系统故障、系统的开/关等，提示的状态信息应清晰易懂。系统的开/关状态提示允许驾驶人通过调取菜单等间接方式查看。

6）有一定的抑制、失效和退出条件并通过机动车产品使用说明书加以说明。

7）车道保持辅助系统从关闭到开启可以由驾驶人操作，也可以通过系统自动开启，例如在点火开关开启并且系统没有失效时。车道保持辅助系统从开启到关闭可以由驾驶人操作，也可以通过系统自动关闭，例如在点火开关关闭或系统失效时。在车道保持辅助系统处于待机状态时，系统应评估激活条件，此时车道保持辅助系统不得执行任何车道保持行为。在车道保持辅助系统处于激活状态时，系统应评估激活条件。如果有任一确定的激活条件不满足，系统需要从激活状态转换成待机状态。车道保持辅助系统的状态转换如图 5-4 所示。

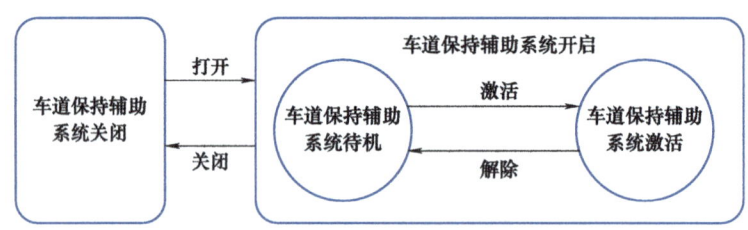

图 5-4　车道保持辅助系统的状态转换

2. 性能要求

车道保持辅助系统有以下性能要求：

1）系统的车道偏离抑制功能不应使车辆偏离超过车道线外侧 0.4m；车道居中控制功能不应使车辆偏离超过车道线外侧。

2）车道偏离抑制功能引起的车辆纵向减速度不应超过 $3m/s^2$，引起的车速减小量不应超过 5m/s。

3）系统激活时引发的车辆横向加速度不大于 $3m/s^2$，车辆横向加速度变化率不大于 $5m/s^3$。

4）系统应在 V_{min} 至 V_{max} 之间的车速范围内正常运行，其中，V_{min} 为 72km/h，V_{max} 为 120km/h 和最高设计车速两者中的较小值。系统也可以在更宽的车速范围内正常运行。

知识点 5.3　车道保持辅助系统的模型

车道保持辅助系统的模型

车道保持辅助系统的模型涉及车道偏离预警模型和汽车偏离控制模型。车道偏离预警模型见项目四的车道偏离预警系统的模型。汽车偏离控制模型与控制方法有关，不同的控制方法，建立的控制模型是不同的，但汽车模型是最基本的模型，主要有汽车运动学模型、汽车动力模型和汽车侧向控制误差模型。

一、汽车运动学模型

汽车运动学模型揭示的是汽车在世界坐标系 OXY 中的位移与汽车车速、横摆角和前轮转角之间的关系，如图 5-5 所示。图中，x 和 y 表示汽车后轮中心在世界坐标系中的坐标；x_f 和 y_f 表示汽车前轮中心在世界坐标系中的坐标；L 为汽车轴距；θ 为汽车横摆角；δ 为汽车前轮转角。

汽车前、后轮中心的坐标与汽车横摆角和前轮转角

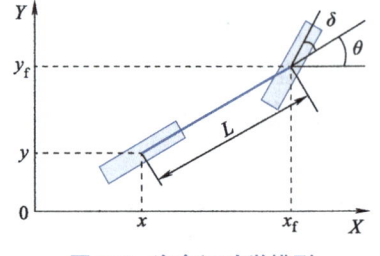

图 5-5　汽车运动学模型

之间的关系为

$$\begin{cases} \dot{x}_f \sin(\theta+\delta) - \dot{y}_f \cos(\theta+\delta) = 0 \\ \dot{x}\sin\theta - \dot{y}\cos\theta = 0 \end{cases} \quad (5\text{-}1)$$

前轮坐标可以用后轮坐标和轴距 L 表示：

$$\begin{cases} x_f = x + L\cos\theta \\ y_f = y + L\sin\theta \end{cases} \quad (5\text{-}2)$$

消去 x_f 和 y_f 可得

$$\dot{x}\sin(\theta+\delta) - \dot{y}\cos(\theta+\delta) - \dot{\theta}L\cos\delta = 0 \quad (5\text{-}3)$$

后轮的约束条件为

$$\begin{cases} \dot{x} = v_x \cos\theta \\ \dot{y} = v_x \sin\theta \end{cases} \quad (5\text{-}4)$$

式中，v_x 为汽车质心前进速度。

可以求得 $\dot{\theta}$ 为

$$\dot{\theta} = \frac{v_x \tan\delta}{L} \quad (5\text{-}5)$$

汽车运动学模型为

$$\begin{bmatrix} \dot{x} \\ \dot{y} \\ \dot{\theta} \end{bmatrix} = \begin{bmatrix} \cos\theta \\ \sin\theta \\ \tan\delta/L \end{bmatrix} v_x \quad (5\text{-}6)$$

智能网联汽车或无人驾驶汽车的路径跟踪控制过程中，一般 $[x, y, \theta]$ 为状态量，$[v_x, \dot{\theta}]$ 为控制量，则汽车运动学模型可以转换为如下形式

$$\begin{bmatrix} \dot{x} \\ \dot{y} \\ \dot{\theta} \end{bmatrix} = \begin{bmatrix} \cos\theta \\ \sin\theta \\ 0 \end{bmatrix} v_x + \begin{bmatrix} 0 \\ 0 \\ 1 \end{bmatrix} \dot{\theta} \quad (5\text{-}7)$$

二、汽车动力模型

将汽车简化为一个单轨二轮模型，引入以下假设。

1）忽略转向系统的作用，直接以前轮转角作为输入。

2）忽略悬架的作用，认为汽车只做平行于地面的平面运动，即汽车沿 z 轴的位移、绕 y 轴的俯仰角和绕 x 轴的侧倾角均为 0。

3）汽车沿 x 轴的纵向速度不变，只有沿 y 轴的侧向运动和绕 z 轴的横摆运动两个自由度。

4）轮胎侧偏特性处于线性范围。

5）前、后轮轮距相同，左、右轮的转向角相同。

6）忽略空气动力的作用。

7）忽略左、右轮胎由于载荷变化引起轮胎特性的变化以及轮胎回正力矩的作用。

简化后的二自由度汽车动力模型如图 5-6 所示。其中，v_x 为汽车质心前进速度；v_y 为汽车质心侧向速度；ω 为汽车横摆角速度；l_f 为汽车质心至前轴距离；l_r 为汽车质心至后轴距

离；α_f、α_r 分别为前轮侧偏角和后轮侧偏角；δ 为前轮转向角；F_{yf}、F_{yr} 分别为前轮和后轮的侧向力；F_{xf}、F_{xr} 分别为前轮和后轮的纵向力。

汽车前轮和后轮的侧偏角分别为

$$\alpha_f=\frac{v_y}{v_x}+\frac{l_f\omega}{v_x}-\delta \qquad (5\text{-}8)$$
$$\alpha_r=\frac{v_y}{v_x}-\frac{l_r\omega}{v_x}$$

图 5-6　二自由度汽车动力模型

假设轮胎侧向力处于线性范围内，汽车前轮和后轮侧向力分别为

$$F_{yf}=K_{\alpha f}\alpha_f \qquad (5\text{-}9)$$
$$F_{yr}=K_{\alpha r}\alpha_r$$

式中，$K_{\alpha f}$、$K_{\alpha r}$ 分别为前轮和后轮综合侧偏刚度。

汽车质心处侧向加速度为

$$a_y=\dot{v}_y+v_x\omega=\ddot{y}+\dot{x}\omega \qquad (5\text{-}10)$$

根据牛顿定律，可以列出二自由度汽车的微分方程为

$$\begin{aligned} ma_y&=F_{yf}+F_{yr}\\ I_z\dot{\omega}&=l_fF_{yf}-l_rF_{yr}\end{aligned} \qquad (5\text{-}11)$$

式中，m 为汽车质量；I_z 为汽车转动惯量。

汽车动力学方程为

$$\begin{aligned} m(\ddot{y}+\dot{x}\omega)&=K_{\alpha f}\left(\frac{\dot{y}}{\dot{x}}+\frac{l_f\omega}{\dot{x}}-\delta\right)+K_{\alpha r}\left(\frac{\dot{y}}{\dot{x}}-\frac{l_r\omega}{\dot{x}}\right)\\ I_z\dot{\omega}&=l_fK_{\alpha f}\left(\frac{\dot{y}}{\dot{x}}+\frac{l_f\omega}{\dot{x}}-\delta\right)-l_rK_{\alpha r}\left(\frac{\dot{y}}{\dot{x}}-\frac{l_r\omega}{\dot{x}}\right)\end{aligned} \qquad (5\text{-}12)$$

矩阵形式为

$$\begin{bmatrix}\ddot{y}\\ \dot{\omega}\end{bmatrix}=\begin{bmatrix}\dfrac{K_{\alpha f}+K_{\alpha r}}{m\dot{x}} & \dfrac{l_fK_{\alpha f}-l_rK_{\alpha r}}{m\dot{x}}-\dot{x}\\ \dfrac{l_fK_{\alpha f}-l_rK_{\alpha r}}{I_z\dot{x}} & \dfrac{l_f^2K_{\alpha f}+l_r^2K_{\alpha r}}{I_z\dot{x}}\end{bmatrix}\begin{bmatrix}\dot{y}\\ \omega\end{bmatrix}+\begin{bmatrix}-\dfrac{K_{\alpha f}}{m}\\ -\dfrac{l_fK_{\alpha f}}{I_z}\end{bmatrix}\delta \qquad (5\text{-}13)$$

三、汽车侧向控制误差模型

如图 5-7 所示，建立世界坐标系 XOY 和汽车坐标系 xoy，设参考轨迹曲率为 ρ，汽车横摆角为 θ，参考轨迹对应参考横摆角为 θ_p。

实际上，汽车在车道上平稳行驶时，横摆角 θ 较小，考虑汽车坐标系与世界坐标系间的转换关系，得到世界坐标系下的汽车速度为

$$\begin{cases}\dot{Y}=\dot{x}\sin\theta+\dot{y}\cos\theta\approx\dot{x}\theta+\dot{y}\\ \dot{X}=\dot{x}\cos\theta-\dot{y}\sin\theta\approx\dot{x}-\dot{y}\theta\end{cases} \qquad (5\text{-}14)$$

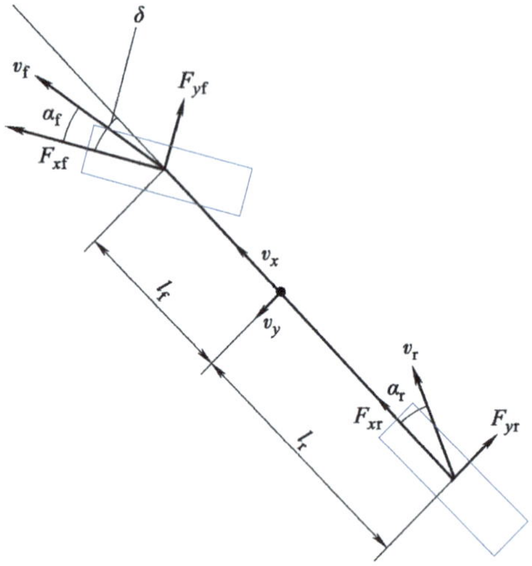

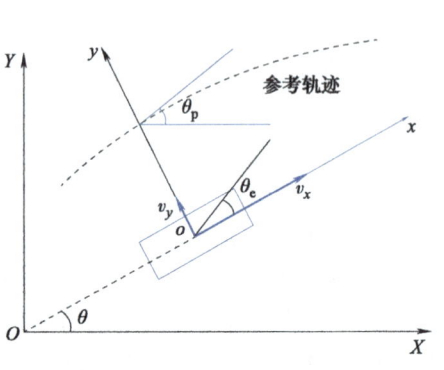

图 5-7　汽车运动关系

研究汽车横向控制时，参考轨迹纵向速度不变，选取状态变量为 $x_n = [\dot{y}, \theta, \omega, Y]$，控制量 u_n 为前轮转角 δ，输出量为 $y_n = [\theta, Y]$。

则得到状态方程为

$$\begin{bmatrix} \ddot{y} \\ \dot{\theta} \\ \dot{\omega} \\ \dot{Y} \end{bmatrix} = \begin{bmatrix} \dfrac{K_{\alpha f} + K_{\alpha r}}{m\dot{x}} & \dfrac{l_f K_{\alpha f} - l_r K_{\alpha r}}{m\dot{x}} - \dot{x} & 0 & 0 \\ 0 & 0 & 1 & 0 \\ \dfrac{l_f K_{\alpha f} - l_r K_{\alpha r}}{I_z \dot{x}} & \dfrac{l_r^2 K_{\alpha r} + l_f^2 K_{\alpha f}}{I_z \dot{x}} & 0 & 0 \\ 1 & & \dot{x} & 0 & 0 \end{bmatrix} \begin{bmatrix} \dot{y} \\ \theta \\ \omega \\ Y \end{bmatrix} + \begin{bmatrix} -\dfrac{K_{\alpha f}}{m} \\ 0 \\ \dfrac{l_f K_{\alpha f}}{I_z} \\ 0 \end{bmatrix} \delta \quad (5\text{-}15)$$

车辆理想侧向加速度为

$$\dot{v}_y(s) = v_x^2 \rho(s) \quad (5\text{-}16)$$

式中，$\rho(s)$ 为参考轨迹的曲率。

侧向加速度误差为

$$\ddot{e}_{cg} = (\dot{v}_y + v_x \omega) - \dot{v}_y(s) = \dot{v}_y + v_x \dot{\theta}_e \quad (5\text{-}17)$$

式中，$\theta_e = \theta - \theta_p$ 为车辆偏航角。

侧向速度误差为

$$\dot{e}_{cg} = v_y + v_x \sin(\theta_e) \quad (5\text{-}18)$$

车辆侧向控制误差模型为

$$\begin{bmatrix} \dot{e}_{cg} \\ \ddot{e}_{cg} \\ \dot{\theta}_e \\ \ddot{\theta}_e \end{bmatrix} = \begin{bmatrix} 0 & 1 & 0 & 0 \\ 0 & \dfrac{-(K_{\alpha f} + K_{\alpha r})}{m v_x} & \dfrac{K_{\alpha f} + K_{\alpha r}}{m} & \dfrac{l_r K_{\alpha r} - l_f K_{\alpha f}}{m v_x} \\ 0 & 0 & 0 & 1 \\ 0 & \dfrac{l_r K_{\alpha r} - l_f K_{\alpha f}}{I_z v_x} & \dfrac{l_f K_{\alpha f} - l_r K_{\alpha r}}{I_z} & \dfrac{-(l_f^2 K_{\alpha f} + l_r^2 K_{\alpha r})}{I_z v_x} \end{bmatrix} \begin{bmatrix} e_{cg} \\ \dot{e}_{cg} \\ \theta_e \\ \dot{\theta}_e \end{bmatrix} + \begin{bmatrix} 0 \\ \dfrac{K_{\alpha f}}{m} \\ 0 \\ \dfrac{l_f K_{\alpha f}}{I_z} \end{bmatrix} \delta + \begin{bmatrix} 0 \\ \dfrac{l_r K_{\alpha r} - l_f K_{\alpha f}}{m v_x} - v_x \\ 0 \\ \dfrac{-(l_f^2 K_{\alpha f} + l_r^2 K_{\alpha r})}{I_z v_x} \end{bmatrix} \rho(s)$$

$$(5\text{-}19)$$

知识点 5.4　车道保持辅助系统的测试

车道保持辅助系统的测试包括测试要求、直道车道偏离抑制测试、弯道车道偏离抑制测试和车道居中控制测试。

一、测试要求

车道保持辅助系统的测试要求包括测试环境要求、测试道路要求、测试车辆要求和试验仪器要求。

车道保持辅助系统的测试

1. 测试环境要求

除特殊规定外，测试环境应满足以下条件：
1）能见度大于 1km。
2）平均风速不大于 3m/s，最大风速不大于 5m/s。

3）气温在 –20~45℃之间。

4）环境照度应在 500Lux 以上并分布均匀。

5）阳光直射方向应避免与车辆行驶方向平行。

2. 测试道路要求

测试道路应满足以下条件：

1）道路表面干燥，表面本身由沥青或混凝土铺设，并且没有凹陷、凸起和开裂等导致车辆过分颠簸的缺陷，道路平坦并铺设状态良好；当使用标准参考试验轮胎时，路面峰值摩擦系数大于 0.8。

2）测试车道应有足够长度以满足测试车速的需要，车道宽度应遵守相关标准的要求。

3）测试车道应有高对比度的车道线，除非特别说明，车道线应状态良好，无破损、遮蔽等影响车道保持辅助系统感应的缺陷存在；车道线的设置应遵守相关标准的要求，除特别说明外，车道线颜色应为白色或黄色，车道线线型应为实线或虚线。

3. 测试车辆要求

测试车辆的质量处于整车整备质量加上驾驶人和测试设备的总质量（驾驶人和测试设备的总质量不超过 150kg）与最大允许总质量之间。测试开始后不允许改变测试车辆的条件。

4. 试验仪器要求

试验仪器要求包括仪器测试参数和仪器测量精度要求。

（1）仪器测试参数　试验仪器应记录必要的测试参数，包括但不限于以下内容：

1）测试车辆在整个测试过程中的车速。

2）测试车辆在整个测试过程中的偏离速度（车辆接近车道边线的速度的垂直分量）。

3）测试车辆在整个测试过程中的横向加速度。

4）测试车辆在整个测试过程中相对于车道线的距离。

（2）仪器测量精度要求　测试车辆数据采集及记录仪器应至少满足以下精度要求：

1）车速精度要求为 0.1km/h。

2）偏离速度精度要求为 0.01m/s。

3）横向加速度精度要求为 0.1m/s^2。

4）与车道线相对距离精度要求为不大于 0.02m。

5）所有动态数据的采样和记录频率应不小于 100Hz。

二、直道车道偏离抑制测试

测试道路为一段长直道，该长直道应有足够长度以满足测试车速的需要。

测试中，车辆在车道内沿直线行驶，车速为（72±2）km/h，当车辆速度稳定后使得车辆以（0.4±0.2）m/s 的偏离速度向左或右进行偏离，测试过程中车辆前轮外缘不得超过车道线外侧 0.4m，如图 5-8 所示。

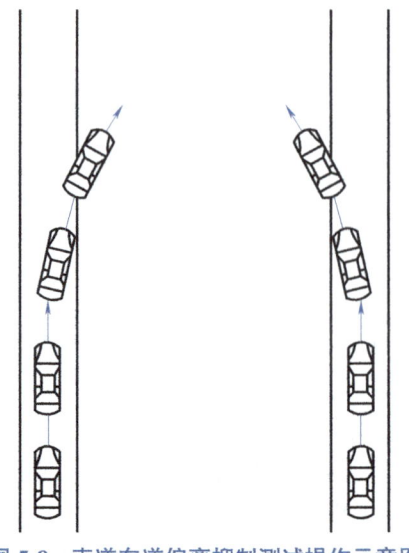

图 5-8　直道车道偏离抑制测试操作示意图

三、弯道车道偏离抑制测试

测试道路为一段直道连接一段弯道,其中弯道的长度要保证车辆能够行驶 5s 以上。此弯道分为定曲率部分和变曲率部分,定曲率部分的曲率为 $2\times10^{-3}\mathrm{m}^{-1}$(半径 $\leqslant 500\mathrm{m}$),变曲率部分为直道和定曲率部分弯道的连接段,其曲率随弯道长度呈线性变化,从 0 逐步增大到 $0.002\mathrm{m}^{-1}$,曲率变化率 $\mathrm{d}c/\mathrm{d}s$ 不超过 $4\times10^{-5}\mathrm{m}^{-2}$,如图 5-9 所示。图 5-9 中,$S_1$ 为变曲率部分,S_2 为定曲率部分。

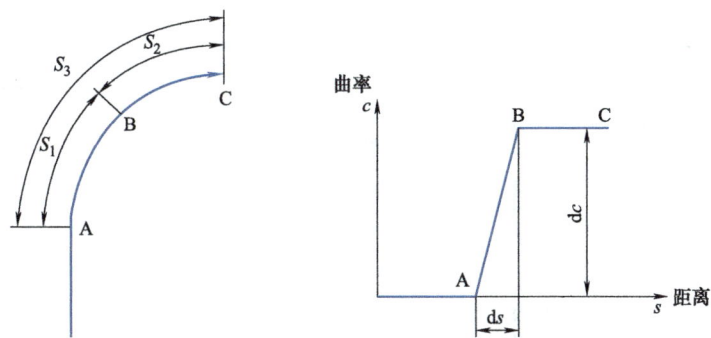

图 5-9 弯道车道偏离抑制测试道路示意图

测试中,车辆在车道中心区域内沿直线行驶,车速为 (72 ± 2) km/h,当车辆速度稳定后驾驶人不对车辆的转向进行干预,车辆从直道进入弯道并在弯道内行驶至少 5s。测试包括 1 次左弯道测试和 1 次右弯道测试,测试过程中车辆前轮外缘不得超过车道线外侧 0.4m。

四、车道居中控制测试

测试道路为一段直道连接一段半径 $\leqslant 500\mathrm{m}$ 的弯道,其中弯道的长度要保证车辆能够行驶 5s 以上,如图 5-10 所示。

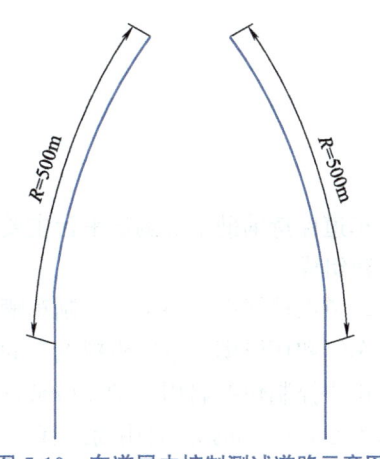

图 5-10 车道居中控制测试道路示意图

测试中,车辆在车道中心区域内沿直线行驶,车速为 (72 ± 2) km/h,当车辆速度稳定后驾驶人不对车辆的转向进行干预,车辆从直道进入弯道并在弯道内行驶至少 5s。测试包括 1 次左弯道测试和 1 次右弯道测试,测试过程中车辆前轮外缘不得超过车道线外侧。

知识点 5.5 车道保持辅助系统的仿真实例

【例 5-1】基于 MATLAB 测试平台的车道保持辅助系统仿真。假设汽车质量为 1575kg,转动惯量为 2875kg·m^2,质心至前轴距离为 1.2m,质心至后轴距离为 1.6m,前轮侧偏刚度为 19000N/m,后轮侧偏刚度为 33000N/m。

车道保持辅助系统的仿真实例

1. 车道保持辅助系统测试平台模型

MATLAB 提供了基于视觉传感器的车道保持辅助系统的测试平台。

在 MATLAB 编辑器中输入以下程序调出车道保持辅助系统的测试平台（图 5-11）：

addpath（fullfile（matlabroot, 'examples', 'mpc', 'main'））;
open_system（'LKATestBenchExample'）;

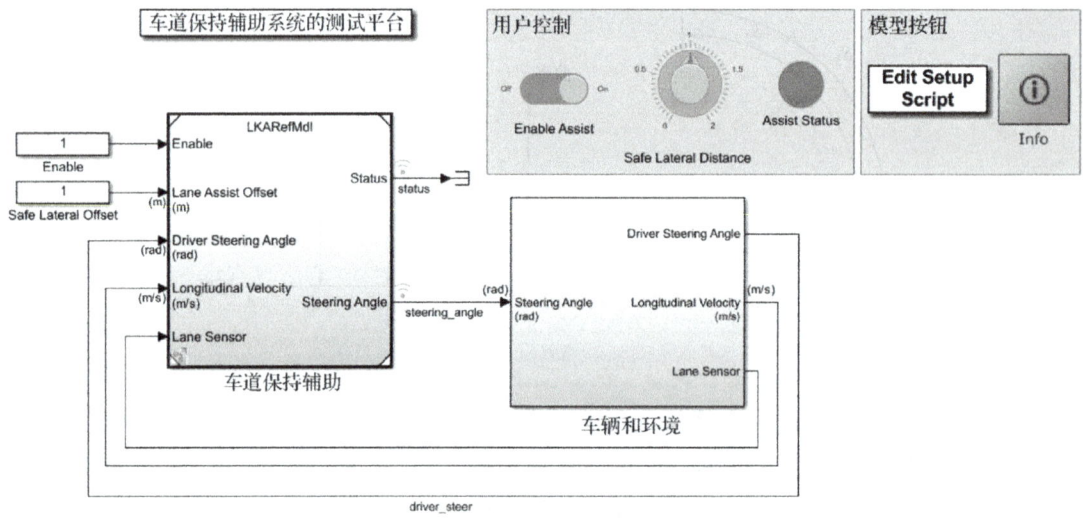

图 5-11 车道保持辅助测试平台模型

车道保持辅助系统测试平台主要由车道保持辅助模块、车辆和环境模块、用户控制和模型按钮组成。

车道保持辅助模块主要控制车辆的前轮转角。

车辆和环境模块主要模拟汽车的运动和环境。

用户控制包括启用辅助（Enable Assist）、安全横向距离（Safe Lateral Distance）和协助状态（Assist Status）。启用辅助有关闭（off）和打开（on）模式；安全横向距离可以设置最小值和最大值；协助状态是显示反映输入值的颜色，未定义是红色，当有数值输入时，红色变成灰色。

模型按钮打开后，会显示初始化模型使用的数据脚本。该脚本加载 Simulink 模型所需的某些常量，例如车辆模型参数、控制器设计参数、道路场景和驾驶人路径。

可以根据需要，修改仿真模型的参数；如果仿真满足要求，还可以自动生成控制模型的代码。

2. 车道保持辅助系统仿真结果

单击"Run"按钮，模拟驾驶场景，在鸟瞰图中运行和查看结果。图 5-12 所示为车道保持辅助系统的动态仿真。其中，阴影区域为视觉传感器的覆盖区域，左、右两条线为检测到的左、右车道边界。

项目五 车道保持辅助系统的测试与仿真

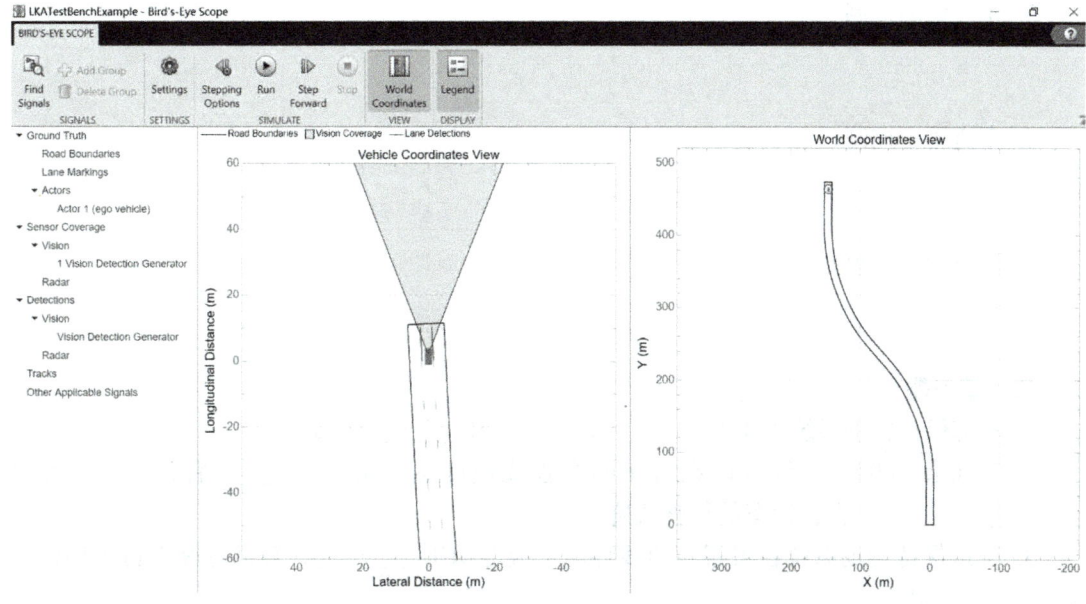

图 5-12 车道保持辅助系统的动态仿真

【项目巩固】

总结与提高

本项目主要介绍了智能网联汽车车道保持辅助系统的定义与组成、工作原理与要求，车道保持辅助系统的汽车运动学模型、汽车动力模型和汽车侧向控制误差模型，车道保持辅助系统的要求、直道车道偏离抑制测试、弯道车道偏离抑制测试和车道居中控制测试，车道保持辅助系统的仿真实例等。通过知识的学习，学生可以较全面地掌握智能网联汽车车道保持辅助系统及仿真的基本知识；通过思考与练习，学生可以进一步巩固学习效果，最终培养分析问题和解决问题的能力，以及识别与仿真分析智能网联汽车车道保持辅助系统的技能。

建议学生体验车道保持辅助系统的功能，分析车道保持辅助系统的组成与工作原理，利用 MATLAB 对车道保持辅助系统进行仿真。

思考与练习

一、名词解释

1. 车道保持辅助系统

2. 车道边线

3. 车道偏离抑制

4. 车道居中控制

5. 汽车运动学模型

二、填空题

1. 车道保持辅助系统主要由_____、_____和_____等组成。
2. 车道保持辅助系统可以在行车的全程或速度达到某一_____后开启，并可以_____关闭，实时保持汽车的行驶轨迹。
3. 车道保持辅助系统在可视车道线环境下应能识别_____，辅助驾驶人将车辆保持在_____行驶。
4. 车道保持辅助系统至少应具备_____或_____。
5. 车道保持辅助系统应具备_____，应能检查车道保持辅助系统相关的主要电气部件和传感元件_____。
6. 车道保持辅助系统应设置_____，以便驾驶人根据意图进行操作，且应避免驾驶人_____。
7. 车道保持辅助系统应监测自身状态并向驾驶人提示系统当前状态，包括_____、_____等。提示的状态信息应清晰易懂。
8. 车道保持辅助系统应有一定的_____、_____和_____，并通过机动车产品使用说明书加以说明。
9. 车道保持辅助系统从关闭到开启可以通过_____，也可以通过_____，例如在_____发生时。
10. 车道保持辅助系统从开启到关闭可以通过_____，也可以通过_____，例如在_____发生时。

三、选择题

1. 车道保持辅助系统常用的传感器可以是（　　）。
  A. 毫米波雷达　　　B. 视觉传感器　　　C. 超声波雷达　　　D. V2V
2. 车道保持辅助系统的车道偏离抑制功能不应使车辆偏离超过车道线外侧（　　）；车道居中控制功能不应使车辆偏离超过车道线外侧。
  A. 0.2m　　　B. 0.3m　　　C. 0.4m　　　D. 0.5m
3. 车道偏离抑制功能引起的车辆纵向减速度不应超过（　　），引起的车速减小量不应超过（　　）。
  A. $2m/s^2$　　　B. $3m/s^2$　　　C. $5m/s$　　　D. $6m/s$
4. 车道保持辅助系统激活时，引发的车辆横向加速度不大于（　　），车辆横向加速度变化率不大于（　　）。

A. 2m/s²　　　B. 3m/s²　　　C. 5m/s　　　D. 6m/s

5. 车道保持辅助系统应在 V_{min} 至 V_{max} 之间的车速范围内正常运行。其中，V_{min} 为（　　），V_{max} 为（　　）和最高设计车速两者中的较小值。

A. 72km/h　　　B. 82km/h　　　C. 100km/h　　　D. 120km/h

6. 车道保持辅助系统测试环境应满足平均风速不大于（　　），最大风速不大于（　　）。

A. 3m/s　　　B. 4m/s　　　C. 5m/s　　　D. 6m/s

7. 车道保持辅助系统测试环境应满足气温在（　　）之间。

A. −20~40℃　　B. −20~45℃　　C. −30~40℃　　D. −30~45℃

8. 车道保持辅助系统测试环境应满足环境照度在（　　）以上并分布均匀。

A. 300Lux　　　B. 400Lux　　　C. 500Lux　　　D. 600Lux

9. 当使用标准参考试验轮胎时，测试道路路面峰值摩擦系数应超过（　　）。

A. 0.7　　　B. 0.75　　　C. 0.8　　　D. 0.85

10. 直道车道偏离抑制测试中，车辆在车道内沿直线行驶，车速为（　　），当车辆速度稳定后使得车辆以（　　）的偏离速度向左或右进行偏离，测试过程中车辆前轮外缘不得超过车道线外侧 0.4m。

A.（70±2）km/h　　　　　　　B.（72±2）km/h
C.（0.3±0.2）m/s　　　　　　D.（0.4±0.2）m/s

四、判断题

1. 超声波雷达和毫米波雷达可以用于车道保持辅助系统。（　　）
2. 车道保持辅助系统执行单元主要有预警模块、转向盘操纵模块和制动器操纵模块。（　　）
3. 若驾驶人打开转向灯正常进行变线行驶，则车道保持辅助系统不会做出任何提示。（　　）
4. 测试车辆的质量应处于整车整备质量加上驾驶人与最大允许总质量之间，测试开始后不允许改变测试车辆的条件。（　　）
5. 偏离速度测量精度要求为 0.1m/s。（　　）
6. 测试道路为一段直道连接一段弯道，其中弯道的长度要保证车辆能够行驶 4s 以上。（　　）
7. 弯道车道偏离抑制测试过程中，车辆前轮外缘不得超过车道线外侧 0.5m。（　　）
8. 车道居中控制测试时，测试道路为一段直道连接一段半径 ≤500m 的弯道，其中弯道的长度要保证车辆能够行驶 6s 以上。（　　）
9. 直道车道偏离抑制测试过程中，车辆前轮外缘不得超过车道线外侧 0.4m。（　　）
10. 利用 MATLAB 可以对车道保持辅助系统进行仿真分析。（　　）

五、问答题

1. 车道保持辅助系统的工作原理是怎样的？

2. 汽车模型主要有哪些？

3. 车道保持辅助系统的测试包括哪些？

4. 如何建立汽车运动学模型？

5. 如何建立汽车动力模型？

实训任务单

子任务1：利用本校实验室具有车道保持辅助系统的实验车辆，演示车道保持辅助系统的工作原理，分析车道保持辅助系统的组成，并完成实训报告。

实训题目	智能网联汽车车道保持辅助系统的演示与分析				
学生姓名		班级		学号	
实训结果					
详细绘制实验车辆车道保持辅助系统的组成图并进行描述					
详细绘制实验车辆车道保持辅助系统的工作原理图并进行描述					
实训结果分析					
实训心得					
指导教师			成绩		

子任务 2：设置不同的汽车参数，利用 MATLAB 的车道保持辅助系统测试平台仿真模型进行仿真，并完成实训报告。

实训题目		智能网联汽车车道保持辅助系统的仿真			
学生姓名		班级		学号	
实训结果					
汽车参数描述					
仿真结果					
实训结果分析					
实训心得					
指导教师			成绩		

项目六

自适应巡航控制系统的测试与仿真

【项目导入】

在"自驾游"或"跑长途"的时候,经常会出现一种窘状让驾驶人苦不堪言,那就是疲劳驾驶,如图 6-1 所示。疲劳驾驶不仅是对驾驶人身体和意志力的双重折磨,更是引起许多重大交通事故的导火索。尽管相关部门一再强调要避免疲劳驾驶,高速公路上也矗立着各类警示标识,但在某些特定情况下,有些驾驶人不得不疲劳驾驶。例如,每逢大型的节假日,在高速公路上排队几个小时,已不是新鲜事了,这会对驾驶人的精神和身体状态产生负面影响,进而引起疲劳驾驶,容易造成道路交通事故。面对上述情况,人们就束手无策了

图 6-1　驾驶人出现疲劳

吗?当然不是这样!绝大多数发明创造的出现都是基于人类生活迫切的需求。于是,一种先进辅助驾驶技术应运而生,那就是自适应巡航控制系统。它在缓解驾驶人疲劳的同时,可最大限度保证行车安全。

什么是自适应巡航控制系统?如何进行测试和仿真?通过对本项目的学习可以得到答案。

【学习目标】

知识目标

1. 掌握自适应巡航控制系统的定义与组成、工作原理与要求。
2. 了解燃油汽车自适应巡航控制系统动力学模型和电动汽车自适应巡航控制系统动力学模型。
3. 了解自适应巡航控制系统的测试条件、探测距离测试、目标识别能力测试和弯道适应能力测试。

4. 了解自适应巡航控制系统的仿真实例。

技能目标

1. 能够对自适应巡航控制系统进行辅助测试。
2. 能够使用 MATLAB 对自适应巡航控制系统进行仿真。

素养目标

使学生树立奋力拼搏、踔厉奋发、笃行不怠的进取精神。

【知识框架】

```
         ┌─ 自适应巡航控制系统的定义与组成 ┬─ 自适应巡航控制系统的定义
         │                                └─ 自适应巡航控制系统的组成
         │
         ├─ 自适应巡航控制系统的工作原理与要求 ┬─ 自适应巡航控制系统的工作原理
         │                                    └─ 自适应巡航控制系统的要求
         │
项目六 ──┤─ 自适应巡航控制系统的模型 ┬─ 燃油汽车自适应巡航控制系统动力学模型
         │                          └─ 电动汽车自适应巡航控制系统动力学模型
         │
         │                          ┌─ 测试条件
         ├─ 自适应巡航控制系统的测试 ┤─ 探测距离测试
         │                          ├─ 目标识别能力测试
         │                          └─ 弯道适应能力测试
         │
         └─ 自适应巡航控制系统的仿真实例
```

【知识准备】

知识点 6.1 自适应巡航控制系统的定义与组成

一、自适应巡航控制系统的定义

自适应巡航控制系统的定义与组成

自适应巡航控制（Adaptive Cruise Control，ACC）系统在汽车行驶过程中，通过安装在汽车前部的测距传感器持续扫描汽车前方道路，同时轮速传感器采集车速信号。本车与前方车辆之间的距离小于或大于安全车距时，燃油汽车的自适应巡航控制系统的电控单元通过与制动系统、发动机控制系统协调动作，改变制动力矩和发动机输出功率，对汽车行驶速度进行控制，以使本车与前方车辆始终保持安全车距行驶，避免追尾事故发生，同时提高通行效率。如果本车前方没有车辆，则本车按设定的车速巡航行驶。对于电动汽车自适应巡航控制系统，发动机更换为驱动电机，通过改变制动力矩和驱动电机的输出功率控制电动汽车的行驶速度。

自适应巡航控制系统在控制汽车制动时，通常会将制动减速度限制在不影响行车舒适性的程度；当需要更大的减速度时，自适应巡航控制系统会发出预警信号通知驾驶人主动采取制动操作。当本车与前方车辆之间的距离增大到安全车距时，自适应巡航控制系统控制汽车按照设定的车速行驶。

自适应巡航控制系统根据对弯道行驶的适应能力分为4种类型：
1）自适应巡航控制Ⅰ类型。自适应巡航控制Ⅰ类型对弯道半径没有要求。
2）自适应巡航控制Ⅱ类型。自适应巡航控制Ⅱ类型要求弯道半径大于或等于500m。
3）自适应巡航控制Ⅲ类型。自适应巡航控制Ⅲ类型要求弯道半径大于或等于250m。
4）自适应巡航控制Ⅳ类型。自适应巡航控制Ⅳ类型要求弯道半径大于或等于125m。

二、自适应巡航控制系统的组成

1. 燃油汽车自适应巡航控制系统的组成

燃油汽车自适应巡航控制系统主要由信息感知单元、电控单元、执行单元和人机交互界面等组成，如图6-2所示。

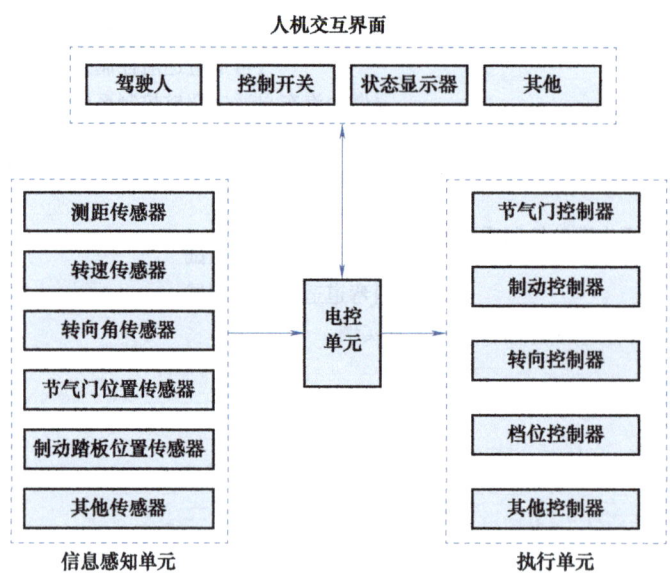

图6-2 燃油汽车自适应巡航控制系统的组成

（1）信息感知单元 信息感知单元主要用于向电控单元提供自适应巡航控制系统所需要的各种信息，主要由测距传感器、转速传感器、转向角传感器、节气门位置传感器、制动踏板传感器以及其他传感器等组成。测距传感器用来获取本车与前方目标车辆之间的距离信号，可以使用毫米波雷达、激光雷达和视觉传感器；转速传感器用于获取实时车速信号，一般使用霍尔式转速传感器；转向角传感器用于获取汽车转向信号；节气门位置传感器用于获取节气门开度信号；制动踏板位置传感器用于获取制动踏板动作信号。

（2）电控单元 电控单元根据驾驶人所设定的安全车距及车速，结合信息感知单元传送来的信息确定本车的行驶状态，决定汽车的控制策略，并将节气门开度和制动压力信号输出到执行单元。例如，当本车与前方的目标车辆之间的距离小于设定的安全车距时，电控单元计算实际车距和安全车距之差及相对速度的大小，选择减速方式，或通过预警器向驾驶人发出预警，提醒驾驶人采取相应的措施。

（3）执行单元　执行单元主要执行电控单元发出的指令，实现本车速度和加速度的调整。它包括节气门控制器、制动控制器、转向控制器、档位控制器和其他控制器等。节气门控制器用于调整节气门的开度，使汽车加速、减速及定速行驶；制动控制器用于控制制动力矩或紧急情况下的制动；转向控制器用于控制汽车的行驶方向；档位控制器用于控制汽车变速器的档位。

（4）人机交互界面　人机交互界面用于驾驶人设定系统参数和系统状态信息的显示等。驾驶人可通过设置在仪表盘或转向盘上的人机界面启动或清除自适应巡航控制系统控制指令。启动自适应巡航控制系统时，要设定本车与目标车辆之间的安全车距以及在巡航状态下的车速，否则自适应巡航控制系统将自动设置为默认值，但所设定的安全车距不可小于设定车速下交通法规所规定的安全车距。

2. 电动汽车自适应巡航控制系统的组成

电动汽车自适应巡航控制系统由信息感知单元、电控单元、执行单元和人机交互界面等组成，如图6-3所示。电动汽车相对于燃油汽车，其自适应巡航控制系统的信息采集单元没有节气门位置传感器和制动踏板传感器，执行单元没有节气门控制器和档位控制器，相应增加了电动机控制器和再生制动控制器。信息感知单元将传感器测量的距离、速度和加速度等信号输入到电控单元；电控单元对本车行驶环境及运动状态进行分析、计算、决策，输出转矩和制动压力信号；执行单元完成电控单元的指令，通过电动机控制器和制动控制器来调节本车的行驶速度等；人机交互界面为驾驶人对系统的运行进行观察和干预控制提供操作界面。

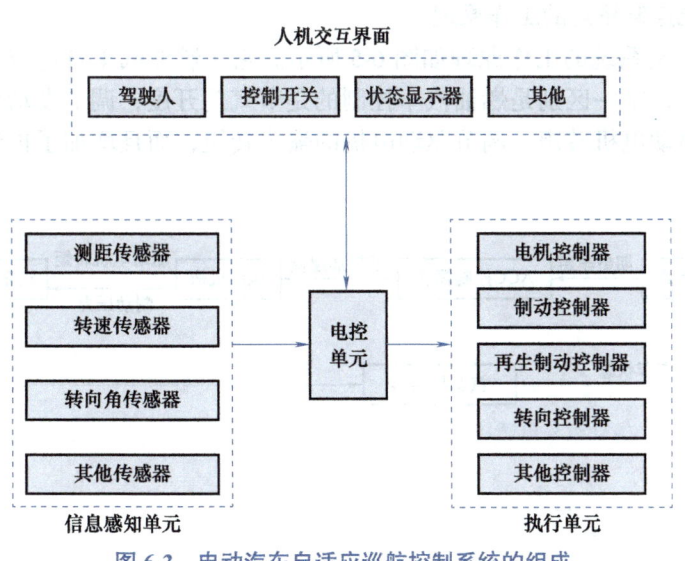

图6-3　电动汽车自适应巡航控制系统的组成

知识点 6.2　自适应巡航控制系统的工作原理与要求

一、自适应巡航控制系统的工作原理

1. 燃油汽车自适应巡航控制系统的工作原理

燃油汽车自适应巡航控制系统的工作原理如图6-4所示。驾驶人启动自适应巡航控制

系统后，在汽车行驶过程中，安装在汽车前部的测距传感器持续扫描汽车前方道路，同时，转速传感器采集车速信号。当本车前方没有车辆或与前方目标车辆距离很远且速度很快时，控制模式选择模块就会激活巡航控制模式，自适应巡航控制系统将根据驾驶人设定的车速和转速传感器采集的本车速度自动调节节气门开度等，使本车达到设定的车速并巡航行驶。如果目标车辆存在且离本车较近或速度很慢，控制模式选择模块就会激活跟随控制模式，自适应巡航控制系统将根据驾驶人设定的安全车距和转速传感器采集的本车速度计算出期望车距，并与测距传感器采集的实际距离比较，自动调节制动压力和节气门开度等使汽车以一个安全车距稳定地跟随前方目标车辆行驶。同时，自适应巡航控制系统会把汽车目前的一些状态参数显示在人机界面上，方便驾驶人判断，也装有紧急预警系统，在自适应巡航控制系统无法避免碰撞时，及时警告驾驶人并由驾驶人处理紧急状况。

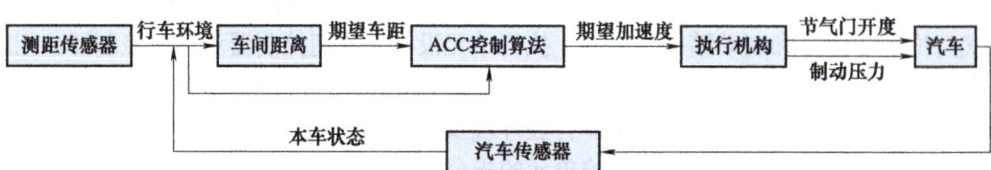

图 6-4　燃油汽车自适应巡航控制系统的工作原理

2. 电动汽车自适应巡航控制系统的工作原理

电动汽车自适应巡航控制系统的工作原理如图 6-5 所示。它与燃油汽车自适应巡航控制系统的工作原理基本一样，唯一区别是燃油汽车控制的是节气门开度，调节发动机输出转矩；电动汽车控制的是驱动电机转矩，调节驱动电机的输出转矩，而且增加了再生制动控制。

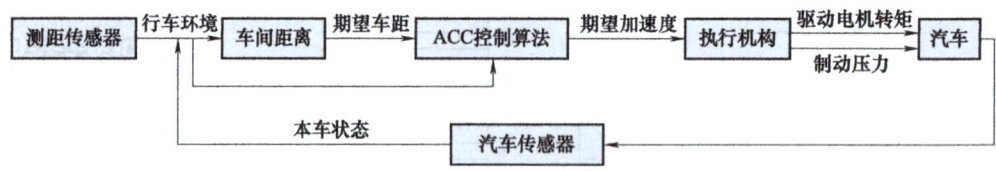

图 6-5　电动汽车自适应巡航控制系统的工作原理

二、自适应巡航控制系统的要求

自适应巡航控制系统的要求主要包括基本控制策略要求、基本性能要求和人机交互要求。

1. 基本控制策略要求

自适应巡航控制系统有以下基本控制策略要求：

1）当自适应巡航控制系统处于工作状态时，本车通过对速度的自动控制来保持与前车一定的车间时距或预先的设定速度（以二者中速度低者为准）。这两种控制模式之间的转换可由自适应巡航控制系统自动完成。

2）稳定状态的车间时距可由系统自动调节或由驾驶人调节。

3)当本车的速度低于最低工作速度时,应禁止由"自适应巡航控制系统等待状态"向"自适应巡航控制系统工作状态"的转换。此外,如果系统处于"自适应巡航控制系统工作状态"并且速度低于最低工作速度,自动加速功能应被禁止,此时自适应巡航控制系统可由"自适应巡航控制系统工作状态"自动转换为"自适应巡航控制系统等待状态"。

4)如果前方存在多辆车,则自适应巡航控制系统自动选择跟随本车道内最接近的前车。

2. 基本性能要求

自适应巡航控制系统有以下基本性能要求:

(1)控制模式 控制模式(车间时距控制和车速控制)能自行转换。

(2)车间时距 可供选择的最小稳态车间时距适应各种车速下的自适应巡航控制系统,大于或等于 1s,并且至少提供一个在 1.5~2.2s 区间内的车间时距。

(3)本车速度 自适应巡航控制系统可以控制本车的行驶速度。

(4)静止目标 对静止目标的响应不是自适应巡航控制系统必备的功能,如果自适应巡航控制系统不能对静态目标做出响应,则应在车辆的用户使用手册中予以声明。

(5)跟踪能力 自适应巡航控制系统应具备相关标准中规定的直道探测距离、目标车辆识别能力和弯道适应能力。

1)直道探测距离。如果前车位于 $d_1 \sim d_{max}$ 的距离范围内,则自适应巡航控制系统需要测量本车与前车之间的距离;如果前车位于 $d_0 \sim d_1$ 的距离范围内,则自适应巡航控制系统需要探测前车的存在,而不需要测量本车与前车之间的距离和相对速度,同时,自适应巡航控制系统应增加车间距和(或)禁止自动加速;如果前车与本车的距离小于 d_0,则自适应巡航控制系统无须探测前车的存在,如图 6-6 所示。

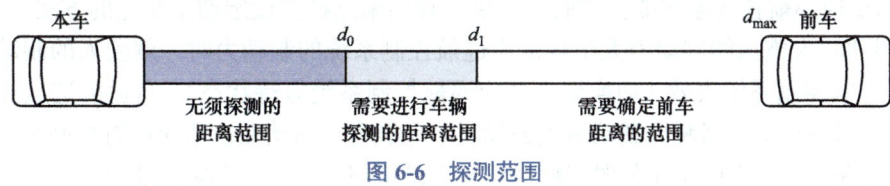

图 6-6 探测范围

需要确定本车至前车的最大距离为

$$d_{max} = \tau_{max}(u_{set\_max}) \times u_{set\_max} \tag{6-1}$$

式中,d_{max} 为本车至前车的最大距离;u_{set_max} 为可供选择的最高车速;$\tau_{max}(u_{set\_max})$ 为最高车速下可以获得的最大的稳态车间时距。

需要进行车辆探测的距离为

$$d_1 = \tau_{min}(u_{low}) \times u_{low} \tag{6-2}$$

式中,d_1 为需要进行车辆探测的距离;u_{low} 为允许车辆自动加减速所要求的最低车速;$\tau_{min}(u_{low})$ 为最低车速下可以获得的最小的稳态车间时距。

无须探测的距离为

$$d_0 = \max[2, 0.25u_{low}] \tag{6-3}$$

2)目标车辆识别能力。如果在直道上前方存在多辆车,或者在弯道上并且本车的自适应巡航控制系统属于Ⅱ类型、Ⅲ类型或Ⅳ类型，则与本车处于同一车道的前车将被选作自适应巡航控制系统控制的目标车辆，如图6-7所示。

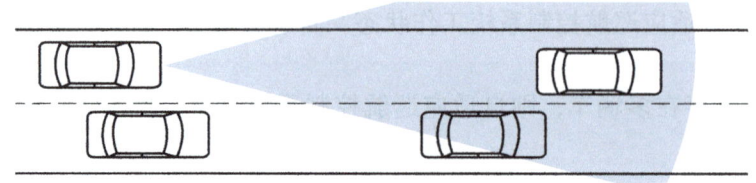

图6-7　目标车辆识别

3）弯道适应能力。自适应巡航控制系统能够使车辆在直道和弯道上以车间时距τ_{max}（u_{circle}）稳定跟随前车行驶。因此，如果前车沿半径为R_{min}的弯道以恒速u_{cricle}行驶，自适应巡航控制系统可使本车以稳定的车间时距τ_{max}（u_{circle}）跟随前车。不同类型的自适应巡航控制系统对弯道半径的适应能力不同：自适应巡航控制Ⅰ类型仅适应直道；自适应巡航控制Ⅱ类型可适应的弯道最小半径为500m；自适应巡航控制Ⅲ类型可适应的弯道最小半径为250m；自适应巡航控制Ⅳ类型可适应的弯道最小半径为125m。

弯道上给定最大侧向加速度下的最高车速为

$$u_{cricle} = \sqrt{a_{lateral\_max} \times R_{min}} \quad (6-4)$$

式中，u_{cricle}为弯道上给定最大侧向加速度下的最高车速；$a_{lateral\_max}$为道路弯道上的最大设计侧向加速度，自适应巡航控制Ⅱ类型为2.0m/s²，自适应巡航控制Ⅲ类型和自适应巡航控制Ⅳ类型为2.3m/s²。

3. 人机交互要求

自适应巡航控制系统有以下人机交互要求：

1）自适应巡航控制系统能为驾驶人提供一种用来选择并设定期望车速的方法。

2）当驾驶人施加的制动力大于自适应巡航控制系统的制动力时，驾驶人的制动行为将使自适应巡航控制系统失效（切换到自适应巡航控制系统等待状态）。自适应巡航控制系统不应明显地削弱车辆对驾驶人制动输入的瞬时响应能力。即使在自适应巡航控制系统处于自动制动的情况下，也不应明显削弱车辆对驾驶人踏板制动力的动态响应能力。

3）当驾驶人与自适应巡航控制系统均有发动机动力控制（节气门输入）请求时，以二者中较大者为准，这将使驾驶人对发动机动力控制的优先权始终高于自适应巡航控制系统。当驾驶人的制动需求高于自适应巡航控制系统时，自适应巡航控制系统的自动制动应立即释放。对驾驶人控制加速踏板不应有明显的响应延迟。

4）自适应巡航控制系统不干涉ABS和ASR系统。

5）自适应巡航控制系统可适当调整车间时距以适应驾驶环境的变化（如恶劣天气），但被调整后的车间时距不能低于驾驶人的设定值。

6）为驾驶人提供最基本的反馈信息，包括自适应巡航控制系统状态和设定速度等，并且它们可以组合在一起显示输出，例如，仅在自适应巡航控制系统处于工作状态时才显示设定速度信息，且显示信息不影响驾驶行为；如果自适应巡航控制系统关闭或者出现故障，能及时提示驾驶人。

知识点 6.3 自适应巡航控制系统的模型

自适应巡航控制系统的模型涉及汽车自适应巡航控制系统动力学和安全车距模型。安全车距模型在项目四中已经介绍,这里主要介绍汽车自适应巡航控制系统动力学。汽车自适应巡航控制系统动力学分为燃油汽车自适应巡航控制系统动力学和电动汽车自适应巡航控制系统动力学。

自适应巡航控制系统的模型

一、燃油汽车自适应巡航控制系统动力模型

燃油汽车自适应巡航控制系统动力模型主要包括发动机模型、液力变矩器模型、自动变速器模型、汽车行驶模型和执行器模型等。

1. 发动机模型

发动机模型分为稳态模型和动态模型。发动机工作比较复杂,影响因素较多,一般认为发动机稳态输出转矩是节气门开度和转速的函数,即

$$M_s = f(\theta, n) \tag{6-5}$$

式中,M_s 为发动机稳态输出转矩;θ 为发动机节气门开度;n 为发动机转速。

稳态模型一般采用试验建模,即将发动机稳态试验获得的每个节气门开度下的输出转矩与转速数据,用三次多项式拟合后得到发动机稳态输出转矩:

$$M_s = a_0 + a_1 n + a_2 n^2 + a_3 n^3 \tag{6-6}$$

式中,a_0、a_1、a_2、a_3 为拟合系数。

发动机节气门调节既与稳态特性有关,又与动态特性有关,所以应建立发动机的动态模型。一般将发动机的动态输出转矩简化为一阶线性模型,用传递函数表示为

$$M_e = \frac{M_s}{1 + st_e} \tag{6-7}$$

式中,M_e 为发动机动态输出转矩;t_e 为发动机响应滞后时间;s 为拉普拉斯算子。

根据发动机到液力变矩器的力矩传递关系,可以得到发动机动态输出转矩与液力变矩器泵轮转矩之间的关系为

$$I_e \dot{\omega}_e = M_e - M_p \tag{6-8}$$

式中,I_e 为发动机转动部件和液力变矩器泵轮的有效转动惯量;ω_e 为发动机曲轴旋转角速度;M_p 为液力变矩器泵轮转矩。

2. 液力变矩器模型

液力变矩器一般安装在发动机和自动变速器之间,主要由泵轮、涡轮和导轮组成,以液压油为工作介质,起传递转矩、变矩、变速及离合的作用。

液力变矩器泵轮转矩为

$$M_p = K_{tc} \left(\frac{\omega_t}{\omega_p} \right) \omega_p^2 \tag{6-9}$$

式中,K_{tc} 为液力变矩器容量系数;ω_t 为液力变矩器涡轮角速度;ω_p 为液力变矩器泵轮角速度。

液力变矩器涡轮转矩为

$$M_t = M_p \tau \left(\frac{\omega_t}{\omega_p}\right) \tag{6-10}$$

式中，M_t 为液力变矩器涡轮转矩；τ 为液力变矩器转矩比系数。

3. 自动变速器模型

自动变速器的主要作用是减速和增矩。变速器输入轴和液力变矩器的涡轮相连接，其转速和转矩分别为涡轮转速和涡轮转矩。变速器输出轴角速度和转矩分别为

$$\omega_0 = \frac{\omega_t}{i_g}$$
$$M_0 = M_t i_g \tag{6-11}$$

式中，ω_0 为自动变速器输出轴角速度；M_0 为自动变速器输出轴转矩；i_g 为自动变速器档位传动比。

4. 汽车行驶模型

汽车在平坦路面巡航行驶时，其行驶方程式为

$$F_t = F_f + F_w + F_j + F_b \tag{6-12}$$

式中，F_t 为汽车驱动力；F_f 为汽车滚动阻力；F_w 为汽车空气阻力；F_j 为汽车加速阻力；F_b 为汽车制动力。

汽车驱动力与自动变速器输出轴转矩之间的关系为

$$F_t = \frac{M_0 i_0 \eta_t}{R} \tag{6-13}$$

式中，F_t 为汽车驱动力；M_0 为自动变速器输出轴转矩；i_0 为主减速器传动比；η_t 为传动系效率；R 为车轮半径。

汽车滚动阻力为

$$F_f = mgf \tag{6-14}$$

式中，m 为汽车质量；f 为滚动阻力系数。

汽车空气阻力为

$$F_w = \frac{C_D A u^2}{21.15} \tag{6-15}$$

式中，C_D 为空气阻力系数；A 为汽车迎风面积；u 为汽车行驶速度。

汽车加速阻力为

$$F_j = \delta m \dot{u} \tag{6-16}$$

式中，δ 为汽车旋转质量换算系数；m 为汽车质量；u 为汽车行驶速度。

汽车制动力为

$$F_b = K_b p_b \tag{6-17}$$

式中，K_b 为制动压力比例系数；p_b 为制动压力。

将式（6-13）~式（6-17）代入式（6-12），得燃油汽车行驶减速度为

$$\dot{u} = \frac{1}{\delta m}\left(\frac{M_0 i_0 \eta_t}{R} - K_b p_b - mgf - \frac{C_D A u^2}{21.15}\right) \tag{6-18}$$

5. 执行器模型

执行器模型包括节气门执行器模型和制动执行器模型，输入量分别是期望的节气门开度

和期望的制动压力，输出量是实际的节气门开度和制动压力。

节气门执行器与发动机节气门相连，为了实现对节气门快速、准确地跟踪控制，节气门执行器采用脉宽调制信号控制的直流电动机驱动机构。节气门控制器、直流电动机和节气门位置传感器组成闭环控制，保证节气门的实际位置与期望位置一致。

节气门执行器采用二阶振荡系统模型，即

$$\alpha_{es}=t_{\alpha1}\ddot{\alpha}+t_{\alpha2}\dot{\alpha}+\alpha \tag{6-19}$$

式中，α_{es} 为期望的节气门开度；α 为实际节气门开度；$t_{\alpha1}$、$t_{\alpha2}$ 为二阶振荡系统的常数。

制动执行器由于受液压管路挤压膨胀和制动液体积变化的影响，制动系统存在一定的响应迟滞，可以采用一阶振荡系统模型，即

$$p_{es}=t_b\dot{p}_b+p_b \tag{6-20}$$

式中，p_{es} 为期望的制动压力；p_b 为实际制动压力；t_b 为一阶振荡系统的常数。

二、电动汽车自适应巡航控制系统动力模型

电动汽车自适应巡航控制系统动力模型主要包括汽车行驶模型和驱动电机模型。

1. 汽车行驶模型

电动汽车行驶方程式与燃油汽车行驶方程式形式一样，只是驱动力表达式不一样。电动汽车驱动力为

$$F_t=\frac{T_t i_t}{R}\eta_t \tag{6-21}$$

式中，T_t 为驱动电机输出转矩；i_t 为传动系总传动比；η_t 为传动系机械效率；R 为车轮半径。

如果不考虑再生制动的影响，则电动汽车行驶减速度为

$$\dot{u}=\frac{1}{\delta m}\left(\frac{T_t i_t \eta_t}{R}-K_b p_b-mgf-\frac{C_D A u^2}{21.15}\right) \tag{6-22}$$

2. 驱动电机模型

以三相交流感应电机为例，建立电动汽车驱动电机模型。三相交流感应电机物理等效模型如图6-8所示，定子和转子均为相差120°的三相对称绕组，转子定轴线分别为 A、B 和 C，定子动轴线分别为 a、b 和 c。向定子线圈通三相交流电，定子 A 相和转子 a 相电阻分别为 R_s 和 R_r，转子逆时针旋转，角速度为 ω_{re}。当转子转过角度为 θ_m 时，定子 A 相自感及其与转子 a 相互感分别为 L_{ss} 和 L_{sr}，转子 a 相自感及其与定子 A 相互感分别为 L_{rs} 和 L_{rr}。

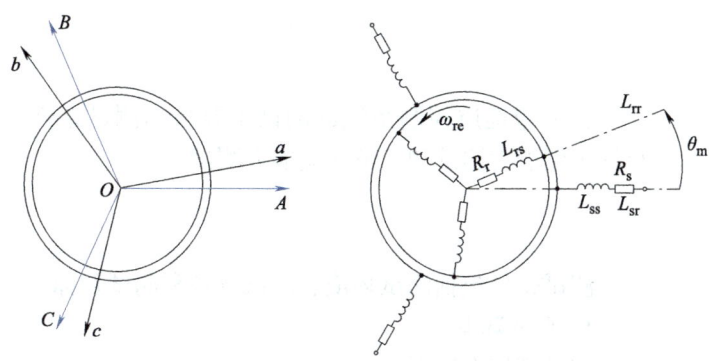

图 6-8 三相交流感应电机物理等效模型

用三相静止坐标系表示绕组磁链方程式为

$$[\psi] = \begin{bmatrix} \psi_s \\ \psi_r \end{bmatrix} = \begin{bmatrix} L_{ss} & L_{sr} \\ L_{rs} & L_{rr} \end{bmatrix} \begin{bmatrix} i_s \\ i_r \end{bmatrix} \tag{6-23}$$

式中，ψ 为绕组总磁链；ψ_s 为定子绕组总磁链；ψ_r 为转子绕组总磁链；L_{ss} 为定子绕组的自感；L_{rs} 为转子绕组的自感；L_{sr}、L_{rr} 分别为定子绕组和转子绕组的互感；i_s 为定子绕组总电流；i_r 为转子绕组总电流。

用三相静止坐标系表示电压方程为

$$\begin{bmatrix} u_s \\ u_r \end{bmatrix} = \begin{bmatrix} R_s & 0 \\ 0 & R_r \end{bmatrix} \begin{bmatrix} i_s \\ i_r \end{bmatrix} + \begin{bmatrix} L_{ss} & L_{sr} \\ L_{rs} & L_{rr} \end{bmatrix} \begin{bmatrix} \dfrac{di_s}{dt} \\ \dfrac{di_r}{dt} \end{bmatrix} + \begin{bmatrix} \dfrac{dL_{ss}}{d\theta_m} & \dfrac{dL_{sr}}{d\theta_m} \\ \dfrac{dL_{rs}}{d\theta_m} & \dfrac{dL_{rr}}{d\theta_m} \end{bmatrix} \begin{bmatrix} i_s \\ i_r \end{bmatrix} \omega_{re} \tag{6-24}$$

式中，u_s 为定子绕组总电压；u_r 为转子绕组总电压；R_s 为定子单相绕组的电阻；R_r 为转子单相绕组的电阻；θ_m 为转子机械转角；ω_{re} 为电机转子旋转角速度。

三相绕组储存的电磁能为

$$W = \dfrac{1}{2} \begin{bmatrix} i_s \\ i_r \end{bmatrix}^T \begin{bmatrix} L_{ss} & L_{sr} \\ L_{rs} & L_{rr} \end{bmatrix} \begin{bmatrix} i_s \\ i_r \end{bmatrix} \tag{6-25}$$

式中，W 为电磁能。

电磁转矩为

$$T_e = \dfrac{\partial W}{\partial \theta_m} = n_p \dfrac{\partial W}{\partial \theta} = \dfrac{1}{2} n_p \begin{bmatrix} i_s \\ i_r \end{bmatrix}^T \begin{bmatrix} 0 & \dfrac{\partial L_{sr}}{\partial \theta} \\ \dfrac{\partial L_{rs}}{\partial \theta} & 0 \end{bmatrix} \begin{bmatrix} i_s \\ i_r \end{bmatrix} \tag{6-26}$$

式中，T_e 为电磁转矩；n_p 为感应电机极对数。

三相交流感应电机的运动方程为

$$T_e - T_L = \dfrac{J}{n_p} \dfrac{d\omega_{re}}{dx} + \dfrac{D}{n_p} \omega_{re} + \dfrac{K}{n_p} \theta_m \tag{6-27}$$

式中，T_L 为负载转矩；J 为整个系统的转动惯量；D 为阻转矩阻尼系数；K 为扭转弹性转矩系数。

当负载为恒转矩时，有 $D=K=0$。

知识点 6.4　自适应巡航控制系统的测试

自适应巡航控制系统的测试

自适应巡航控制系统的测试主要包括测试条件、探测距离测试、目标识别能力测试和弯道适应能力测试。

一、测试条件

测试条件包括测试环境、测试设备和测试目标。

1. 测试环境

测试环境有以下要求：

1)测试场地为水平、干燥、具有良好附着能力的沥青或混凝土路面。
2)温度范围在 −20~40℃。
3)水平能见度大于 1km。
4)最大风速小于 10m/s。

2. 测试设备

测量系统应完全独立于待测系统,对于所有测试程序,测试测量系统应能达到以下要求:

1)速度的测量仪器的量程范围为 0~200km/h,速度测量精度大于 0.2km/h,加速度测量精度大于 $0.1m/s^2$。
2)相对位置的测量仪器的量程为 0~300m,距离测量精度大于 0.05m。

3. 测试目标

测试目标包括激光雷达、毫米波雷达和视觉传感器的测试目标。

(1)激光雷达的测试目标 激光雷达的测试目标根据测试目标反射系数和截面积进行定义。

1)测试目标 A 代表行驶在高速公路上的至少 95% 的车辆,测试目标 B 代表无后方反射面的带有污垢的车辆。
2)测试目标 A 和 B 的最小截面积为 $20cm^2$。
3)测试目标 A 为反射系数等于 $2.0m^2/sr ± 10\%$ 的漫反射材质。
4)测试目标 B 为反射系数等于 $1.0m^2/sr ± 10\%$ 的漫反射材质。

(2)毫米波雷达的测试目标 毫米波雷达测试目标通过雷达截面积进行定义,对于不同的电波频率(20~95GHz)范围,应明确雷达截面积的定义。

1)测试目标 A 代表行驶在高速公路上的至少 95% 的车辆,测试目标 B 代表摩托车。
2)测试目标 A 的雷达截面积应为 $10m^2$。
3)测试目标 B 的雷达截面积应为 $3m^2$。

(3)视觉传感器的测试目标 视觉传感器测试目标通过车辆图案与形状进行定义。

1)目标 A 代表行驶在高速公路上的至少 95% 的车辆,目标 B 代表摩托车。
2)测试目标 A 的形状满足乘用车要求,具备后车窗、车灯、车牌以及轮胎等图案。
3)测试目标 B 的形状满足摩托车要求,具备车灯、车牌以及轮胎等图案。

二、探测距离测试

车辆参考平面为矩形,宽度与本车宽度相当,高 0.9m,离地 0.2m。它是在综合考虑车体不同位置的横截面以及轿车高度限制的基础上确定的。测试时,至少应保证位于距离 d_{max} 的车辆参考平面内并且具有一定的侧向位置偏移的反射体被探测到,如图 6-9 所示。图中 l 为本车宽度。在距离 d_{max} 处采用雷达截面积为 $10m^2$ 的测试目标 A;在距离 d_0、d_1 和 d_2 处采用雷达截面积为 $3m^2$ 的测试目标 B;d_2 特指本车前方 75m 的距离;探测距离测试应在动态条件下进行,静态测试也可作为补充选择。相同距离的测试应重复 20 次,测试的持续时间最长不应超过测试目标设置后 3s,至少 18 次可以探测到测试目标,即达到 90% 的成功率。

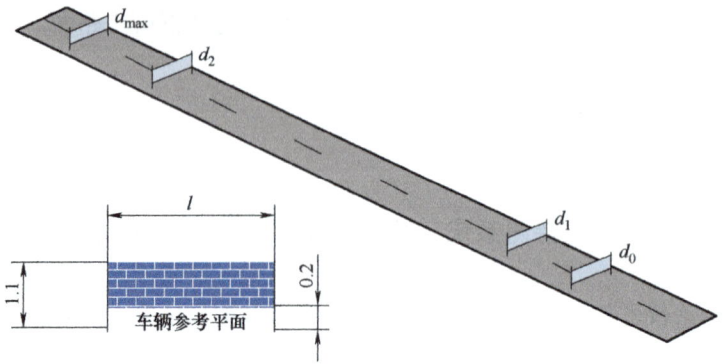

图 6-9　探测距离测试（尺寸单位：m）

三、目标识别能力测试

1. 初始条件

两辆同型号的车辆在本车的前方以速度 $v_{vehicle\_start}$ 同向行驶，两车纵向中心线间的距离为 (3.5 ± 0.25) m，车宽为 1.4~2m。

本车在车间时距控制模式下，稳定跟随其中一辆前目标车辆行驶，车间时距为 $\tau_{max}(v_{vehicle\_start})$，设定车速大于 $v_{vehicle\_end}$，本车与目标车辆纵向中心线间的侧向偏差小于 0.5m，如图 6-10 所示。图 6-10 中，1 为本车，2 为目标车辆，3 为另一辆目标车辆。

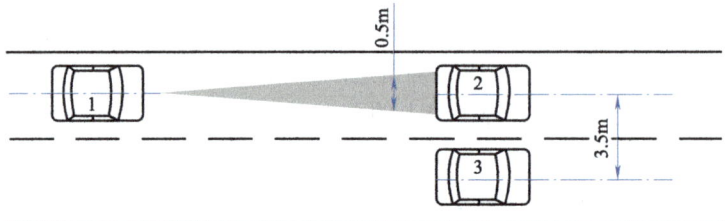

图 6-10　目标识别能力测试初始条件

2. 测试过程

目标车辆加速至 $v_{vehicle\_end}$，如果本车在自适应巡航控制系统工作状态下超过邻车道上的目标车辆，如图 6-11 所示，则测试合格。其中，$v_{vehicle\_end}$=27m/s（约等于 97.2km/h）。如果车辆无法实现上述速度，则采用 $v_{vehicle\_end}$=22m/s（约等于 79.2km/h）；$v_{vehicle\_start} = v_{vehicle\_end} - 3$m/s。

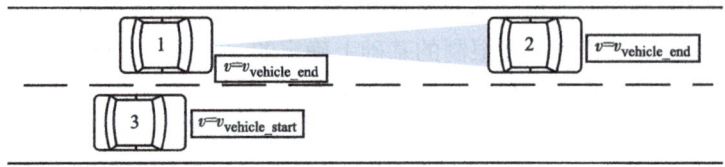

图 6-11　目标识别能力测试结束条件

四、弯道适应能力测试

本测试考虑对道路几何结构参数进行预测，同时兼顾自适应巡航控制系统传感器的视野范围。由于道路几何结构参数预测方法和前方车辆探测方法不同,故需要设计一个驾驶场景,以便进行弯道适应能力测试。

1. 测试场地

测试场地适用于自适应巡航控制Ⅱ、自适应巡航控制Ⅲ和自适应巡航控制Ⅳ类型系统。测试车道由某一半径的圆或一段足够长的曲线构成,弯道半径的取值范围为$(80\%\sim100\%)R_{min}$。测试车道为双向车道,即可沿顺时针或逆时针方向行驶,对车道标线、护栏等设施没有限制要求,如图6-12所示。对于自适应巡航控制Ⅱ类型系统,R_{min}=500m;对于自适应巡航控制Ⅲ类型系统,R_{min}=250m;对于自适应巡航控制Ⅳ类型系统,R_{min}=125m。

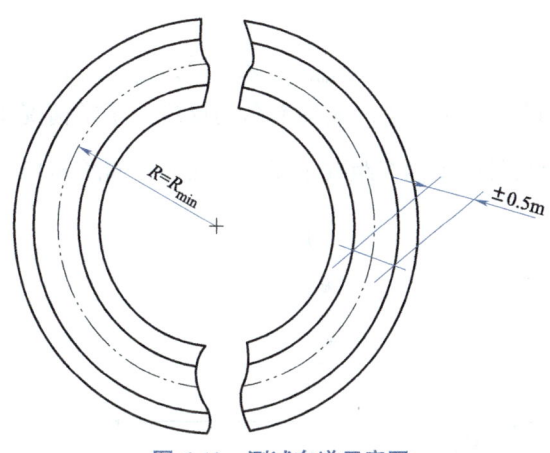

图6-12 测试车道示意图

2. 用于弯道适应能力测试的目标车辆

在目标车辆尾部安装截面积为$10m^2$的测试目标A,其余未被遮盖的表面按如下原则进行隐藏处理:使车辆尾部的雷达截面积不大于$2m^2$(移去测试目标A以后)或使其反射率不大于测试目标的20%。

3. 驾驶场景

本车以车间时距控制模式跟随同一车道上的目标车辆(二者纵向中心线间的侧向偏差为±0.5m)。测试之前,本车和目标车辆应满足给定的初始条件,测试过程的具体细节见表6-1和表6-2。图6-13中,1表示测试开始时,本车位于具有恒定半径的测试车道上,且满足其他初始条件;2表示本车开始减速(正确反应)或车头时距降至$\frac{2}{3}\tau_{max}$时,测试结束;R约为常量。

表6-1 弯道适应能力测试条件(目标车辆)

项目	测试前准备	初始条件	第1测试环节	第2测试环节
速度	$v_{vehicle\_start}$=常量		使车速降低$(3.5±0.5)$ m/s	v_{circle}=常量=$v_{vehicle\_start}$-$(3.5±1)$ m/s
时间	至少10s	时间触发0s	2s	—
行驶轨迹的半径	不小于测试场地规定的半径R;可能改变		R=常量	

表 6-2 弯道适应能力测试条件（本车）

项目	测试前准备	初始条件	第 1 测试环节	第 2 测试环节
速度	由自适应巡航控制系统控制			
加速度	≤ 0.5m/s²		观测本车减速度	
行驶轨迹的半径	不小于测试场地规定的半径 R；可能改变		R = 常量	
至目标车辆的车间时距	$\tau_{max}(v_{vehicle\_start}) \pm 25\%$		由自适应巡航控制系统控制；观测车间时距	

目标车辆的初始速度为

$$v_{vehicle\_start} = \min\left[(a_{lateral\_max} \times R)^{1/2}, v_{vehicle\_max}\right] \pm 1 \tag{6-28}$$

选择适当时机，使目标车辆减速，观察本车的反应。正常情况下，在车间时距减小至 $\frac{2}{3}\tau_{max}$ 之前，本车就会因与目标车辆车距减小而开始减速，如图 6-14 所示。

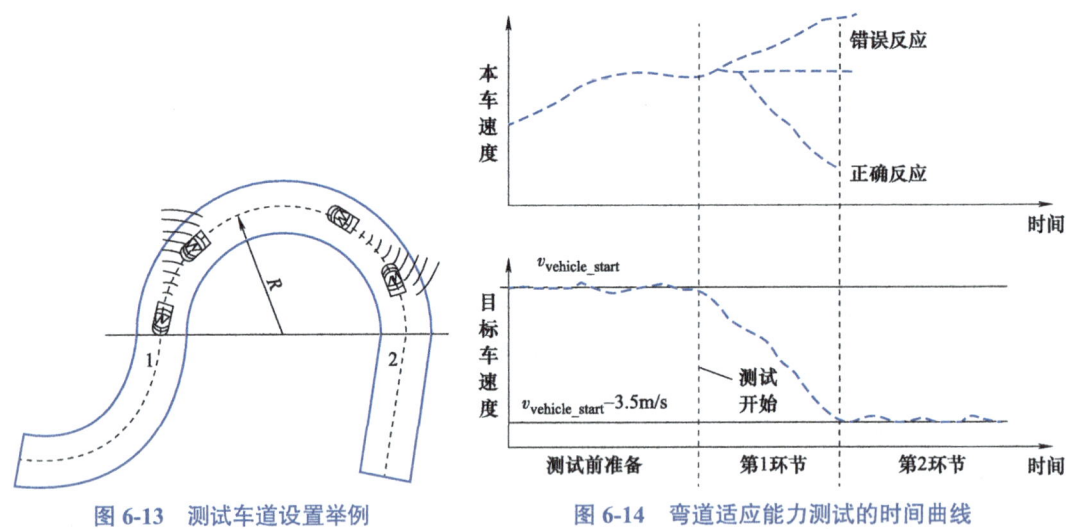

图 6-13 测试车道设置举例　　图 6-14 弯道适应能力测试的时间曲线

知识点 6.5　自适应巡航控制系统的仿真实例

自适应巡航控制系统的仿真实例

【例 6-1】基于传感器融合的自适应巡航控制系统仿真。

利用视觉传感器和毫米波雷达融合的自适应巡航控制系统具有以下优点：

1）它将视觉传感器获得的位置和速度的横向测量与毫米波雷达测量的距离和速度测量结合起来。

2）视觉传感器可以检测车道线，提供车道相对于本车的横向位置估计，以及场景中其他车辆相对于本车车道的位置。

1. 自适应巡航控制系统测试平台模型

MATLAB 提供了基于毫米波雷达和视觉传感器相融合的自适应巡航控制系统的测试平台。

在 MATLAB 编辑器中输入以下程序调出自适应巡航控制系统的测试平台（图 6-15）：
addpath（fullfile（matlabroot，'examples'，'mpc'，'main'））;
open_system（'ACCTestBenchExample'）;

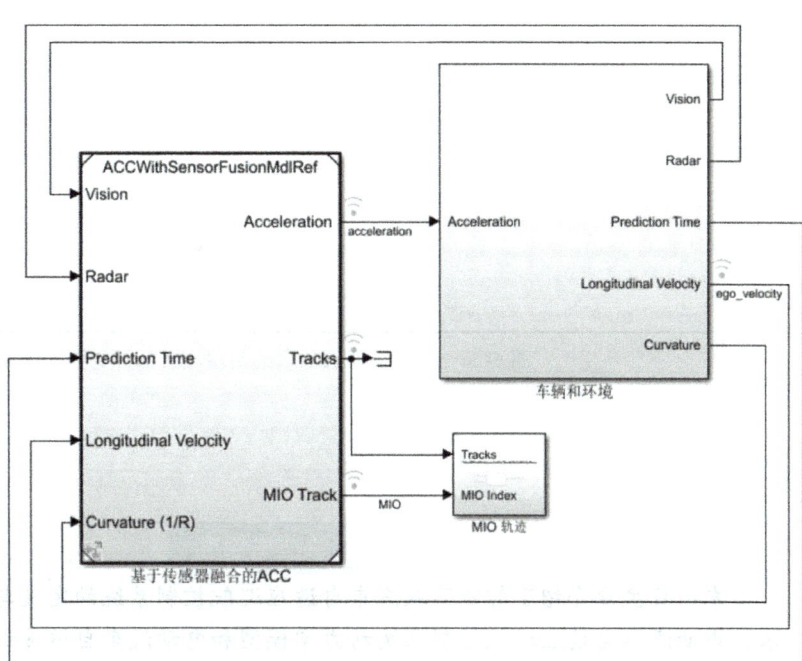

图 6-15　自适应巡航控制系统测试平台模型

自适应巡航控制系统测试平台由基于传感器融合的 ACC 模块、车辆与环境模块、MIO 轨迹和模型按钮组成。基于传感器融合的 ACC 模块模拟传感器融合并控制车辆的纵向加速度；车辆与环境模块对本车辆的运动和环境进行建模，毫米波雷达和视觉传感器为控制系统提供综合数据；模型按钮打开后，会显示初始化模型使用的数据脚本，该脚本加载 Simulink 模型所需的某些常量，例如车辆模型参数、跟踪与传感器融合参数、ACC 控制器参数、驾驶人转向控制参数、道路场景等。

2. 自适应巡航控制系统仿真结果

驾驶场景是两条具有恒定曲率的平行道路；车道上有 4 辆车，包括 1 辆在左边车道上的快车、1 辆在右边车道上的慢车、1 辆在道路对面驶来的车和 1 辆在右边车道上起步后向左边车道行驶的车。

单击运行"Run"模拟驾驶场景；通过鸟瞰图可以观察基于传感器融合的自适应巡航控制系统的测试过程。其输出结果如图 6-16 所示。

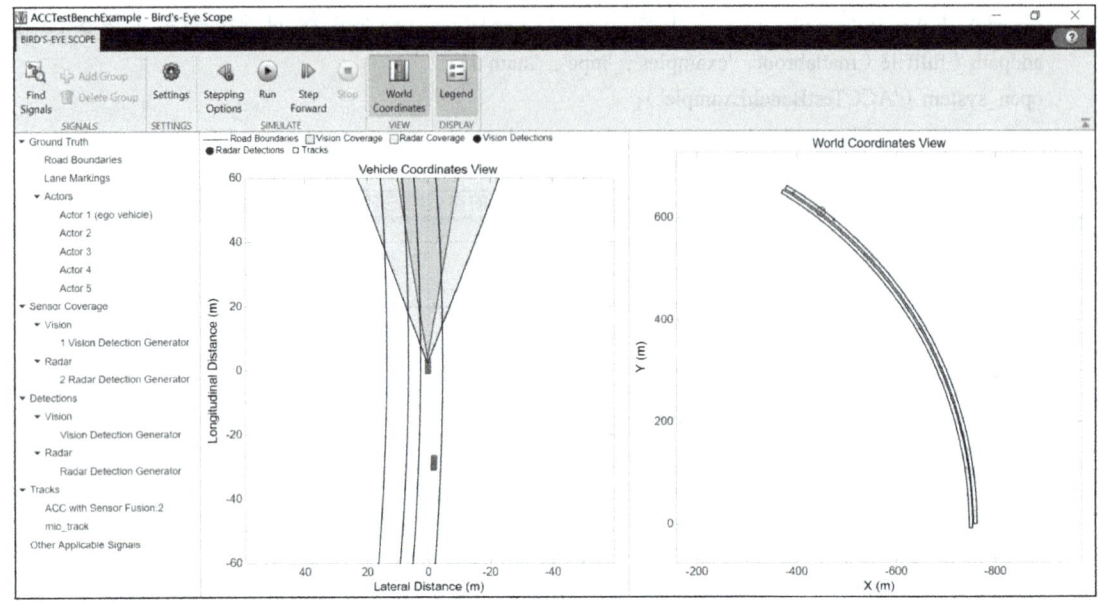

图 6-16　基于传感器融合的自适应巡航控制系统仿真

【项目巩固】

总结与提高

　　本项目主要介绍了智能网联汽车自适应巡航控制系统的定义与组成、工作原理与要求，燃油汽车自适应巡航控制系统动力学模型和电动汽车自适应巡航控制系统动力学模型，自适应巡航控制系统的测试条件、探测距离测试、目标识别能力测试和弯道适应能力测试，自适应巡航控制系统的仿真实例等。通过知识的学习，学生可以较全面地掌握智能网联汽车自适应巡航控制系统及仿真的基本知识；通过思考与练习，学生可以进一步巩固学习效果，最终培养分析问题和解决问题的能力，以及识别与仿真分析智能网联汽车自适应巡航控制系统的技能。

　　建议学生体验自适应巡航控制系统的功能，分析自适应巡航控制系统的组成与工作原理，利用 MATLAB 对自适应巡航控制系统进行仿真。

思考与练习

一、名词解释

1. 自适应巡航控制系统

2. 定速巡航

3. 跟随控制

4. 减速控制

5. 加速控制

二、填空题

1. 燃油汽车自适应巡航控制系统主要由_____、_____、_____和_____等组成。
2. 电动汽车自适应巡航控制系统的信息采集单元主要包括由_____、_____、_____和_____等。
3. 对于电动汽车自适应巡航控制系统，_____更换为_____，通过改变制动力矩和_____的输出功率控制电动汽车的行驶速度。
4. 电动汽车相对于燃油汽车，其自适应巡航控制系统的信息采集单元没有_____和_____，执行单元没有_____和_____，相应增加了_____和_____。
5. 电动汽车自适应巡航控制系统与燃油汽车自适应巡航控制系统工作原理基本一样，唯一区别是燃油汽车控制的是_____，调节_____；电动汽车控制的是_____，调节_____，而且增加了_____。
6. 自适应巡航控制系统的要求主要包括_____、_____和_____。
7. 自适应巡航控制系统不干涉_____和_____。
8. 燃油汽车自适应巡航控制系统动力学模型主要包括_____、_____、_____和_____等。
9. 电动汽车自适应巡航控制系统动力学模型主要包括_____和_____。
10. 自适应巡航控制系统的测试目标包括_____、_____和_____的测试目标。

三、选择题

1. 自适应巡航控制系统常用的传感器可以是（　　）。
A. 毫米波雷达　　B. 视觉传感器　　C. 超声波雷达　　D. V2V
2. 自适应巡航控制Ⅰ类型要求弯道半径（　　）。
A. 没有要求　　　　　　　　　　B. 大于或等于125m
C. 大于或等于250m　　　　　　　D. 大于或等于500m
3. 可供选择的最小稳态车间时距应适应各种车速下的自适应巡航控制系统，应大于或等于（　　），并且至少应提供一个在（　　）区间内的车间时距。
A. 1s　　　　B. 2s　　　　C. 1.0~2.0s　　　　D. 1.5~2.2s
4. 自适应巡航控制系统测试环境的温度范围应在（　　）。

A. -20~30℃ B. -20~40℃ C. -30~30℃ D. -30~40℃

5. 自适应巡航控制系统测试环境的最大风速应小于（　　）。

A. 8m/s B. 10m/s C. 12m/s D. 15m/s

6. 自适应巡航控制系统速度的测量仪器的量程范围为（　　），速度测量精度大于（　　）。

A. 0~160km/h B. 0~200km/h C. 0.2km/h D. 0.5km/h

7. 自适应巡航控制系统相对位置的测量仪器的量程为（　　），距离测量精度大于（　　）。

A. 0~250m B. 0~300m C. 0.05m D. 0.1m

8. 自适应巡航控制系统的目标识别能力测试中，两辆同型号的车辆在本车的前方以速度 $u_{vehicle\_start}$ 同向行驶，两车纵向中心线间的距离为（　　），车宽为（　　）。

A. (3.0±0.20)m B. (3.5±0.25)m C. 1.4~2m D. 1.5~2m

9. 自适应巡航控制系统的激光雷达测试目标 A 代表行驶在高速公路上的至少（　　）的车辆，测试目标 B 代表无后方反射面的带有污垢的车辆。

A. 85% B. 90% C. 95% D. 98%

10. 自适应巡航控制系统的毫米波雷达测试目标 A 代表行驶在高速公路上的至少 95%的车辆，测试目标 B 代表（　　）。

A. 汽车 B. 摩托车 C. 行人 D. 所有车辆

四、判断题

1. 超声波雷达和毫米波雷达可以用于自适应巡航控制系统。（　　）
2. 燃油汽车自适应巡航控制系统的组成和电动汽车自适应巡航控制系统的组成完全一样。（　　）
3. 汽车自适应巡航控制系统可自动启动。（　　）
4. 当自适应巡航控制系统处于工作状态时，本车通过对速度的自动控制来保持与前车一定的车间时距或预先的设定速度（以二者中速度高者为准）。这两种控制模式之间的转换可由自适应巡航控制系统自动完成。（　　）
5. 自适应巡航控制系统稳定状态的车间时距可由系统自动调节或由驾驶人调节。（　　）
6. 自适应巡航控制系统的控制模式（车间时距控制和车速控制）不能自行转换。（　　）
7. 自适应巡航控制系统可以控制本车的行驶速度。（　　）
8. 对静止目标的响应不是自适应巡航控制系统必备的功能，如果自适应巡航控制系统不能对静态目标做出响应，则应在车辆的用户使用手册中予以声明。（　　）
9. 自适应巡航控制系统应具备相关标准中规定的探测距离、目标识别能力以及弯道适应能力。（　　）
10. 利用 MATLAB 可以对自适应巡航控制系统进行仿真分析。（　　）

五、问答题

1. 燃油汽车自适应巡航控制系统的工作原理是怎样的？

2. 电动汽车自适应巡航控制系统的工作原理是怎样的？

3. 燃油汽车自适应巡航控制系统与电动汽车自适应巡航控制系统有什么不同？

4. 自适应巡航控制系统的工作模式主要有哪些？

5. 自适应巡航控制系统的测试主要包括哪些项目？

实训任务单

子任务 1：利用本校实验室具有自适应巡航控制系统的实验车辆，演示自适应巡航控制系统的工作原理，分析自适应巡航控制系统的组成，并完成实训报告。

实训题目		智能网联汽车自适应巡航控制系统的演示与分析			
学生姓名		班级		学号	
实训结果					
详细绘制实验车辆自适应巡航控制系统的组成图并进行描述					
详细绘制实验车辆自适应巡航控制系统的工作原理图并进行描述					
实训结果分析					
实训心得					
指导教师			成绩		

子任务 2：设置不同的驾驶场景，利用 MATLAB 的自适应巡航控制系统测试平台仿真模型进行仿真，并完成实训报告。

实训题目		智能网联汽车自适应巡航控制系统的仿真			
学生姓名		班级		学号	
实训结果					
驾驶场景描述					
仿真结果					
实训结果分析					
实训心得					
指导教师			成绩		

项目七

其他先进驾驶辅助系统的测试

【项目导入】

在某一起交通事故中，高速公路上一辆汽车因错过高速公路出口强行变道，撞上了正常行驶的另一辆汽车，如图 7-1 所示。此次恶性交通事故造成一条生命的逝去，值得深思。驾驶人很可能在匆忙并线过程中未仔细观察侧后视镜或因侧后视镜存在盲区导致误判，造成此次事故发生。在类似情况下，如果车辆能对驾驶人发出警告，提醒潜在危险的迫近，或许惨剧就不会发生。此外，雨天的能见度较差，雨滴不仅模糊了车窗，也模糊了后视镜，当需要转弯、并线时会发现侧后视镜满是水滴，变得模糊不清，难以判断汽车周围情况，难以判断旁边车道是否有汽车和摩托车。无论是变道盲区还是恶劣天气，如果有盲区监测系统就能解决这个问题。盲区监测系统可以减少盲区给汽车并线带来的隐患，提高汽车行驶的安全系数。

图 7-1　某一起交通事故

什么是盲区监测系统？如何进行测试？通过对本项目的学习可以得到答案。

【学习目标】

知识目标

1. 掌握盲区监测系统的定义与组成、工作原理与要求以及测试方法。
2. 掌握智能泊车辅助系统的定义与组成、工作原理与要求以及测试方法。
3. 掌握自适应前照明系统的定义、组成、工作原理与工作模式。
4. 掌握抬头显示系统的定义、组成与工作原理。
5. 掌握驾驶人疲劳监测系统的定义与组成、要求与驾驶人疲劳的监测方法。

技能目标

1. 能够对盲区监测系统进行辅助测试。
2. 能够对智能泊车辅助系统进行辅助测试。
3. 能够对自适应前照灯系统、抬头显示系统和驾驶人疲劳监测系统进行辅助测试。

素养目标

1. 培养学生较强的交流合作、信息处理和数字应用等核心职业素养。
2. 增强学生为国担当的责任使命,培养爱国之情,砥砺强国之志。

【知识框架】

项目七
- 盲区监测系统
  - 盲区监测系统的定义与组成
  - 盲区监测系统的工作原理与要求
  - 盲区监测系统的测试
- 智能泊车辅助系统
  - 智能泊车辅助系统的定义与组成
  - 智能泊车辅助系统的工作原理与要求
  - 智能泊车辅助系统的测试
- 自适应前照明系统
  - 自适应前照明系统的定义与组成
  - 自适应前照明系统的工作原理与要求
  - 自适应前照明系统的测试
- 抬头显示系统
  - 抬头显示系统的定义与组成
  - 抬头显示系统的工作原理与要求
  - 抬头显示系统的测试
- 驾驶人疲劳监测系统
  - 驾驶人疲劳监测系统的定义与组成
  - 驾驶人疲劳监测系统的工作原理与要求
  - 驾驶人疲劳监测系统的检测方法

【知识准备】

知识点 7.1 盲区监测系统

一、盲区监测系统的定义与组成

盲区监测系统

1. 盲区监测系统的定义

盲区监测(Blind Spot Detection,BSD)系统实时监测驾驶人的视野盲区,并在其盲区内出现其他道路使用者时发出提示或警告信息。盲区监测系统在驾驶人超车或变道时,通过传感器监测外后视镜盲区内是否有其他可能会引起碰撞的车辆,并通过视觉信号或听觉信号对驾驶人进行提醒,从而提高行车安全性。该系统仅是对盲区预警的辅助手段,并不会采取任何自主行动来阻止可能发生的碰撞,驾驶人需要对车辆的安全操作负责。

盲区监测系统是目前市场上配置率较高的一种先进驾驶辅助系统。盲区监测系统的功能除车辆的检测外,还包括城市道路上汽车盲区内行人、骑行者的检测,高速公路弯道的检测与识别等。

盲区监测系统可以进一步拓展出其他先进驾驶辅助系统功能,如变道辅助系统、后方交通穿行提示系统、后方交通穿行制动系统和开门预警系统。

(1)变道辅助系统 通过传感器实时监测驾驶人视野盲区,在车辆变道过程中,当判断车辆侧方或后方出现可能与本车发生碰撞危险的其他道路使用者时发出警告。

(2)后方交通穿行提示系统 在车辆倒车时,通过传感器实时监测车辆后部横向接近的其他道路使用者,并在判断可能发生碰撞危险时发出警告。

(3)后方交通穿行制动系统 在车辆倒车时,通过传感器实时监测车辆后部横向接近的其他道路使用者,并在判断可能发生碰撞危险时主动控制车辆制动。

(4)开门预警系统 在停车状态即将开启车门时,通过传感器实时检测车辆侧后方的其他道路使用者,并在可能因车门开启而发生碰撞危险时发出警告。

2. 盲区监测系统的组成

盲区监测系统一般由信息采集单元、电控单元和预警显示单元等组成。

(1)信息采集单元 信息采集单元利用车载传感器检测汽车盲区里是否有行人或其他行驶车辆,并把采集到的有用信息传输给电控单元。后视镜盲区的信息采集单元一般采用毫米波雷达或视觉传感器。

(2)电控单元 电控单元对信息采集单元采集到的信息进行分析判断,向预警显示单元发送信息。

(3)预警显示单元 预警显示单元接收电控单元的信息,如果有危险,则发出预警,告知驾驶人此时不可变道。预警显示单元一般包括两侧后视镜 LED 灯、组合仪表盘或音响。

图 7-2 所示为基于毫米波雷达的盲区监测系统。

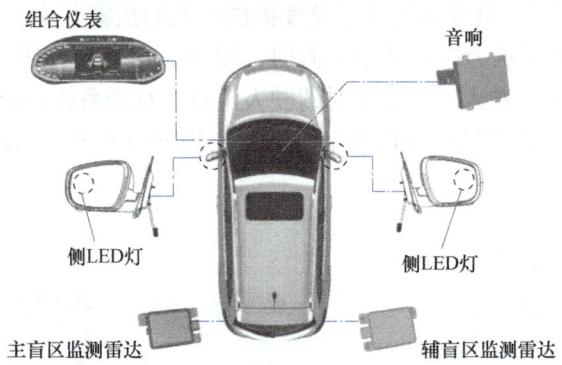

图 7-2 基于毫米波雷达的盲区监测系统

二、盲区监测系统的工作原理与要求

1. 盲区监测系统的工作原理

盲区监测系统的传感器一般安装在车辆尾部两个角上或外后视镜根部,如图 7-3 所示。

传感器检测汽车盲区里是否有行人或其他行驶车辆,并把采集到的有用信息传输给电控单元。

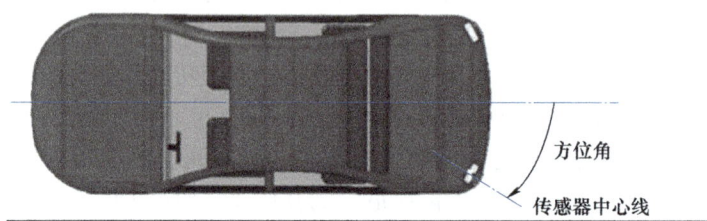

a) 传感器安装在车辆尾部两个角上

b) 传感器安装在外后视镜根部

图 7-3　盲区监测系统传感器的安装位置

当汽车速度大于某一阈值(例如 10km/h)时,盲区监测系统自动启动,如果监测范围内有车辆或行人,就会被信息采集单元检测到,系统会计算出本车与目标的距离、目标的速度等信息,并将采集到的信息传输给电控单元;电控单元根据收到的信息判断进入监测范围内的车辆或行人是否对本车造成威胁,如果存在安全隐患,则通过预警显示单元提醒驾驶人,并根据危险程度、驾驶人的反应速度提供不同的预警方式。图 7-4 所示为盲区监测系统的预警。当电控单元认为存在驾驶风险时,预警显示单元会通过安装在两侧后视镜中的 LED 预警指示灯告知驾驶人。如果此时驾驶人没有注意到系统提醒,打转向灯准备变道,预警显示单元会通过 LED 发送一个闪光信号并发出蜂鸣声来警告驾驶人,避免交通事故的发生。

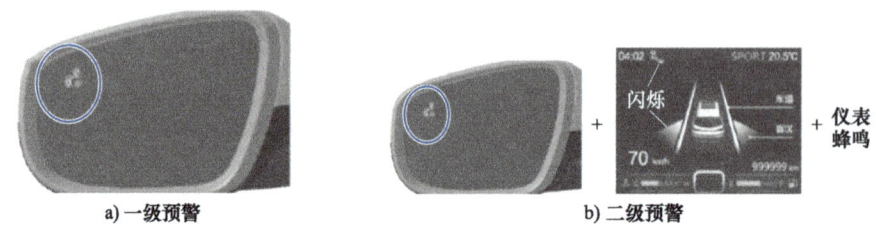

a) 一级预警　　　　b) 二级预警

图 7-4　盲区监测系统的预警

未来的智能网联汽车可以采用 V2V 和 V2I 之间通信,告知驾驶人盲区内是否有车辆或行人。

2. 盲区监测系统的要求

盲区监测系统的要求包括基本要求、监测范围和性能要求。

（1）基本要求　盲区监测系统有以下基本要求：

1）开启和关闭要求。盲区监测系统应具备手动开启或关闭的功能；手动关闭时，应具有关闭状态的指示。

2）激活要求。盲区监测系统处于非激活状态时，系统可检测目标车辆，但不向驾驶人发出警告。盲区监测系统被激活时，盲区监测系统从非激活状态切换到激活状态。盲区监测系统至少能通过下列方式之一被激活。启动激活：车辆起动后，盲区监测系统自动启动并进入激活状态；最低速度激活：车辆速度达到盲区监测系统设计的最低激活车速时，盲区监测系统自动激活；转向信号激活：盲区监测系统接收到车辆发出的转向信号或判定其即将或正在进行转向操作，盲区监测系统自动激活目标转向区域一侧。

3）人机交互要求。人机交互要求包括警告方式、开启/关闭指示要求和系统故障指示要求。警告方式要求：盲区监测系统采用易被驾驶人感知的方式发出警告信息，并能清晰地指示目标车辆出现的一侧，警告指示信息应明显区分于车辆中其他系统的警告信息，变道辅助系统除外；开启/关闭指示要求：盲区监测系统具有开启/关闭状态的指示，该指示应目视可见；系统故障指示要求：盲区监测系统具有系统故障指示提醒功能，其提醒状态标志应能被驾驶人清晰观测到。

4）自检要求。盲区监测系统至少应具备以下自检功能：能检测相关电气部件是否正常运行，相关传感元件是否正常运行。自检时，不出现明显的延迟；在发生故障时，故障指示也不出现明显的延误。

5）其他要求。盲区监测系统的操纵件、指示及信号装置的标志符合有关标准的相关要求，盲区监测系统的效能不受电磁场的不利影响，其电磁兼容性符合相关标准的要求。

（2）监测范围　M1 和 N1 类车辆的盲区监测范围如图 7-5 所示。图 7-5 中，1 表示试验车辆；2 表示第 95 百分位眼椭圆的中心，应符合《人类工效学　车辆驾驶员眼睛位置》（GB/T 36606—2018）的要求，N1 类车辆参考；3 表示 GFCB 围成的区域为直线工况下的车辆左侧盲区监测范围；4 表示 KLCB 围成的区域为直线工况下的车辆右侧盲区监测范围。

图 7-5 中的画线是为了说明盲区监测警告要求。右侧、左侧和后部等描述参考了试验车辆的行驶方向。给出的所有尺寸均是相对试验车辆而言的。

——线 AA 平行于试验车辆后缘，并位于试验车辆后缘后部 30.0m 处。

——线 BB 平行于试验车辆后缘，并位于试验车辆后缘后部 3.0m 处。

——线 CC 平行于试验车辆前缘，并位于第 95 百分位眼椭圆的中心。

——线 DD 为试验车辆前缘的双向延长线。

——线 EE 平行于试验车辆的中心线，并位于试验车辆车身（不包括外后视镜）左侧的最外缘。

——线 FF 平行于试验车辆的中心线，并位于试验车辆车身左侧最外缘的左边，与左侧最外缘相距 0.5m。

——线 GG 平行于试验车辆的中心线，并位于试验车辆车身左侧最外缘的左边，与左侧最外缘相距 3.0m。

——线 HH 平行于试验车辆的中心线，并位于试验车辆车身左侧最外缘的左边，与左侧最外缘相距 6.0m。

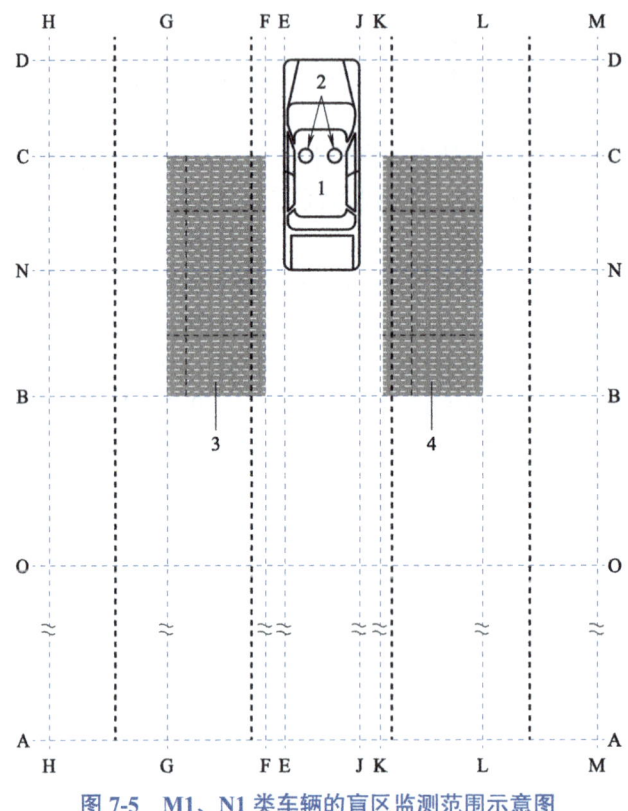

图 7-5　M1、N1 类车辆的盲区监测范围示意图

——线 JJ 平行于试验车辆的中心线,并位于试验车辆车身(不包括外后视镜)右侧的最外缘。

——线 KK 平行于试验车辆的中心线,并位于试验车辆车身右侧最外缘的右边,与右侧最外缘相距 0.5m。

——线 LL 平行于试验车辆的中心线,并位于试验车辆车身右侧最外缘的右边,与右侧最外缘相距 3.0m。

——线 MM 平行于试验车辆的中心线,并位于试验车辆车身右侧最外缘的右边,与右侧最外缘相距 6.0m。

——线 NN 为试验车辆后缘的双向延长线。

——线 OO 平行于试验车辆后缘,并位于试验车辆后缘后部 10.0m 处。

(3)性能要求　盲区监测系统有以下性能要求:

1)目标车辆测试要求。盲区监测系统的功能应覆盖左、右两侧的相邻区域。直线行驶工况下目标车辆为规定的汽车或者摩托车;当目标车辆为汽车时,盲区监测系统满足有关规定的测试要求。

2)盲区监测系统的警告要求。盲区监测系统的警告要求包括左侧盲区警告要求和右侧盲区警告要求。

① 左侧盲区警告要求。按要求进行直线行驶工况试验，当目标车辆处于以下条件所列范围内时，系统发出左侧盲区警告：目标车辆的任何部位位于 BB 线前面；目标车辆完全位于 CC 线后面；目标车辆完全位于 FF 线的左侧；目标车辆的任何部位位于 GG 线的右侧。如果目标车辆任何部位均未处于 AA、DD、EE 和 HH 4 条直线交叉覆盖区域内，则不发出左侧盲区警告。

② 右侧盲区警告要求。按要求进行直线行驶状态试验，当目标车辆处于以下条件所列范围内时，系统发出右侧盲区警告：目标车辆的任何部位位于 BB 线前面；目标车辆完全位于 CC 线后面；目标车辆完全位于 KK 线的右侧；目标车辆的任何部位位于 LL 线的左侧。如果目标车辆任何部位均未处于 AA、DD、JJ 和 MM 4 条直线交叉覆盖区域内，则不发出右侧盲区警告。

3）系统响应。系统响应包括系统响应时间和可选盲区警告抑制。

① 系统响应时间。当目标车辆从侧后方进入盲区监测范围时，从目标车辆进入盲区监测范围到系统发出警告的时间不大于 300ms。

② 可选盲区警告抑制。如果试验车辆正在超越目标车辆，且目标车辆从前方进入了监测范围，则可将盲区警告抑制一段时间，警告抑制时间不大于 2s。

三、盲区监测系统的测试

1. 测试环境条件

盲区监测系统的测试环境要满足以下条件：

1）测试应在水平、干燥、具有良好附着能力的混凝土或沥青路面上进行。
2）测试时的环境温度应为 -20~40℃。
3）水平可视范围应确保能够在整个测试中清晰观察目标。

2. 目标车辆要求

目标车辆应为普通大批量生产的汽车或摩托车；目标车辆为汽车时，轴距应为 2.0~2.5m 的范围；作为替代，也可以采用表征参数能够代表汽车且适应系统传感器的柔性目标。目标车辆为摩托车时，目标车辆的长度应为 2.0~2.5m，最宽点（不包括侧视镜）的宽度应为 0.7~0.9m，高度（不包括风窗玻璃和驾驶人）应为 1.1~1.5m；作为替代，也可以采用表征参数能够代表摩托车且适应系统传感器的柔性目标。

3. 测试系统

测试系统包括测试系统要求和测试系统精度要求。

（1）测试系统要求　测试系统应满足下列要求：

1）完全独立于盲区监测系统。
2）能测量试验车辆后缘与目标车辆前缘之间的纵向距离（假设目标车辆位于试验车辆后方）。
3）能测量试验车辆前缘与目标车辆后缘之间的纵向距离（假设目标车辆位于试验车辆前方）。
4）能测量试验车辆最左边缘与目标车辆最右边缘之间的横向距离（假设目标车辆位于试验车辆左侧）。
5）能测量试验车辆最右边缘与目标车辆最左边缘之间的横向距离（假设目标车辆位于

试验车辆右侧)。

6) 能测量从目标车辆满足警告条件到发出警告的时间延迟。

(2) 测试系统精度要求 测试系统精度包括距离测量精度和时间测量精度。

1) 距离测量精度。距离测量精度应符合下列要求：距离小于 2m 时，测量精度小于或等于 0.1m；距离大于或等于 2m 且小于或等于 10m 时，测量精度小于或等于 5%；距离大于 10m 时，测量精度小于或等于 0.5m。

2) 时间测量精度。时间测量精度应符合下列要求：时间小于 200ms 时，测量精度小于或等于 20ms；时间大于或等于 200ms 且小于或等于 1s 时，测量精度小于或等于 10%；时间大于 1s 时，测量精度小于或等于 100ms。

4. 目标车辆（摩托车）识别测试

试验车辆以 (40±2) km/h 的速度匀速直线行驶，目标车辆（摩托车）以 (55±5) km/h 的速度由侧后方驶向并超越目标车辆，行驶过程中应保持目标车辆（摩托车）车身的最外缘与试验车辆中心线之间的距离为 2.0~3.5m，如图 7-6 所示。当目标车辆（摩托车）从侧后方行驶进入试验车辆盲区监测范围时，系统应发出警告，警告发出的时间不得晚于目标车辆（摩托车）前缘穿过 CC 线（位置见图 7-5）。当目标车辆（摩托车）的前缘超越试验车辆 CC 线 3m 时，测试结束。测试完成后，在试验车辆另一侧重复进行该测试。

图 7-6 目标车辆（摩托车）识别测试

5. 直线道路并道测试

试验车辆以 (50±2) km/h 的速度匀速直线行驶，目标车辆以 (50±2) km/h 的速度匀速行驶并保持与试验车辆的横向距离为 6.0~7.0m，如图 7-7 所示。当目标车辆越过 BB 线（位置见图 7-5）并完全在 CC 线之后时，以 0.25~0.75m/s 的侧向速度分别从试验车辆侧后方进行变道，直至两车的横向距离为 (1.5±0.3)m。变道完成后，目标车辆至少保持直线行驶 300ms，然后变道返回最初车道线，测试结束。测试完成后，在试验车辆另一侧重复进行该测试。

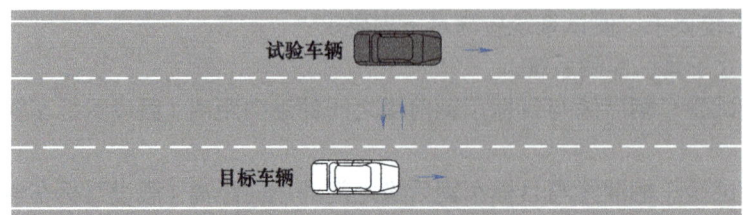

图 7-7 直线道路并道测试

当目标车辆并道接近试验车辆时，盲区监测系统应满足以下条件：

1) 当目标车辆完全位于图 7-5 所示的 HH 线或 MM 线外时，盲区监测系统不能发出警告。

2）当目标车辆的任何部分位于试验车辆的盲区时，盲区监测系统发出警告，警告发出的时间不得晚于目标车辆外缘穿过 LL 线或 GG 线后 300ms。

6. 直线道路目标车辆超越试验车辆测试

试验车辆以（50±2）km/h 的速度匀速直线行驶，目标车辆在相邻车道匀速直线行驶并保持与试验车辆的横向距离为（1.5±0.3）m，目标车辆以高于试验车辆的速度匀速行驶并超越目标车辆，如图 7-8 所示。目标车辆根据表 7-1 规定的场景车速行驶于测试车辆侧后方，当两车达到试验开始两车纵向距离时，测试开始；当目标车辆的前缘超越试验车辆 CC 线（位置见图 7-5）3m 时，测试结束。测试完成后，在试验车辆另一侧重复进行该测试。

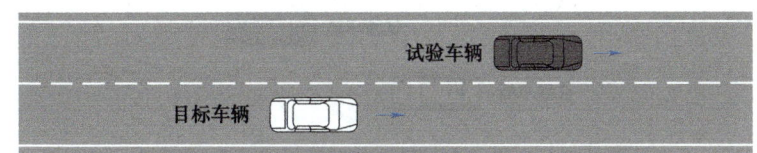

图 7-8 直线道路目标车辆超越试验车辆测试

表 7-1 直线道路目标车辆超越试验车辆场景试验方案参数

科目	场景 1	场景 2	场景 3
试验车辆速度	（50±2）km/h	（50±2）km/h	（50±2）km/h
目标车辆速度	（60±2）km/h	（65±2）km/h	（70±2）km/h
速度差	（10±2）km/h	（15±2）km/h	（20±2）km/h
测试开始时两车纵向距离	11m	22m	33m

当目标车辆接近试验车辆时，盲区监测系统应满足以下条件：

1）当目标车辆完全位于 AA 线之后时，盲区监测系统不发出警告。

2）当目标车辆的任何部分位于试验车辆的盲区时，盲区监测系统发出警告，警告发出的时间不得晚于目标车辆前缘穿过 BB 线后 300ms。

7. 目标车辆变道超越试验车辆测试

试验车辆以（50±2）km/h 的速度匀速直线行驶，目标车辆以（60±2）km/h 的速度同车道驶向试验车辆，如图 7-9 所示。开始测试时，目标车辆与试验车辆相距大于 20m，当目标车辆距试验车辆 BB 线 10m 时，目标车辆以 0.55~0.85m/s 的侧向速度从试验车辆侧后方进行变道至两车的横向距离为（1.5±0.3）m。变道完成后，目标车辆保持直线行驶，直至目标车辆完全超越试验车辆的前缘，当目标车辆的前缘超越 CC 线 3m 时，测试结束。测试完成后，在试验车辆另一侧重复进行该测试。

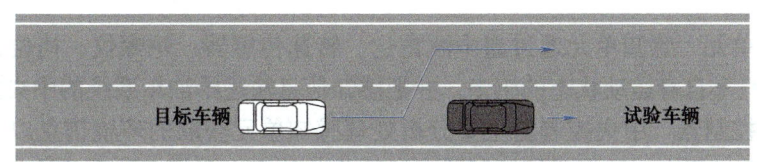

图 7-9 目标车辆变道超越试验车辆测试

当目标车辆的任何部分进入试验车辆的盲区时，盲区监测系统发出警告，且警告发出的时间不得晚于目标车辆纵向中心线穿过 BB 线或 KK 线后 300ms。

8. 直线道路双目标车辆超越试验车辆测试

试验车辆以（50±2）km/h 的速度匀速直线行驶，目标车辆以（60±2）km/h 的速度在相邻车道匀速直线行驶并保持与试验车辆的横向距离为（1.5±0.3）m，如图 7-10 所示。开始测试时，目标车辆距试验车辆 BB 线纵向距离大于 11m；当目标车辆最前缘超越试验车辆 CC 线 3m 时，测试结束。

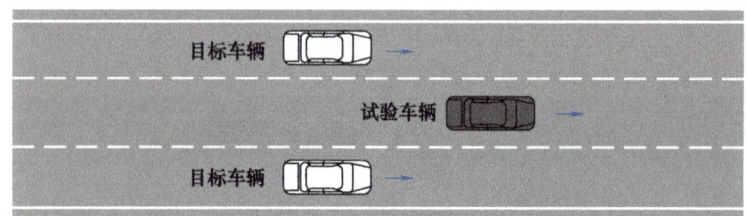

图 7-10　直线道路双目标车辆超越试验车辆测试

当目标车辆接近试验车辆时，盲区监测系统应满足以下条件：

1）当目标车辆完全位于 AA 线之后时，盲区监测系统不发出警告。

2）当目标车辆的任何部分位于试验车辆的盲区时，盲区监测系统发出警告，警告发出的时间不得晚于目标车辆前缘穿过 BB 线后 300ms。

知识点 7.2　智能泊车辅助系统

一、智能泊车辅助系统的定义与组成

智能泊车辅助系统

1. 智能泊车辅助系统的定义

智能泊车辅助系统在泊车过程中，能够利用车载传感器自动检测附近可用泊车位，计算泊车轨迹，控制转向系统、制动系统、驱动系统和变速系统完成泊车入位；能够向驾驶人发出系统故障状态、危险预警等信息。

按泊车模式不同，智能泊车辅助系统可分为平行泊车系统和垂直泊车系统。平行泊车系统具备平行靠左、靠右泊车（即侧方位停车）能力；垂直泊车系统具备垂直靠左、靠右泊车（即倒车入库）能力。

2. 智能泊车辅助系统的组成

智能泊车辅助系统主要由感知单元、中央控制器、转向执行机构和人机交互系统组成，如图 7-11 所示。

（1）感知单元　感知单元通过超声波雷达、转速传感器、陀螺仪、档位传感器等实现对环境信息和汽车自身运动状态的感知，并把感知信息输送给泊车系统的中央控制器。

（2）中央控制器　中央控制器主要分析处理感知单元获取的环境信息以及汽车泊车运动控制。在泊车过程中，泊车系统控制器实时接收并处理汽车超声波雷达输出的信息，当汽

车与周围物体相对距离小于设定安全值时，泊车系统控制器将采取合理的汽车运动控制。

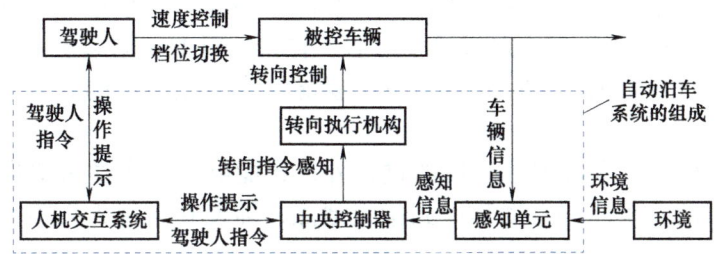

图 7-11 智能泊车辅助系统的组成

（3）转向执行机构 转向执行机构由转向系统、转向驱动电机、转向电机控制器以及转向柱转角传感器等组成，转向执行机构接收中央控制器发出的转向指令后执行转向操作。

（4）人机交互系统 在泊车过程中，人机交互系统向驾驶人显示一些重要信息。

3. 智能泊车辅助系统的类型

智能泊车辅助系统可以分为自动泊车辅助系统、远程遥控泊车辅助系统、自学习泊车辅助系统和自动代客泊车系统。

（1）自动泊车辅助系统 自动泊车辅助系统主要利用遍布车辆自身和周边环境里的传感器，测量车辆自身与周边物体之间的相对距离、速度和角度，然后通过车载计算平台或云计算平台计算出操作流程，并控制车辆的转向和加减速，以实现自动泊入、泊出及部分行驶功能。

使用4个泊车辅助传感器（APA）超声波雷达检测到空库位后，汽车控制器会根据本车的尺寸和库位的大小，规划出一条合理的泊车轨迹，控制转向盘、变速器和节气门开度进行自动泊车。在泊车过程中，安装在汽车前、后的8个UPA（测量汽车前、后障碍物的超声波雷达）会实时感知环境信息，进而修正泊车轨迹，避免碰撞。

自动泊车可以分为半自动泊车和全自动泊车。半自动泊车为驾驶人操控车速，计算平台根据车速及周边环境来确定并执行转向，对应于1级驾驶自动化；全自动泊车为计算平台根据周边环境来确定并执行转向和加减速等全部操作，驾驶人可在车内或车外监控，对应于2级驾驶自动化。

（2）远程遥控泊车辅助系统 远程遥控泊车辅助系统是在自动泊车技术的基础之上发展而来的，车载传感器的配置方案与自动泊车辅助系统类似。它解决了停车后难以打开本车车门的尴尬场景，如在两边都停了车的车位，或在比较狭窄的停车房。远程遥控泊车辅助系统常见于特斯拉、宝马7系和奥迪A8等高端车型上。

在汽车低速巡航并找到空车位后，驾驶人将汽车挂入停车档，就可以离开汽车了。在车外，使用手机发送泊车指令控制汽车完成泊车操作。遥控泊车涉及汽车与手机的通信，目前汽车与手机最广泛且稳定的通信方式是蓝牙，虽然没有4G/5G传输的距离远，但是解决了4G/5G信号不能保证在所有地方都能稳定通信的问题。

相比于自动泊车辅助系统，远程遥控泊车辅助系统加入了与驾驶人通信的车载蓝牙模块，因此驾驶人不需要坐在车内监控汽车的泊车过程，而仅需要在车外观察即可。

远程遥控泊车辅助系统属于2+级驾驶自动化。

（3）自学习泊车辅助系统 自学习泊车辅助系统能够学习驾驶人的泊入和泊出操作，并在以后自主完成这个过程。自学习泊车辅助系统的核心技术是即时定位与地图构建。

驾驶人在准备停车前，可以在库位不远处开启"路线学习"功能，随后慢慢将汽车泊入固定车位，系统就会自学习该段行驶和泊车路线。泊车路线一旦学习成功，汽车便可达到"过目不忘"。完成路线的学习后，在录制时的相同起点下车，用手机蓝牙连接汽车，启动自学习泊车辅助系统，汽车就能够模仿先前录制的泊车路线完成自动泊车。

驾驶人除了让汽车学习泊入车库的过程外，还能够让汽车学习泊出并行驶到办公楼的过程。聪明的汽车能够自动驾驶到指定地点，即使在大雨天也不用"害怕"冒雨取车。

自学习泊车辅助系统相比于自动泊车和远程遥控泊车辅助系统加入了360°环视相机，而且泊车的控制距离从5m内扩大到了50m内，有了明显提升。

自学习泊车辅助系统属于3级驾驶自动化。

（4）自动代客泊车系统　　理想的泊车辅助场景是驾驶人把车开到办公楼下后，把找泊车位和停车的工作交给汽车，汽车停好后发信息给驾驶人，告知驾驶人自己停在哪里；在驾驶人下班时给汽车发信息，汽车即可远程启动、泊出库位，并行驶到驾驶人设定的接驳点。

自动代客泊车是为了解决日常工作、生活中的停车难问题，其主要的应用地点通常是办公楼或者大型商场的地上或地下停车场。

相比于前面3种泊车辅助产品，自动代客泊车除了要实现泊入车库的功能外，还需要解决从驾驶人下车点低速（小于20km/h）行驶至库位旁的问题。为了能尽可能地安全行驶到库位旁，必须提升汽车远距离感知的能力，因此前视摄像头成为最优的传感器方案。地上/地下停车场不像开放道路，场景相对单一，高速运动的汽车较少，对于保持低速运动的汽车来说，更容易避免突发状况的发生。

除了毫米波雷达和视觉传感器外，实现自动代客泊车需要引入停车场的高精度地图，配合即时定位与地图构建或视觉匹配定位的方法，能够让汽车知道它现在在哪里、应该去哪里寻找泊车位。除了自行寻找泊车位外，具备自动代客泊车功能的汽车还可以配合智能停车场更好地完成自动代客泊车的功能。智能停车场需要在停车场内安装一些必要的基础设施，如摄像头、地锁等。这些传感器不仅能够检测到泊车位是否被占用，还能够知道停车场的道路上是否有车等信息。将这些信息建模后发送给汽车，汽车就能够规划出一条合理的路径，行驶到空车位处。

自动代客泊车属于4级驾驶自动化。

二、智能泊车辅助系统的工作原理与要求

1. 智能泊车辅助系统的工作原理

智能泊车辅助系统的工作原理是通过车载传感器扫描汽车周围环境，通过对环境区域的分析和建模，搜索有效泊车位，当确定目标车位后，系统提示驾驶人停车并自动启动智能泊车程序，根据所获取的车位大小和位置信息，由程序计算泊车路径，然后自动操纵汽车泊车入位。

智能泊车辅助系统的工作过程如图7-12所示。

项目七 其他先进驾驶辅助系统的测试

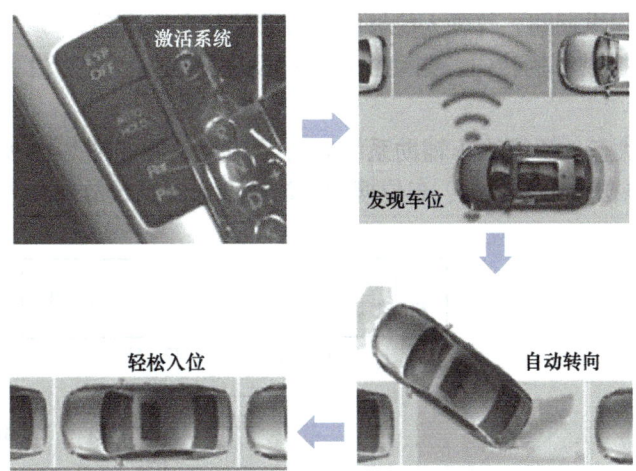

图 7-12 智能泊车辅助系统的工作过程

（1）激活系统　汽车进入停车区域后缓慢行驶，人工开启智能泊车辅助系统，或根据车速自动启动智能泊车辅助系统。

（2）车位检测　通过车载传感器获取环境信息，传感器主要采用测距传感器（如超声波雷达）和/或视觉传感器，然后识别出目标车位。

（3）路径规划　根据感知单元所获取的环境信息，中央控制器对汽车和环境建模，计算出一条能使汽车安全泊入车位的路径。

（4）路径跟踪　通过转角、加速和制动的协调控制，使汽车跟踪预先规划的泊车路径，实现轻松泊车入位。

智能泊车辅助系统在泊车过程中，不需要驾驶人控制汽车的任何操作，所有泊车过程全部由计算机控制。

2. 智能泊车辅助系统的要求

智能泊车辅助系统的要求包括系统功能要求、基本功能要求、基本工作状态和工作条件限制。

（1）系统功能要求　驾驶人启动泊车任务后，手动驾驶车辆进入车位搜索模式，智能泊车辅助系统采用传感器感知车辆周围环境，实现泊车位的搜索和监测，实时地将已监测出的车位通过人机交互系统显示给驾驶人，驾驶人停车并选择待泊入的车位，在确认进入泊车操作后，驾驶人无须操纵车辆转向、制动、加速以及选择档位，智能泊车辅助系统自动控制车辆实现泊车入位。

智能泊车辅助系统工作过程中，传感器会检测车前及车尾规定范围内的障碍物情况，当传感器检测到障碍物时，会主动进行预警提示，并控制车辆停止，避免碰撞。

（2）基本功能要求　智能泊车辅助系统有以下基本功能要求：

1）检测泊车位的存在。

2）确定本车与泊车位、本车周围障碍物以及泊车位周围障碍物的相对位置。

3）计算泊车轨迹。

4）控制车辆完成泊车入位。

5）根据车辆与前、后方障碍物之间的距离控制车辆以不同的速度行驶及紧急制动。

6）在系统控制操纵期间，驾驶人能够随时接管控制车辆运动。

7）驾驶人无须操纵车辆转向、制动、加速以及选择档位，智能泊车辅助系统自动控制车辆实现泊车入位。

（3）基本工作状态　智能泊车辅助系统状态及切换条件如图 7-13 所示，整个系统由 6 个状态组成，即上电初始化、待机、车位搜索、泊车介入、系统故障和异常中断。

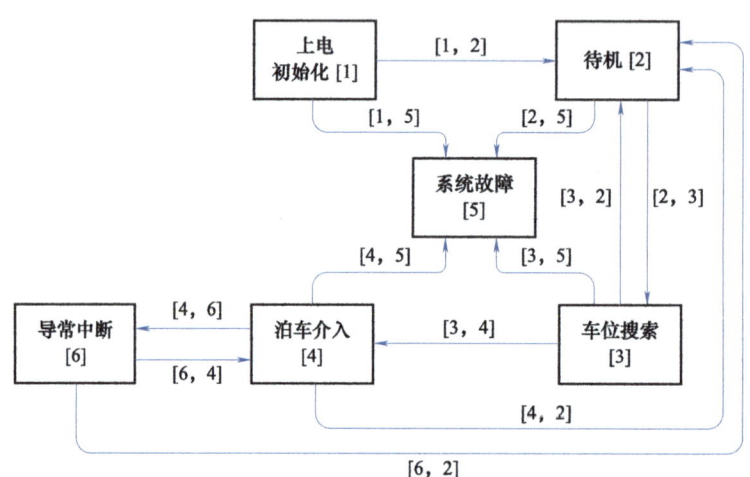

图 7-13　智能泊车辅助系统状态及切换条件

［1,2］表示发动机起动，系统上电，系统功能初始化完成后，起动系统自检，如果无故障，智能泊车辅助系统进入待机状态。

［1,5］表示系统自检有故障，进入系统故障状态。

［2,3］表示驾驶人启动智能泊车辅助系统，进入车位搜索状态。

［2,5］表示系统自检有故障，进入系统故障状态。

［3,2］表示驾驶人取消智能泊车辅助任务，系统进入待机状态。

［3,4］表示驾驶人选中泊车车位，进入泊车介入状态，控制车辆完成泊车。

［3,5］表示系统自检有故障，进入系统故障状态。

［4,2］表示智能泊车辅助系统任务完成、任务取消或任务超时时退出，车辆进入待机状态。

［4,5］表示系统自检有故障，控制车辆停车，进入系统故障状态。

［4,6］表示系统因某些条件不满足，控制车辆停止，进入异常中断状态。

［6,4］表示无法泊车条件消除，系统进入泊车介入状态。

（4）工作限制条件　系统工作时，平行车位搜索的最高速度应不高于 30km/h；垂直车位搜索的最高速度应不高于 20km/h。系统工作时，泊车过程的最高车速应不高于 10km/h。

三、智能泊车辅助系统的测试

智能泊车辅助系统的测试包括测试环境条件、基本性能要求、两辆汽车之间的平行泊车系统性能测试要求、两辆汽车之间的垂直泊车系统性能测试要求、有标记泊车位的平行泊车系统性能要求和有标记泊车位的垂直泊车系统性能要求。

1. 测试环境条件

智能泊车辅助系统的测试环境要满足以下条件：

1）测试在平整、干燥路面上进行。
2）风速小于 5.4m/s。
3）温度在 −25~30℃。
4）天气为非降水条件。
5）测试区域没有墙壁、辅助测试设备及其他非测试物体。
6）避免过强阳光条件下进行测试。
7）测试区内没有强反射表面和不均匀遮挡环境。
8）标记线与地面之间的亮度对比度以 5:1 或以上为宜。

2. 基本性能要求

智能泊车辅助系统的基本性能要求见表 7-2。

表 7-2 智能泊车辅助系统的基本性能要求

序号	描述	参数值
1	平行车位搜索泊车位允许的最大车速	30km/h
2	垂直车位搜索泊车位允许的最大车速	20km/h
3	在泊车介入模式下系统允许的最大车速	10km/h
4	2m 范围内检测到障碍物圆形物体最小直径	≤ 0.5m
5	2m 范围内检测到障碍物圆形物体最小高度	≤ 1m
6	检测到路沿外边缘的高度范围	≥ 0.15m 且 ≤ 0.3m
7	泊车时检测到障碍物的最小距离	≥ 0.1m
8	平行泊车过程档位调整次数	≤ 8 次
9	垂直泊车过程档位调整次数	≤ 6 次
10	泊车过程耗时	<90s

在系统测试开始时，应先对系统的基本性能项进行测试，达到要求后再开始进行实际泊车场景的测试。

3. 两辆汽车之间的平行泊车系统性能测试要求

两辆汽车之间的平行泊车系统性能测试要求包括总体要求、测试对象要求和最低性能要求。

（1）总体要求 两辆汽车之间的平行泊车基础场景如图 7-14 所示。平行靠左和平行靠右泊车性能要求相同。图 7-14 中，O_{bj1} 和 O_{bj2} 分别为目标车辆 1 和目标车辆 2；d_{obj1} 和 d_{obj2} 分别为汽车侧面至目标车辆 1 和目标车辆 2 的距离；S_{dobj1} 和 S_{dobj2} 分别为汽车至目标车辆 1 和目标车辆 2 的距离；d_{curb} 为平行泊车完成时汽车侧面至路沿的距离。

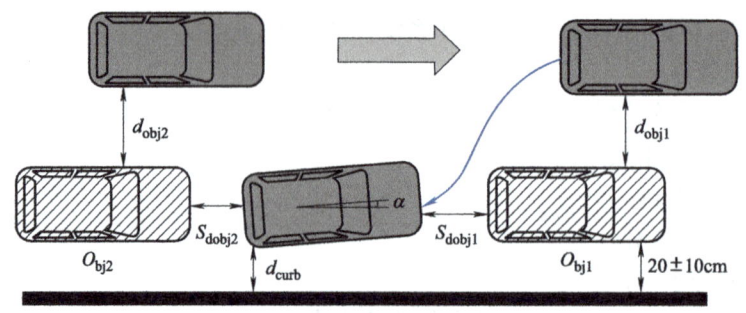

图 7-14　两辆汽车之间的平行泊车基础场景

（2）测试对象要求　两辆汽车之间的平行泊车测试对象要求见表 7-3。

表 7-3　两辆汽车之间的平行泊车测试对象要求

序号	描述	参数值
1	平行泊车经过泊车位时汽车与侧边障碍物的距离范围	0.9~1.5m
2	平行泊车模式下找到泊车位后汽车能前行的最远距离	>10m
3	平行泊车模式下最小泊车位长度	车长 $+\Delta x$
4	平行泊车模式下最小泊车位深度	车宽 +0.2m

注：Δx 由汽车制造商确定。

（3）最低性能要求　在满足基本性能和测试对象要求的前提下，泊车完成后，两辆汽车之间的平行泊车最低性能要求见表 7-4。

表 7-4　两辆汽车之间的平行泊车最低性能要求

序号	描述	参数值
1	平行泊车完成时汽车侧面与障碍物、路沿的距离	0.05~0.3m
2	平行泊车完成时汽车与路沿或前后车轮边角连线的夹角	−3°~3°

4. 两辆汽车之间的垂直泊车系统性能测试要求

两辆汽车之间的垂直泊车系统性能测试要求包括垂直泊车场景要求、测试对象要求和最低性能要求。

（1）垂直泊车场景要求　两辆汽车之间的垂直泊车基础场景如图 7-15 所示。垂直靠左和垂直靠右泊车性能要求相同。

（2）测试对象要求　两辆汽车之间的垂直泊车测试对象要求见表 7-5。

表 7-5　两辆汽车之间的垂直泊车测试对象要求

序号	描述	值
1	垂直泊车经过泊车位时汽车与侧边障碍物的距离范围	0.9~1.5m
2	垂直泊车模式下找到泊车位后汽车能前行的最远距离	>10m
3	垂直泊车模式下最小泊车位宽度	车宽 +1m

项目七 其他先进驾驶辅助系统的测试

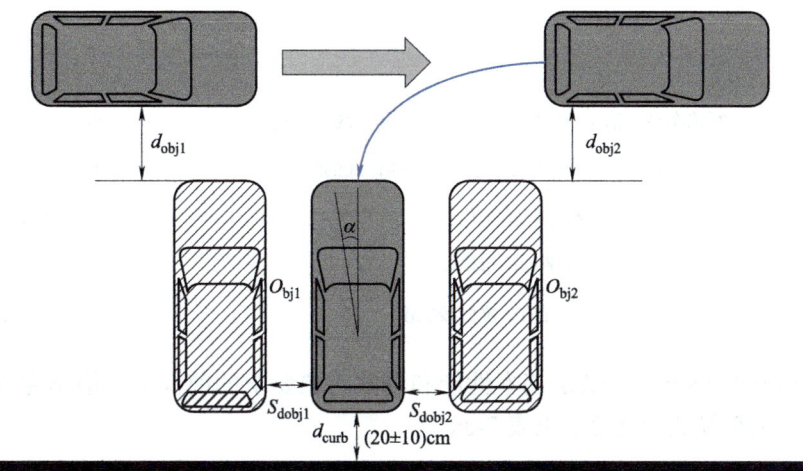

图 7-15 两辆汽车之间的垂直泊车基础场景

（3）最低性能要求 在满足基本性能和测试对象要求的前提下，泊车完成后，两辆汽车之间的垂直泊车最低性能要求见表 7-6。

表 7-6 两辆汽车之间的垂直泊车最低性能要求

序号	描述	参数值
1	垂直泊车完成时汽车与左、右障碍物的安全距离	0.05~0.3m
2	垂直泊车完成时汽车与左或右平行停放汽车或障碍物侧面的夹角	−3°~3°

5. 有标记泊车位的平行泊车系统性能要求

有标记泊车位的平行泊车系统性能要求包括总体要求、测试对象要求和最低性能要求。

（1）总体要求 平行靠左和平行靠右泊车性能要求相同。

（2）测试对象要求 平行泊车的泊车位标线如图 7-16 所示。有标记的泊车位的平行泊车测试区域如图 7-17 所示。图 7-16 中，A_1 为画线平行泊车位标线宽度；L_1 为画线平行泊车位长度；D_1 为划线平行泊车位深度。图 7-17 中，L_d 为车头与泊车位前横向标线的距离；W_d 为汽车中心线与泊车位内侧标线。

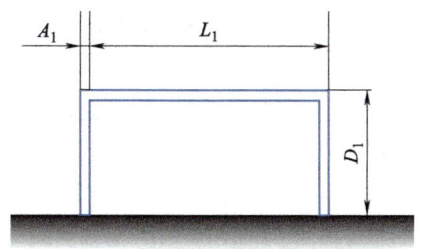

图 7-16 平行泊车的泊车位标线

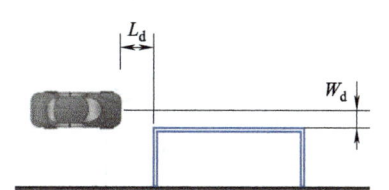

图 7-17 有标记的泊车位的平行泊车测试区域

有标记的泊车位的平行泊车测试对象要求见表 7-7。

表 7-7　有标记的泊车位的平行泊车测试对象要求

序号	描述	值
1	平行泊车经过泊车位时汽车与泊车位内侧标线的距离	车宽 × (0.5 ± 1.5) m
2	开始搜索车位时,车头与泊车位前横向标线的距离	车长 × (0.5 ± 1.0) m
3	划线平行泊车位长度	> 车长 +1.3m
4	划线平行泊车位深度	> 车宽 +0.4m
5	划线平行泊车位标线宽度	0.15~0.30m

（3）最低性能要求　在满足基本性能和测试对象要求的前提下，泊车完成后，有标记泊车位的平行泊车最低性能要求见表 7-8。

表 7-8　有标记泊车位的平行泊车最低性能要求

序号	描述	值
1	泊车完成时汽车侧面前后轮与泊车位内侧边线的距离	>0.15m
2	平行泊车完成时汽车侧面与障碍物、路沿距离	0.05~0.25m
3	泊车完成时汽车航向角与泊车位内侧边线的夹角	−3°~3°
4	泊车完成时车尾与车后标线的距离	0.35~0.95m

6. 有标记泊车位的垂直泊车系统性能要求

有标记泊车位的垂直泊车系统性能要求包括总体要求、测试对象要求和最低性能要求。

（1）总体要求　垂直靠左和垂直靠右泊车性能要求相同。

（2）测试对象要求　垂直泊车的泊车位标线如图 7-18 所示。有标记的泊车位的垂直泊车测试区域如图 7-19 所示。图 7-18 中，A_0 为画线垂直泊车位标线宽度；W_0 为画线垂直泊车位宽度；D_0 为画线垂直泊车位深度。图 7-19 中，D 为开始搜索车位时，车尾与车位线的横向距离；L 为开始搜索车位时，汽车中心线与车位线端部的纵向距离；β 为开始搜索车位时，汽车航向角与车位线的夹角。

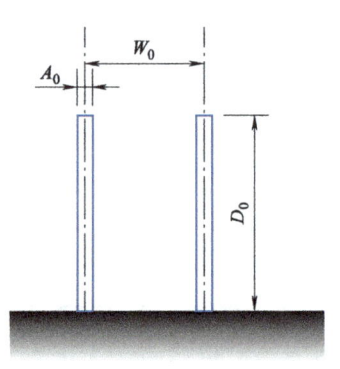

图 7-18　垂直泊车的泊车位标线

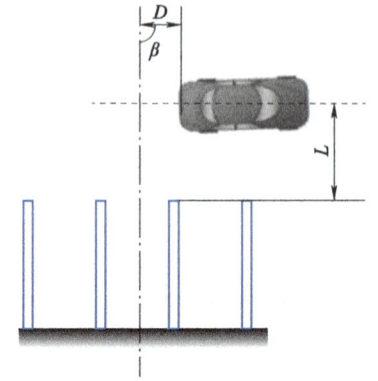

图 7-19　有标记的泊车位的垂直泊车测试区域

有标记泊车位的垂直泊车测试对象要求见表 7-9。

表 7-9 有标记泊车位的垂直泊车测试对象要求

序号	描述	值
1	开始搜索车位时,车尾与车位线的横向距离	1.0 ± 0.5m
2	开始搜索车位时,车尾与车位线端部的纵向距离	1.0 ± 1.5m
3	开始搜索车位时,汽车航向角与车位线的夹角	90 ± 5°
4	画线垂直泊车位宽度	> 车宽 +0.4m
5	画线垂直泊车位深度	> 车长 +0.4m
6	画线垂直泊车位标线宽度	0.15~0.3m

（3）最低性能要求　在满足基本性能和测试对象要求的前提下，泊车完成后，有标记泊车位的垂直泊车最低性能要求见表 7-10。

表 7-10 有标记泊车位的垂直泊车最低性能要求

序号	描述	值
1	泊车完成时汽车侧面与泊车位内侧边线的距离	>0.1m
2	泊车完成时汽车航向角与泊车位内侧边线的夹角	−3°~3°
3	泊车完成时车尾与车后标线的距离	>0.1m

知识点 7.3　自适应前照明系统

一、自适应前照明系统的定义与组成

1. 自适应前照明系统的定义

自适应前照明系统（Adaptive Frontlighting System，AFS）是一种照明装置，它能够根据天气情况、外部光线、道路状况以及行驶信息，来自动改变前照明系统的工作模式，调整照射光线的光形，消除夜间或能见度低时转弯或其他特殊行驶条件下的视野暗区，能够为驾驶人提供范围宽、可靠的照明视野，保证驾驶人和道路行人的安全。自适应前照明系统是未来汽车前照明系统的主要发展方向。自适应前照明系统也称为自适应前照灯系统。

自适应前照明系统

2. 自适应前照明系统的组成

自适应前照明系统主要由传感器单元、CAN 总线传输单元、控制单元和执行单元等组成，如图 7-20 所示。

（1）传感器单元　传感器单元用于采集车辆当前信息（如车速、车辆姿态以及转向角度等）和外部环境（如弯道、坡度以及天气等）的变化信息，包括汽车速度传感器、转向盘转角传感器、环境光强传感器、车身高度传感器和其他传感器等。

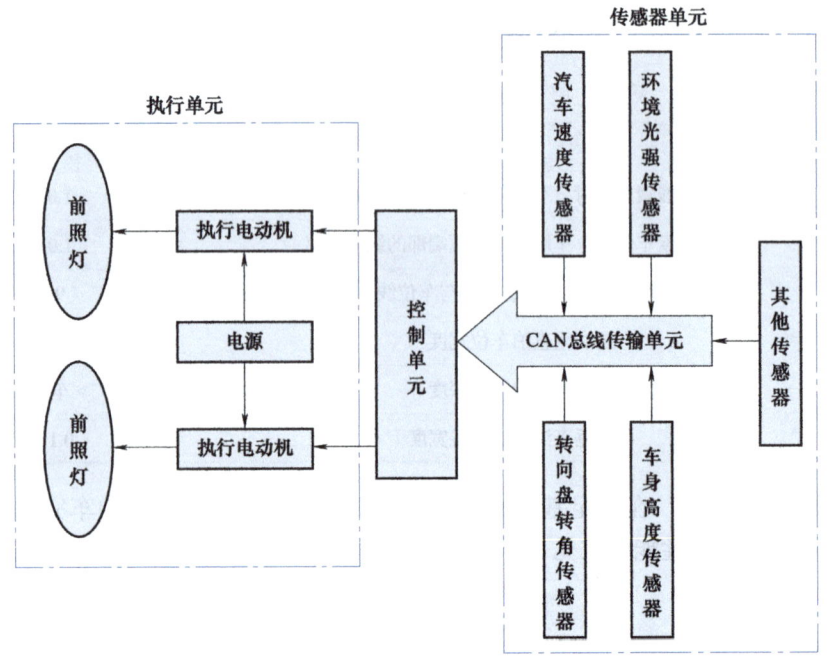

图 7-20 自适应前照明系统的组成

（2）CAN 总线传输单元　CAN 总线传输单元负责把各种传感器采集的信息传输给控制单元，实现内部控制与各种传感器检测和执行机构之间的数据通信。

（3）控制单元　控制单元需要对车辆行驶状态做出综合判断，输出脉冲变量给执行单元。

（4）执行单元　控制单元将信号输出给执行单元的执行电动机，调节前照灯的照射距离和角度，为驾驶人提供广阔的视野，以保障行车安全。

二、自适应前照明系统的工作原理与要求

1. 自适应前照明系统的工作原理

自适应前照明系统的工作原理是通过安装在车辆上的车速、姿态、转角以及位置等传感器采集汽车动态信号参数，控制单元对其进行分析判断和算法运算并产生控制信号，执行单元控制前照明系统运转。

自适应前照明系统主要功能按以下方法实现：

1）系统通过开关器件获取功能开关信号，通过轮速传感器获取车速信号，通过转向盘转角传感器获取转角信号，通过车身高度传感器获取姿态信号等。经过巡检算法判断，如果前照灯需要转动，系统会根据角度算法计算出需要转动的角度，通过控制单元输出控制信号，控制水平和垂直安装的步进电动机转动，最后通过机械传动机构实现前照灯转动，让照明光束始终与道路保持一致，这样驾驶人就能够清楚地看到即将出现的弯道上的路况，以便及时采取预防或紧急避险措施。

2）系统通过获取前照灯开关器件信号和环境光强传感器的光照强度信号，对前照灯开关进行控制，系统会设置一个光照阈值，当光照强度小于阈值时，系统自动延时打开前照

灯；当光照强度大于阈值时，系统自动延时关闭前照灯。

3）系统在前照灯初始化位置时，通过位置传感器获取位置信号，判断前照灯实际运行的角度与控制单元输出角度之间的误差，如果误差不大，通过角度调节算法对误差进行调节；如果误差过大，说明前照灯出现了故障，系统会产生故障预警信号提醒驾驶人前照灯出现故障。

4）系统通过液晶显示装置实时显示系统的工作状态，包括车速状态、转向盘转角状态和车灯转角状态等。

为了使汽车在不同的光线和路况下安全行驶，自适应前照明系统能够改变前照灯照射方向，使光线随着汽车前进方向和车身姿态的变化而转动，消除驾驶人在夜间或恶劣天气下行车的视野盲区。与传统的汽车照明模式比较，自适应前照明系统能够根据道路和天气环境的变化适时地开启相应的照明模式。

自适应前照明系统的照明模式主要有基础照明模式、弯道照明模式、城市道路照明模式、高速公路照明模式、乡村道路照明模式和恶劣天气照明模式等。

（1）基础照明模式　在车辆行驶过程中，当道路状况及环境气候均处于正常状况时，自适应前照明系统的工作模式为基础照明模式，相当于传统的汽车照明系统。在基础照明模式下，自适应前照明系统不做任何调整。

（2）弯道照明模式　汽车在夜间转弯行驶时，传统汽车前照灯的照射光线与车身前进方向平行，所以在车身的两侧就会出现暗区，驾驶人无法及时地看清弯道上的路况，容易导致交通事故的发生。在这种情况下，自适应前照明系统可以开启弯道照明模式。当汽车进入弯道时，转向盘转角传感器和车速传感器共同采集数据。例如，当转向角大于12°并且车速大于30km/h时，系统开始工作；当转向角小于9°或车速小于5km/h时，系统不工作或停止工作。在弯道照明模式下，控制单元根据传感器采集的数据计算出车灯需要偏转的角度，驱动步进电动机转动以使前照灯转动。

（3）城市道路照明模式　城市道路行车的特点是车速较低，车流量和人流量都很大，外界照明条件好，十字路口多，发生随机性事故的可能性较大。在这样的道路上行车要求视野清晰，防止眩目。在市区车辆行驶速度较为缓慢的前提下，自适应前照明系统使用比较宽阔的光型，以便在道路边缘和交叉路口都能获得较好的照明，有效地避免了与岔路中突然出现的行人、车辆可能发生的交通事故。

（4）高速公路照明模式　高速公路上行车的特点是车速快，车流量相对较小，侧向干扰少。这样的行车特点要求前照灯光线照射距离足够远，以保证前方出现状况时驾驶人有足够的时间采取措施。在高速公路上行车，汽车灯光的照射距离应该与车速成正比关系，汽车灯光的照射距离要大于驾驶人的反应距离和制动距离的总和。汽车行驶在高速公路上时，当汽车速度传感器检测到车速大于70km/h，并根据GPS判断其为高速公路行驶模式时，系统自动开启高速公路照明模式。汽车前照灯照射光线随着车速的增加在垂直方向上抬高，以使光线能够照射得更远，保证驾驶人能够在安全距离之外发现前方的车辆。

（5）乡村道路照明模式　乡村道路外界照明条件差，岔路口多，路况复杂，路边障碍物不容易被发现；道路狭窄，起伏不平，造成行车时车身倾斜，从而导致前照灯俯仰角发生变化，容易引发交通事故。自适应前照明系统工作在乡村道路照明模式下时，通过环境光强传感器、汽车速度传感器和GPS来判断外界行驶条件，决定是否开启乡村道路照明模式。

在乡村道路照明模式下，系统增大左、右前照灯的输出功率，增强光照亮度来补充照明。依据右侧行车的交通法规，车辆在乡村道路行驶时，右侧的前照灯照射光线要向右偏转一些，拓宽右侧道路的照明范围以使灯光能够照射到路面边缘。

（6）恶劣天气照明模式　恶劣天气照明模式主要针对的是阴雨天气，此时地面的积水会将前照灯打在地面上的光线反射至对面车驾驶人的眼睛中，使其眩目，进而可能造成交通事故。在阴雨天气下行驶的车辆，自适应前照明系统根据检测路面湿度、轮胎滑移以及雨量传感器收集的信息，判断是否遇到阴雨天气，从而驱动垂直调高电动机，降低前照灯垂直输出角，并调节其发光强度，避免反射光在 60m 范围内对迎面行车驾驶人造成眩目。

当车辆在雾天或是沙尘暴天气行驶时，自适应前照明系统根据感知雾、风速、颗粒物的传感器，以及环境光强传感器收集的信息，判断是否遇到雾天或是沙尘暴天气，从而驱动垂直调高电动机，增大前照灯垂直输出角，使得照明光线角度有所提升，同时，开启车灯清洗装置，尽可能地使驾驶人获得较好的视线，可以安全地行驶在可见度较低的恶劣天气中。

2. 自适应前照明系统的要求

自适应前照明系统的要求包括一般要求、近光的配光要求和远光的配光要求。

（1）一般要求　自适应前照明系统有以下一般要求：

1) 系统或其组件在正常使用条件下，即使受到振动，仍能满足使用要求。

2) 系统或其组件应配备有 1 个装置，在系统装车时，该装置允许对系统或其组件进行调整，以确保系统或其组件符合整车的安装规定。

3) 系统或组件应有足够的强度，在正常使用条件下，即使受到振动，仍能完成 50000 次工作且不损坏。

4) 设计的系统在 1 个光源和 / 或 1 个 LED 模块失效时，能提供 1 个失效信号，失效信号指示器的安装应符合相关要求。

5) 系统使用的可更换光源安装方便，即使在黑暗中也能安装在正确位置。

（2）近光的配光要求　近光主要有以下配光要求：

1) 试验开始前，将系统设置在中性状态，发射 C 级近光。

2) 系统每侧至少有 1 个照明单元提供中性状态的近光，其照明截止线符合有关要求。

3) 系统或其组件的照准使明暗截止线的位置符合有关要求。

4) 每侧发射的任何特定的近光模式，至少达到 3lx（勒克斯，照度单位）的光度值，V 级近光模式没有此项要求。

5) 在采用气体放电光源的场合，未经过 30min 或更长时间点灯的系统，接通 4s 后，C 级近光模式至少达到 5lx 的光度值。

（3）远光的配光要求　远光主要有以下配光要求：

1) 在试验开始之前，将系统设置在中性状态。

2) 系统的照明单元按照制造商的说明进行调整，将最大光度区的中心置于 H-H 线（在配光屏幕上过 HV 点的水平线）和 V-V 线（在配光屏幕上过 HV 点的垂直线）的交点（HV 点）。

3) HV 点位于远光最大光度值 80% 的照明区域内，最大光度值不小于 48lx，并在任何情况下不大于 240lx。

4）从 HV 点起始，分别向左右水平延伸至 5.2° 和 2.6°，其远光光度值分别不小于 6lx 和 24lx。

5）在左侧和右侧的照明单元中，每侧照明单元至少提供 4）所规定的远光最小光度值的 50%。

6）在采用气体放电光源的场合，对未经过 30min 或更长时间亮灯的系统，在灯亮 4s 后，其远光的 HV 点的光度值不小于 42lx。

自适应前照明系统的其他详细要求可参见《汽车用自适应前照明系统》（GB/T 30036—2013）。

三、自适应前照明系统的测试

自适应前照明系统的测试包括配光测试的基本要求、不同光源下的测试和弯道照明模式的测试。

1. 配光测试的基本要求

配光测试主要有以下基本要求：

1）将系统或其组件安装在测角计上，测角计有 1 个固定的水平轴和 1 个与固定的水平轴相垂直的可动轴。

2）用于配光测量的受光器包含在边长为 65mm 的方形内，位于各照明单元基准中心前方至少 25m 处，垂直于测角计的测量轴。

3）配光测试时适当遮蔽，以避免杂散光反射。

4）配光测试距离为 25m，测试的照度值或光强值垂直于测试方向。

5）避免各照明单元基准中心相对测角计旋转轴的偏移。这一要求特别适用垂直方向和产生明暗截止线的照明单元。

6）对每一照明功能或模式的每一单个测量点，其配光不小于系统所有照明单元对应测量值总和的 50%。

7）对系统的照明单元逐一进行测量；但是，对 1 个安装单元的两个或两个以上的照明单元可以同时进行测量，前提是它们采用同一形式的光源，有各自的输入电源，其尺寸和位置使这些照明单元的发光面完全包含在一个水平延伸不大于 300mm、垂直延伸不大于 150mm 的矩形内。

2. 不同光源下的测试

不同光源下的测试有以下规定：

1）采用可更换灯丝光源，在汽车供电系统下直接工作时，应采用符合相关规定的额定电压为 12V 的相应类型的无色标准灯丝灯泡，在规定的试验光通量下进行配光测试。测试时，灯丝灯泡的端电压应能调整，以达到所规定的试验光通量。

2）采用可更换气体放电光源时，采用相关规定的标准气体放电电源，经过至少 15 个循环后再进行配光测试。

3）采用不可更换光源，在汽车供电系统下直接工作时，所有测试在 6.75V、13.5V、28V 或制造商规定的电压下进行，配光测试值以 0.7 的系数进行修正。

4）采用可更换或不可更换光源，在完全受控于系统且独立于整车供电电压，或由专门电源输入电压时，按规定的试验电压输入系统 / 电源的输入端。

5）系统采用 LED 模块时，如果无其他特殊规定，测量电压为相应的 6.75V、13.5V 或

28V。当有电子光源控制器 LED 模块时，按制造商规定的电压进行测试。配光测试值以 0.7 的系数进行修正。

3. 弯道照明模式的测试

系统应在中性（或最小转弯半径）状态下进行下述试验：

1）在不进行附加的水平再照准情况下，检测Ⅰ类弯道照明模式（明暗截止线肘部可以水平移动）和Ⅱ类弯道照明模式（明暗截止线肘部不能水平移动）是否符合有关要求。相对系统基准轴，在向左至 5°、H-H 线向上 0.3° 起的以上范围内的各位置上，以及在向左大于 5°、向上 0.57° 起的以上范围内的各位置上，光度值均未超过 1lx。

2）按下面的不同情况（若有），检测是否符合系统发射近光弯道模式应满足的要求：在Ⅱ类弯道照明模式的场合，不应进行附加的水平再照准；在Ⅰ类弯道或远光弯道照明模式的场合，相关安装单元已在对应的反方向上进行了水平再照准（例如借助试验测角计）。

3）测试Ⅰ类或Ⅱ类弯道照明模式，对上述规定以外的汽车转弯半径，检查光分布是否足够均匀、是否产生眩目。

自适应前照明系统的具体测试要求可参见《汽车用自适应前照明系统》（GB/T 30036—2013）。

知识点 7.4　抬头显示系统

一、抬头显示系统的定义与组成

1. 抬头显示系统的定义

抬头显示（Head Up Display，HUD）系统也称为平视显示系统。它利用光学反射原理，将汽车驾驶辅助信息、导航信息、检查控制信息和先进驾驶辅助系统信息等以投影方式显示在风窗玻璃上或约 2m 远的前方、发动机罩尖端的上方，阅读起来非常方便。同时，本系统可以显示来自各个先进驾驶辅助系统的警告信息，例如车道偏离预警、行人避让预警等，避免驾驶人在行车过程中频繁低头看仪表或车载屏幕，对于行车安全起着很好的辅助作用。

2. 抬头显示系统的组成

抬头显示系统主要由图像源、光学系统和图像合成器等组成，如图 7-21 所示。

图 7-21　抬头显示系统的组成

（1）图像源　图像源一般采用液晶显示屏，实现 HUD 系统的各种功能，并输出视频信号。

（2）光学系统　光学系统将视频信号投射出去，并且可以调节大小、位置等参数。

（3）图像合成器　一般将前风窗玻璃作为图像合成器，把外部景物信息和内部投影信息合成到一起。投射的图像在风窗玻璃上发生反射，可以达到和前方路况信息叠加、融合的效果。

带抬头显示系统的车辆安装的是特设的前风窗玻璃，其与传统前风窗玻璃的区别是前风窗玻璃的两侧扁平玻璃中间的 PVB（聚乙烯醇缩丁醛）膜的厚度不是恒定不变的，而是略微呈楔形，这样的结构可保证驾驶人不会看到重影。

二、抬头显示系统的工作原理与要求

1. 抬头显示系统的工作原理

抬头显示系统的工作原理与使用的光学系统结构密切相关。根据光学系统结构不同，抬头显示系统可以分为风窗玻璃映像式抬头显示系统、前置反射屏式抬头显示系统、自由曲面抬头显示系统、菲涅尔透镜抬头显示系统和与仪表盘相结合的抬头显示系统等。

（1）风窗玻璃映像式抬头显示系统　风窗玻璃映像式抬头显示系统是最基本、使用最为广泛的结构形式，如图 7-22 所示。

从图像源发出的光经投影透镜折射和风窗玻璃反射，与外部的景物光一同进入人眼，人眼沿着光线的反向延长线观察到位于风窗玻璃左侧的虚像，从而保证驾驶人能够在观察前方路况信息的同时能观察到仪表盘上的信息。风窗玻璃一方面能透射外部景物光，另一方面能反射图像源经过投影透镜的光。这种系统的优点是驾驶人在能够观察到投影像的同时还可以进行一定范围的头部移动；缺点是图像小、亮度低、视场角小、质量和体积都较大。

（2）前置反射屏式抬头显示系统　前置反射屏式抬头显示系统是较为普遍的结构形式，如图 7-23 所示。

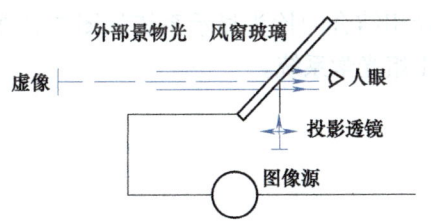

图 7-22　风窗玻璃映像式抬头显示系统

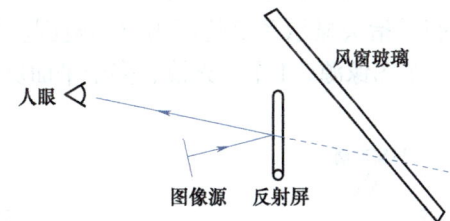

图 7-23　前置反射屏式抬头显示系统

在驾驶室内设置独立的半反射半透射的反射屏，图像源发射出的光线经过反射屏反射进入人眼，驾驶人沿着该反射光线反向延长线方向能够观察到悬浮在前方的虚像。在这种结构中，反射屏与风窗玻璃是相互独立的两个部分，并不需要对风窗玻璃做镀膜等处理。此外，反射屏可以前后转动，投影角度比较灵活。使用时可以将反射屏竖起，不使用时可以将反射屏放平。但是反射屏的设置会使车内空间变得狭小，且结构复杂。图像源发射出的光线透射过反射屏后会被风窗玻璃反射，部分反射光线会进入人眼对驾驶人形成干扰。

（3）自由曲面抬头显示系统　汽车的风窗玻璃不是一个平面，而是带有一定弧度的曲面，因此可以用自由曲面来代替传统结构中风窗玻璃所在的面。自由曲面抬头显示系统如图 7-24 所示，系统包括两个自由曲面和一个折叠反射镜，实现对图像源成像。

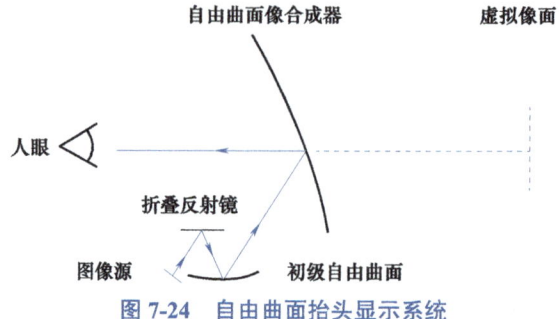

图 7-24 自由曲面抬头显示系统

图像源发射出的光线先经过折叠反射镜反射，再经过初级自由曲面反射，最后经过自由曲面像合成器反射进入人眼。其中，自由曲面像合成器是风窗玻璃所在的面。这种结构形式简单灵活，像差平衡能力强，成像质量较好，但制造成本较高。人眼直接通过风窗玻璃观察外界景物时，风窗玻璃可能会产生一定的像差。

（4）菲涅尔透镜抬头显示系统　在抬头显示系统中，为了获得较大的观察图像范围，通常需要较大口径的光学透镜。光学透镜的口径越大，透镜的体积越大，质量越大，透镜不易加工，且成本较高，因而难以大批量生产。为了在保证透镜口径的前提下减小透镜厚度，可以使用菲涅尔透镜。菲涅尔透镜抬头显示系统如图 7-25 所示。

菲涅尔透镜抬头显示系统有两片菲涅尔透镜，图像源位于第 1 片菲涅尔透镜下方，先经过第 1 片透镜再经过第 2 片菲涅尔透镜放大，最后经风窗玻璃的反射进入人眼。菲涅尔透镜系统结构形式简单，透镜的体积小，质量小，同时，菲涅尔透镜可以校正风窗玻璃所产生的像差，但是系统的轴外视场像差较大。

（5）与仪表盘相结合的抬头显示系统　在上述抬头显示系统中，汽车前方仪表盘的存在限制了抬头显示系统的可用空间范围。与仪表盘相结合的抬头显示系统如图 7-26 所示，包含 1 个图像源、1 个分光镜、多个平面反射镜和 1 组光学系统。

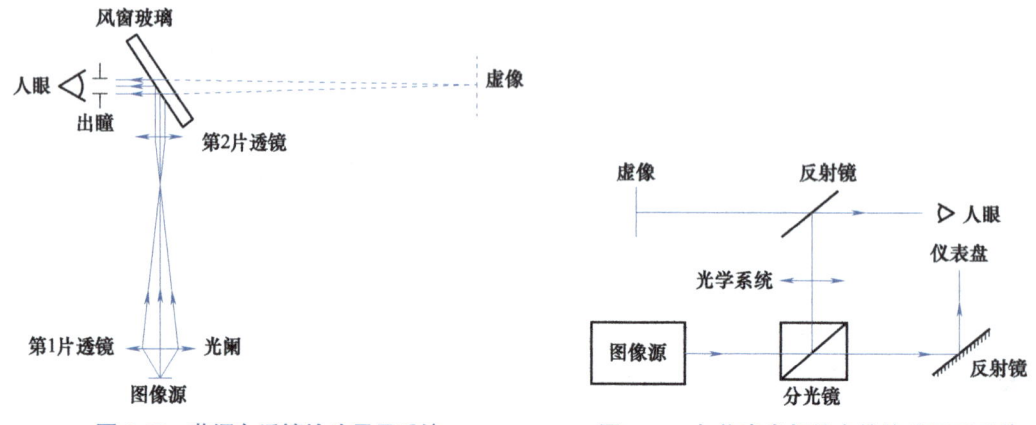

图 7-25　菲涅尔透镜抬头显示系统　　　图 7-26　与仪表盘相结合的抬头显示系统

图像源发出的光经过分光镜分成透射部分和反射部分，透射部分的光经过平面反射镜反射，将透射图像反射到仪表盘上作为显示信息；反射部分的光经过光学系统折射和风窗玻璃反射进入人眼。仪表盘系统和抬头显示系统采用同一个图像源，可以保证二者显示信息的实时性，而且使用这种包含分光镜在内的系统，可以去除掉一些不必要的结构，充分利用驾驶台前方的可用空间，减小系统的体积。

2. 抬头显示系统显示的信息要求

抬头显示系统显示的信息主要是车辆信息和外界信息。

（1）车辆信息　车辆信息指能够反映当前车辆状态的信息，抬头显示系统一般通过车载总线获取，主要包括核心信息、提示信息、报警信息和附加信息等。

1）核心信息是指在传统仪表上显示的部分重要信息，如车速、转速、里程和燃油量等。

2）提示信息是指在车辆行驶过程中需要显示部分提示信息，如档位、转向灯、远光灯、雾灯、车内温度和瞬时油耗等。

3）报警信息包括请求驾驶人接管、安全带提醒、燃油/电量不足、发动机状态、车门状态、驻车状态、机油剩余量、胎压、安全气囊状态和玻璃清洗液存量等。

4）附加信息是指部分车型上的特色功能信息，如四驱模式、转向模式、驾驶模式、天窗及天窗开启状态、座椅状态和底盘状态等。

（2）外界信息　抬头显示系统除了可获取车辆自身的状态信息外，还可以通过与外界的交互获取更多外界信息，主要包括出行、安全、生活、智能办公和娱乐等。

1）出行包含定位、地图、导航、行人/障碍物检测和车道保持辅助等信息。

2）安全方面主要显示来自智能驾驶系统感知到的实时交通情况，以辅助驾驶人安全驾驶，包括超速预警、前车碰撞预警、车距信息提示、交通信号灯提示、道路安全预警和远程故障诊断信息等。

3）生活方面主要是指通过车联网获取的交通违章信息、维护信息、停车场车位信息和代驾预订等。

4）智能办公是指微信、邮件、电话、语言/视频会议及文档处理等。

5）娱乐是指音乐和电台的播放控制、音量控制、影音媒体播放及控制等。

根据交互设计中的希克定律，一个人所面临的选择越多，做出选择所花的时间就越多，当面临选择的数量增加，做出决定的时间也会跟着增加。因此，抬头显示系统界面上实时呈现的主要设计元素数量最好保持在1~3个，呈现最关键信息的设计元素（或视觉元素组）数量最好只有一个。最快地获取关键驾驶车辆信息是抬头显示系统界面布局的出发点，在使用过程中让驾驶人不需要思考就能获取信息是最佳的设计。

抬头显示系统界面上显示的内容与方式通常允许用户自定义，但为防止过多信息的显示给驾驶人带来视觉负担，要对显示的信息总量进行控制。

三、抬头显示系统的测试

1. 抬头显示系统性能参数

抬头显示系统性能参数主要有图像质量参数和虚像定位参数。

（1）图像质量参数　图像质量参数包括亮度、色度、均匀性、分辨率、重影和畸变等。抬头显示系统应用环境特殊，需要足够的亮度来减少车外环境光的影响；色度、均匀性、分辨率影响人眼感受到图像的色彩饱和度和清晰程度；投影光线在风窗玻璃内表面和外表面都进行反射，显示的虚像可能会出现重影，影响驾驶人感知；畸变是光学系统中像相对于物体的失真程度,它是由视场范围内放大率不一致造成。这些参数反映了抬头显示器图像的质量。

(2)虚像定位参数 抬头显示系统通过投影显示虚像,虚像所在空间位置需要进行考虑。虚像定位参数主要包括虚像距离、眼动范围、下视角和视场角,如图7-27和图7-28所示。

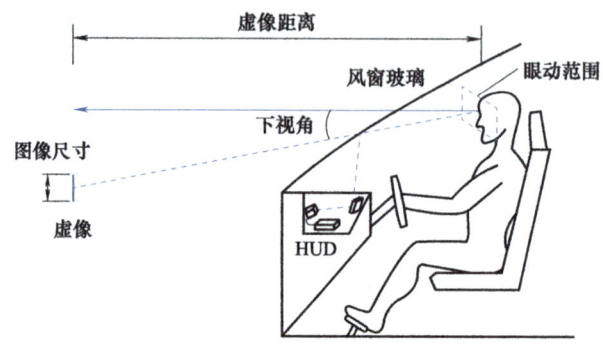

图7-27 抬头显示系统虚像定位参数

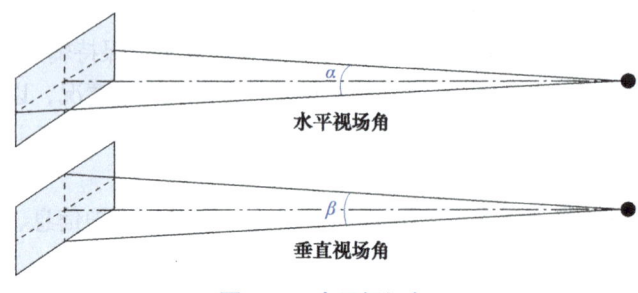

图7-28 水平视场角

1)虚像距离是指驾驶人人眼到虚像位置的距离。它直接反映了虚像空间位置,影响显示器的显示效果和驾驶人的使用感受。

2)眼动范围表示人眼能看到完整抬头显示系统图像内容时的可移动范围,通常由水平移动距离和竖直移动距离组成,是抬头显示系统测试的重要参数。

3)下视角是指驾驶人头部水平方向到虚像中心的俯角,反映了虚像在驾驶人视野中的位置。相关研究表明,抬头显示系统下视角较小可以获得更好的视觉效果。

4)视场角分为水平视场角和垂直视场角,代表图像占视野范围的大小。投影图像左、右边界的中点对眼睛所成的夹角为水平视场角;上、下边界的中点对眼睛所成的夹角为垂直视场角。

2. 抬头显示系统虚像定位参数测试

测试系统基本组成包括抬头显示(HUD)装置、风窗玻璃和相机,如图7-29所示。要确保三者之间相对位置关系的正确性。为了确保风窗玻璃倾斜角度、抬头显示装置位置正确,测试平台需要在一定范围内可调整。同时,测试相机应定位于抬头显示装置的眼动范围中心,并且可在眼动范围内进行二维移动。整个测试系统应还原汽车结构且稳定可调。

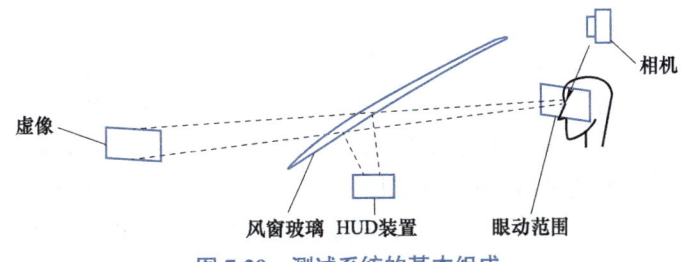

图 7-29 测试系统的基本组成

虚像定位参数测试包括虚像距离测试、眼动范围测试、下视角测试和视场角测试。

（1）虚像距离测试　虚像距离是指驾驶人人眼位置到虚像平面之间的距离。它直接反映了虚像空间位置，影响显示器的显示效果和驾驶人的使用感受。

双目视觉测试方法主要是利用双目所形成的立体视线辐辏角。双目测距流程如图 7-30 所示。

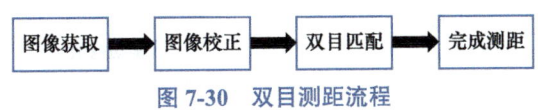

图 7-30　双目测距流程

测试虚像距离时，将双目相机水平放置于眼动范围内，两台相机关于眼动范围中心对称，分别采集抬头显示系统虚像的图片。完成图像采集之后，利用相机标定参数对两幅图像进行校正，并利用双目立体匹配算法进行匹配，计算得到视差图。通过视差图中虚像部分的视差值，通过距离计算公式实现虚像距离的计算。参考目前评价标准，虚像距离为虚像中心点到测试相机的距离，因此测试时选择虚像中心位置进行测距，并多次测试取平均值。

（2）眼动范围测试　眼动范围是指驾驶人可以自由移动而不会影响虚像可视化效果的空间，通常由水平移动距离和竖直移动距离组成。对眼动范围的测试采用扫描法进行测试。眼动范围测试示意图如图 7-31 所示。固定相机的光心位于驾驶人眼椭圆中心位置，即眼动范围中心。眼椭圆中心位置可通过汽车内坐标进行计算，在实验室环境中可通过眼椭圆质心与风窗玻璃、抬头显示装置的相对位置关系进行计算。眼椭圆中心位置是相机的初始位置。通过相机支架在水平方向和竖直方向移动

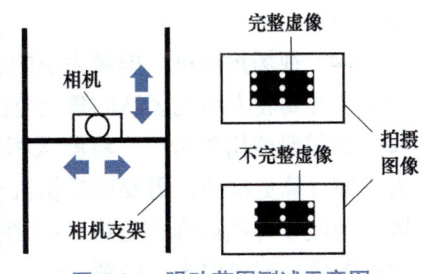

图 7-31　眼动范围测试示意图

相机，拍摄抬头显示投影的虚像，在计算机中观察相机拍摄到的虚像。

根据眼动范围的定义，虚像完整显示相机位置在眼动范围之内，虚像不完整显示相机位置在眼动范围之外。以九点图（相机九点标定图）为例，图像中圆点与边缘相切，完整显示时能观察到形状清晰的 9 个圆点。以虚像是否完整显示作为判断条件，在移动相机过程中扫描出眼动范围的边界。通过相机支架的刻度，记录眼动范围的边界值。由于光学系统设计和安装问题，眼动范围不一定是矩形空间，实际上通过扫描可以测出整个眼动范围的所有边界位置，得到真实的眼动范围形状。然而，目前的评价标准中，描述眼动范围通常通过水平距离和竖直距离，测试时，记录水平移动边界值以及竖直移动边界值，作为眼动范

围的代表值。

（3）下视角测试　虚像通常并非在驾驶人视线的正前方，而是位于驾驶人视野的下前方。驾驶人头部中心线与虚像中心到人眼连线存在的夹角称为下视角。下视角代表虚像与人眼水平视线的角度，反映了虚像在人水平视野中的位置。对虚像下视角的测试需要利用参考屏。参考屏放置在风窗玻璃之后，它到相机的距离 L 可以通过实际测试得到。将虚像投影在参考屏之上，测试相机位于眼动范围中心，观察相机图像中心与拍摄虚像中心在参考屏上的位置，在参考屏上标记出来并计算高度差。在相机水平摆放的情况下，相机光心所在高度即为相机图像中心投影在参考板上的高度。下视角测试原理如图 7-32 所示。

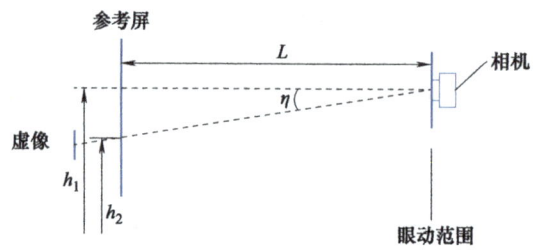

图 7-32　下视角测试原理

下视角为

$$\eta = \arctan\left(\frac{h_1 - h_2}{L}\right) \tag{7-1}$$

式中，η 为下视角；h_1 为相机至地面距离；h_2 为下视角斜线与参考屏的交点至地面距离；L 为相机至参考屏距离。

为便于寻找虚像中心，抬头显示装置投影图像可设置为九点图，中心点所在位置即为虚像中心。

（4）视场角测试　虚像大小的表示常用视场角表示，分为水平视场角和垂直视场角，表示虚像在驾驶人可见区域的角度范围。虚像视场角可以通过拍摄图像中虚像所占比例进行计算，不需要使用参考板。将测试相机放置于眼动范围中心，拍摄抬头显示装置投影的虚像。为了使计算更准确，需要调整相机产生向下的倾斜角度，使拍摄的虚像正好位于图像中心位置。为便于寻找虚像的边缘，控制抬头显示装置投影黑白棋盘格图像。利用相机拍摄虚像，通过图像处理提取虚像轮廓，得到虚像在图像中所占据的水平和竖直像素个数。水平视场角测试原理如图 7-33 所示。

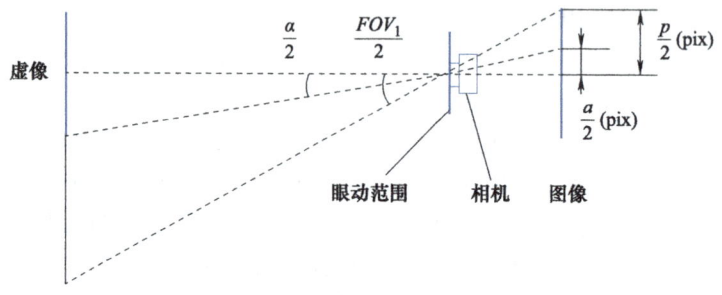

图 7-33　水平视场角测试原理

利用图 7-33 所示的投影关系，得到虚像水平视场角 α 为

$$\alpha = 2\arctan\left(\frac{p\tan(FOV_1/2)}{a}\right) \tag{7-2}$$

式中，p 为虚像在图像中所占据的水平像素个数；a 为相机传感元件水平方向像素；FOV_1 为相机的水平视场角。

同理可得，虚像垂直视场角 β 为

$$\beta = 2\arctan\left(\frac{q\tan(FOV_2/2)}{b}\right) \tag{7-3}$$

式中，q 为虚像在图像中所占据的垂直像素个数；b 为相机传感元件垂直方向像素；FOV_2 为相机的垂直视场角。

抬头显示系统的国家标准还没有出台，国家标准《乘用车抬头显示系统性能要求及试验方法》正在制定中，颁布以后，性能要求及试验方法以国家标准为准。

知识点 7.5 驾驶人疲劳监测系统

一、驾驶人疲劳监测系统的定义与组成

1. 驾驶人疲劳监测系统的定义

驾驶人疲劳监测系统

驾驶人疲劳监测系统是基于驾驶人生理图像反应，通过驾驶人的面部特征、眼部信号、头部运动等推断驾驶人的疲劳状态，并进行报警提示和采取相应措施的装置。它能够在汽车行驶过程中，全天候监测驾驶人的疲劳状态、驾驶行为等。在发现驾驶人出现闭眼、低头、打哈欠、抽烟、打电话、左顾右盼等错误驾驶状态后，该系统将会对此类行为进行及时的分析，并进行语音提示、座椅振动、转向盘振动等，达到预警驾驶人、纠正错误驾驶行为的目的。

2. 驾驶人疲劳监测系统的组成

驾驶人疲劳监测系统一般由视频采集单元、驾驶人驾驶状态分析单元、报警控制单元、报警单元和视频存储单元组成，如图 7-34 所示。

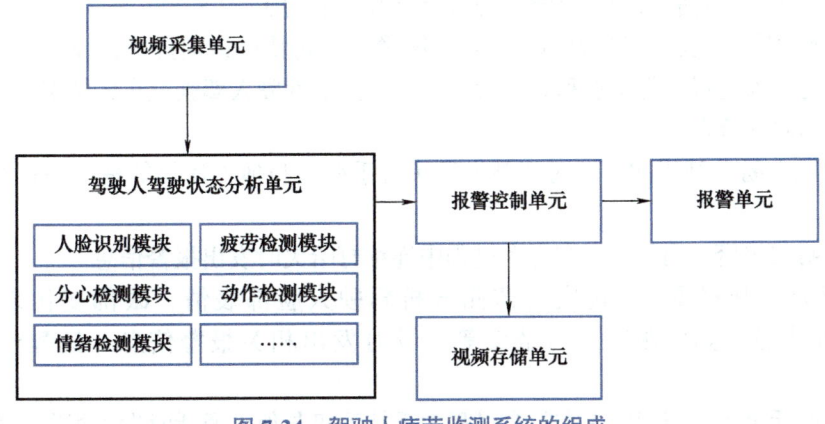

图 7-34 驾驶人疲劳监测系统的组成

（1）视频采集单元　视频采集单元主要利用视觉传感器采集驾驶人信息的视频流。

（2）驾驶人状态分析单元　驾驶人驾驶状态分析单元主要包括人脸识别模块、疲劳检测模块、分心检测模块、动作检测模块和情绪检测模块等。其中，人脸识别模块从视频流中抓取人脸质量合格的图像，可进行身份注册或者和数据库中的人脸数据进行比对，完成驾驶人身份验证，这一模块对于营运车辆比较有用；疲劳检测模块从视频流中实时获取含有驾驶人面部信息的图像，并对驾驶人状态进行疲劳检测；分心检测模块从视频流中实时获取含有驾驶人面部信息的图像，并对驾驶人状态进行分心检测；动作检测模块从视频流中实时获取含有驾驶人面部信息的图像，并对驾驶人状态进行动作检测；情绪检测模块从视频流中实时获取含有驾驶人面部信息的图像，并对驾驶人状态进行实时情绪检测。不同的驾驶人疲劳监测系统，驾驶人驾驶状态分析单元包含的模块是不一样的，采用的分析方法也是不一样的。

（3）报警控制单元　报警控制单元根据当前驾驶人人脸识别、疲劳检测、分心检测、动作检测以及情绪检测结果，判定当前驾驶人驾驶状态是否符合报警条件。若达到报警条件，则报警控制单元根据报警优先级控制报警单元报警。

（4）报警单元　报警单元根据报警控制单元传递的信息，通过语音提示、座椅振动、转向盘振动等方式对驾驶人疲劳进行预警。

（5）视频存储单元　视频存储单元存储驾驶人身份验证失败的图片和报警前、后一段时间的视频，作为凭证。

二、驾驶人疲劳监测系统的工作原理与要求

1. 驾驶人疲劳监测系统的工作原理

根据驾驶人疲劳监测原理的不同，驾驶人疲劳监测系统的工作原理也不同，最常用的是基于人脸识别的驾驶人疲劳监测系统。

基于人脸识别的驾驶人疲劳监测系统采用摄像头图像传感器的图像处理和分析技术，通过摄像头实时监测和量化驾驶人的脸部特征变化、头部活动及身体上半部分的反应和动作，根据预先设计好的检测标准，通过人工智能算法评判出驾驶人的疲劳程度和不良驾驶行为。当达到某一预设报警标准时，系统会迅速做出分析判断，及时发出相应报警提示。

基于人脸识别的驾驶人疲劳监测系统可以具有以下功能：

（1）人脸识别（驾驶人身份认证）　基于图像的生物特种识别技术，预先采集驾驶人人脸特征，对驾驶人进行身份识别和有效管控，在非指定驾驶人驾驶汽车的情况下给予报警提示，做到人车协同管理。

（2）左顾右盼分神提醒　针对驾驶人低头看手机、与他人谈笑等情况进行有效监控和干预提醒。

（3）打哈欠报警　当驾驶人在行车过程中连续打哈欠时发出报警信息。

（4）疲劳驾驶报警　通过实时监测分析驾驶人脸部表情、眼部变化来判断驾驶人疲劳驾驶状态，如闭眼睛、打瞌睡等，及时发出相关报警信息，提醒驾驶人注意休息。

（5）打电话警示　当驾驶人在行车过程中手持手机与他人通话时发出报警信息。

（6）抽烟提醒　当驾驶人在行车过程中抽烟时发出报警信息。

2. 驾驶人疲劳监测系统的要求

驾驶人疲劳监测系统的要求包括驾驶人疲劳监测系统的功能要求和驾驶人疲劳监测系统的性能要求。

（1）驾驶人疲劳监测系统的功能要求　驾驶人疲劳监测系统的功能要求包括驾驶人信息采集及验证功能、疲劳检测功能、分心检测功能、危险动作检测功能和情绪检测功能。

1）通过人脸识别模块，完成驾驶人身份证信息的采集和驾驶信息的存储，主要包括驾驶人信息采集、驾驶人信息验证及存储和人脸质量筛选。

2）疲劳检测是指在一段时间内，通过对睁闭眼时长、眨眼次数和打哈欠次数等指标进行检测。当闭眼时长超过某个时间限制、眨眼次数超过某个次数限制、打哈欠次数超过某个次数限制时，则判定为疲劳。检测方式为睁闭眼检测和打哈欠检测。

3）分心检测是指在驾驶人驾驶过程中，通过视觉传感器获取驾驶人的头部姿态和视线方向，并通过预设定的分心判别策略来判断驾驶人是否处于分心状态。当出现分心状态时，系统发出警报。

4）危险动作检测功能主要包括驾驶人检测和危险动作检测。危险动作检测主要是对驾驶人的危险动作的检测，并在危险动作发生时给予提示或警告。

5）情绪检测通过实时获取驾驶人面部信息，对当前时刻驾驶人的情绪状态进行判定，并能量化反映驾驶人处于该情绪状态下的程度，对超出一定阈值范围的情绪状态进行预警提醒。

（2）驾驶人疲劳监测系统的性能要求　驾驶人疲劳监测系统的性能要求包括驾驶人信息采集及验证性能、疲劳检测性能、分心检测性能、危险动作检测性能和情绪检测性能。

1）驾驶人信息采集及验证性能指标应为某一误识别率下的通过率，在同一误识别率下，通过率越高，驾驶人信息采集及验证性能越好。在误识别率为 0.1% 时，通过率应不小于 90%。

2）疲劳检测性能指标为某一误报率下的检出率。在同一误报率下，检出率越高，疲劳检测性能越好。当误报率为 0.1% 时，检出率应不低于 90%。

3）分心检测性能指标为相机标定的误差、头部姿态估计的误差、人眼视线跟踪的误差、识别率和误检率。相机标定要求重投影误差小于 0.5 个像素；头部姿态估计要求旋转角、俯仰角、倾斜角的平均误差小于 5°；人眼视线跟踪要求平均误差小于 5°；识别率不小于 90%；误检率低于 10%。

4）危险动作检测性能指标为检出率和误检率。在误检率为 0.1% 的情况下，检出率高于 90%，可较大限度地保证危险动作检测模块的有效性。

5）情绪检测性能指标包括正向情绪识别率、负向情绪识别率、情绪状态误报率和情绪状态检出率。正向情绪状态识别率应高于 90%；负向情绪状态识别率应高于 90%；情绪状态误报率应低于 10%；情绪状态检出率应高于 90%。

三、驾驶人疲劳监测系统的检测方法

驾驶人疲劳监测系统的测试指检测评估系统监测驾驶人疲劳状态的准确性。驾驶人疲劳监测系统的检测方法主要有基于驾驶人自身特征（包括生理指标和生理反应特征）的检测方法、汽车行驶状态的检测方法和多特征信息融合的检测方法等。

1. 基于驾驶人生理指标的检测方法

驾驶人在疲劳状态下的一些生理指标如脑电、心电、肌电、脉搏、呼吸等，都会偏离正常的状态，因此可以通过生理传感器检测驾驶人的这些生理指标来判断驾驶人是否处于疲劳状态。

（1）脑电信号检测　脑电信号是人脑机能的宏观反映，脑电信号反映出人体的疲劳状态，客观并且准确。脑电信号被誉为疲劳检测中的"金标准"。人在疲劳状态下，慢波增加，快波减少。利用脑电信号检测驾驶疲劳状况，判定的准确率较高，但是操作复杂且不适合车载实时检测。

（2）心电信号检测　心电图指标主要包括心率和心律变异性等。其中，心率信号综合反映了人体的疲劳程度与任务和情绪的关系，心律变异性是心脏神经活动的紧张度和均衡度的综合体现。心电信号是判定驾驶疲劳的有效特征，准确度高。利用心电信号检测人体疲劳状况需要将电极与人身体相接触，会给驾驶人的正常驾驶带来不便。

（3）肌电信号检测　肌电信号可反映人体的疲劳程度。肌电图的频率随着疲劳的产生和疲劳程度的加深呈现下降趋势，而肌电图的幅值增大则表明疲劳程度增长。该方法测试比较简单，结论较明确。

（4）脉搏信号检测　人体精神状态不同，心脏活动和血液循环也会有差异，而人体脉搏的形成依赖于心脏和血液的循环，因此，利用脉搏检测驾驶人的疲劳状态具有可行性。

（5）呼吸信号检测　人体疲劳状态的一个重要表现就是呼吸频率的降低，呼吸变得平稳。在正常驾驶过程中，驾驶人精神集中，呼吸的频率相对较高，如果驾驶期间与他人交谈，呼吸波的频率变得更高，同时呼吸的周期性变差。当驾驶人疲劳驾驶时，注意力集中程度降低，思维不活跃，此时呼吸变得平缓。因此，通过检测驾驶人的呼吸状况来判定疲劳驾驶成为研究疲劳驾驶监测系统的一个重要方面。

基于驾驶人生理指标的检测方法客观性强，准确性高，但与检测仪器有较大关系，而且都是接触性检测，会干扰到驾驶人的正常操作，影响行车安全。而且，由于不同人的生理信号特征不同，并与心理活动关联较大，在实际用于驾驶人疲劳检测时有很大的局限性。

2. 基于驾驶人生理反应特征的检测方法

基于驾驶人生理反应特征的检测方法一般采用非接触式的检测途径，利用机器视觉技术检测驾驶人面部的生理反应特征，如眼睛特征、视线方向、嘴部状态、头部位置等来判断驾驶人的疲劳状态。

（1）眼睛特征检测　驾驶人眼球的运动和眨眼信息被认为是反映疲劳的重要特征，眨眼幅度、眨眼频率和平均闭合时间都可以直接用于检测疲劳。

（2）视线方向检测　眼球中心与眼球表面亮点的连线定为驾驶人视线方向。正常状态下，驾驶人正视车辆运动前方，同时视线方向移动速度比较快；疲劳时，驾驶人视线

方向的移动速度会变慢，表现出迟钝现象，并且视线轴会偏离正常的位置。通过摄像头获取眼睛的图像，对眼球建模，把视线是否偏离正常范围作为判别驾驶人是否疲劳的特征之一。

（3）嘴部状态检测　人在疲劳时往往有频繁的哈欠动作，如果检测到哈欠的频率超过一个预定的阈值，则判断驾驶人已经处于疲劳状态。基于此原理，可以完成对驾驶人的疲劳检测。

（4）头部位置检测　在驾驶过程中，驾驶人在正常和疲劳时的头部位置是不同的，可以利用驾驶人头部位置的变化检测疲劳程度。利用头部位置传感器，对驾驶人的头部位置进行实时跟踪，并且根据头部位置的变化规律判定驾驶人是否疲劳。

基于驾驶人生理反应特征的检测方法的优点是表征疲劳的特征直观、明显，可实现非接触测试；缺点是检测识别算法比较复杂，疲劳特征提取困难，且检测结果受光线变化和个体生理状况的变化影响较大。

3. 基于汽车行驶状态的检测方法

基于汽车行驶状态的疲劳检测方法，不是从驾驶人本人出发去研究，而是从驾驶人对汽车的操控情况去间接判断驾驶人是否疲劳。这种检测方法主要利用摄像头和车载传感器检测汽车行驶状态，间接推测驾驶人的疲劳状态。

（1）基于转向盘的疲劳检测　基于转向盘的检测包括转向盘转角信号检测和转向盘力信号检测。

驾驶人疲劳时对汽车的控制能力下降，转向盘转角左右摆动的幅度会变大，在一段时间内其值没有明显变化，同时操纵转向盘的频率会下降。通过对转向盘转角时域、频域和幅值域的分析，转向盘转角的方差或平方差可以作为疲劳驾驶评价指标。这种方法数据准确，算法简单，并且该信号与驾驶人疲劳状况联系紧密。

驾驶人疲劳时，其对转向盘的握力会逐渐减小。通过传感器实时检测驾驶人把握转向盘的力，通过一系列分析，可判断驾驶人的疲劳程度。

驾驶人对转向盘的操纵特征能间接、实时地反映驾驶人的疲劳程度，具有可靠性高、无接触的优点，但由于传感器技术的限制，其准确度有待提高。

（2）汽车的行驶速度检测　通过实时检测汽车的行驶速度，判断汽车是处于有效控制状态还是处于失控状态，从而间接判断驾驶人是否疲劳。

（3）车道偏离检测　驾驶人疲劳驾驶时，由于注意力分散，反应迟钝，汽车可能偏离车道。

基于汽车行驶状态的检测方法优点是非接触检测，信号容易提取，不会对驾驶人造成干扰，以汽车的现有装置为基础，只需增加少量的硬件，具有很高的实用价值。其缺点是受到汽车的具体型号，道路的具体情况和驾驶人的驾驶习惯、驾驶经验和驾驶条件等限制。目前此方法测试的准确性并不高。

4. 基于多特征信息融合的检测方法

依据信息融合技术，将基于驾驶人生理特征、驾驶行为和汽车行驶状态相结合是理想的检测方法，大大降低了采用单一方法造成的误检或漏检现象。信息融合技术的应用，使疲劳检测技术得到更进一步的发展和提高，能客观、实时、快捷、准确地判断出驾驶人的疲劳状态，避免疲劳驾驶引起的交通事故，是驾驶人疲劳检测技术的发展方向。

【项目巩固】

总结与提高

本项目主要介绍了智能网联汽车盲区监测系统的定义与组成、工作原理与要求以及测试方法，智能泊车辅助系统的定义与组成、工作原理与要求以及测试方法，自适应前照明系统的定义与组成、工作原理与要求以及测试方法，抬头显示系统的定义与组成、工作原理与要求以及测试方法，驾驶人疲劳监测系统的定义与组成、工作原理与要求以及驾驶人疲劳监测系统的检测方法等。通过知识的学习，学生可以较全面地掌握智能网联汽车盲区监测系统、智能泊车辅助系统、自适应前照明系统、抬头显示系统和驾驶人疲劳监测系统的基本知识；通过思考与练习，学生可以进一步巩固学习效果，最终培养分析问题和解决问题的能力，以及识别与分析智能网联汽车盲区监测系统、智能泊车辅助系统、自适应前照明系统、抬头显示系统和驾驶人疲劳监测系统的技能。

建议学生体验盲区监测系统和智能泊车辅助系统的功能，分析盲区监测系统和智能泊车辅助系统的组成与工作原理，了解各种先进驾驶辅助系统的渗透情况。由于智能网联汽车先进驾驶辅助系统发展较快，应结合热销车型，分析其环境感知传感器的配置与功能的关系。

思考与练习

一、名词解释

1. 盲区监测系统

2. 智能泊车辅助系统

3. 自适应前照明系统

4. 抬头显示系统

5. 驾驶人疲劳监测系统

二、填空题

1. 盲区监测系统一般由_____、_____和_____等组成。
2. 盲区监测系统的功能应覆盖_____。直线行驶工况下目标车辆应为规定的_____或_____。

3. 智能泊车辅助系统主要由_____、_____、_____和_____组成。

4. 智能泊车辅助系统可以分为_____、_____、_____和_____。

5. 自适应前照明系统主要由_____、_____、_____、_____和_____等组成。

6. 自适应前照明系统的照明模式主要有_____、_____、_____、_____、_____和_____等。

7. 抬头显示系统主要由_____、_____和_____等组成。

8. 根据光学系统结构不同，抬头显示系统可以分为_____、_____、_____和_____等。

9. 驾驶人疲劳监测系统一般由_____、_____、_____和_____组成。

10. 驾驶人疲劳检测方法主要有_____、_____和_____等。

三、选择题

1. 盲区监测系统常用的传感器可以是（　　）。
 A. 毫米波雷达　　　　　　　B. 视觉传感器
 C. 超声波雷达　　　　　　　D. V2V

2. 盲区监测目标车辆为汽车时，轴距应为（　　）。
 A. 1.8~2.5m　　　　　　　　B. 1.8~2.8m
 C. 2.0~2.5m　　　　　　　　D. 2.0~2.8m

3. 盲区监测系统可以进一步拓展出其他先进驾驶辅助系统的功能，如（　　）。
 A. LCA 系统　　　　　　　　B. RCTA 系统
 C. RCTB 系统　　　　　　　D. DOW 系统

4. 智能泊车辅助系统常用的传感器可以是（　　）。
 A. 毫米波雷达　　　　　　　B. 视觉传感器
 C. 超声波雷达　　　　　　　D. V2V

5. 智能泊车辅助系统用传感器的总数量一般为（　　）。
 A. 6 个　　　　　　　　　　B. 10 个
 C. 10 个　　　　　　　　　　D. 12 个

6. 智能泊车辅助系统工作时，平行车位搜索的最高速度应不高于（　　）；垂直车位搜索的最高速度应不高于（　　）。
 A. 10km/h　　　　　　　　　B. 20km/h
 C. 30km/h　　　　　　　　　D. 40km/h

7. 智能泊车辅助系统工作时，泊车过程的最高车速应不高于（　　）。
 A. 10km/h　　　　　　　　　B. 20km/h
 C. 30km/h　　　　　　　　　D. 40km/h

8. 自适应前照明系统常用的传感器可以是（　　）。
 A. 毫米波雷达　　　　　　　B. 视觉传感器
 C. 超声波雷达　　　　　　　D. 环境光强传感器

9. 驾驶人疲劳监测系统常用的传感器可以是（　　）。
A. 毫米波雷达　　　　　　　B. 视觉传感器
C. 超声波雷达　　　　　　　D. V2V

10. 驾驶人疲劳检测性能指标为某一误报率下的检出率。在同一误报率下，检出率越高疲劳检测性能越好。当误报率为0.1%时，检出率应不低于（　　）。
A. 80%　　　　　　　　　　B. 85%
C. 90%　　　　　　　　　　D. 95%

四、判断题

1. 超声波雷达和毫米波雷达可以用于盲区监测系统。　　　　　　　　　　（　　）
2. 当目标车辆从侧后方进入盲区监测范围时，从目标车辆进入盲区监测范围到系统发出警告的时间应不大于300ms。
3. 超声波雷达和毫米波雷达可以用于智能泊车辅助系统。　　　　　　　（　　）
4. 智能泊车辅助系统的配置与驾驶自动化级别无关。　　　　　　　　　（　　）
5. 具有智能泊车辅助系统的汽车，自动泊车时不需要驾驶人操纵。　　　（　　）
6. 自适应前照明系统通过获取前照灯开关器件信号和环境光强传感器的光照强度信号，对前照灯开关进行控制，系统会设置一个光照阈值。当光照强度小于阈值时，系统自动延时打开前照灯；当光照强度大于阈值时，系统自动延时关闭前照灯。　　　　　　　　（　　）
7. 与传统的汽车照明模式比较，自适应前照明系统能够根据道路和天气环境的变化适时地开启相应的照明模式。　　　　　　　　　　　　　　　　　　　　　　　　（　　）
8. 带抬头显示系统的车辆安装的是特制的前风窗玻璃。　　　　　　　　（　　）
9. 超声波雷达、毫米波雷达和视觉传感器都可以用于驾驶人疲劳监测系统。（　　）
10. 未来驾驶人疲劳监测系统将采用人工智能识别驾驶人的疲劳状态。　　（　　）

五、问答题

1. 盲区监测系统的工作原理是怎样的？

2. 智能泊车辅助系统的工作原理是怎样的？

3. 自适应前照明系统的工作原理是怎样的？

4. 抬头显示系统的工作原理是怎样的？

5. 驾驶人疲劳检测方法主要有哪些？

实训任务单

利用本校实验室具有盲区监测系统（或智能泊车辅助系统）的实验车辆，演示盲区监测系统（或智能泊车辅助系统）的工作原理，分析盲区监测系统（或智能泊车辅助系统）的组成，并完成实训报告。

实训题目	智能网联汽车盲区监测系统（或智能泊车辅助系统）的演示与分析				
学生姓名		班级		学号	
实训结果					
详细绘制实验车辆盲区监测系统（或智能泊车辅助系统）的组成图并进行描述					
详细绘制实验车辆盲区监测系统（或智能泊车辅助系统）的工作原理图并进行描述					
实训结果分析					
实训心得					
指导教师			成绩		

参考文献

［1］崔胜民. 智能网联汽车先进驾驶辅助系统（ADAS）［M］. 北京：化学工业出版社，2023.
［2］崔胜民，卞合善，等. 智能网联汽车先进驾驶辅助系统［M］. 北京：人民邮电出版社，2021.